Denis Scheck, geboren 1964 in Stuttgart, lebt als Journalist in Köln. Nach Abschluß seines literaturwissenschaftlichen Studiums an der University of Texas veröffentlichte er unter dem Titel *Hell's Kitchen* eine Sammlung von Streifzügen durch die zeitgenössische US-Literatur.

Dieses Buch wurde auf chlor-und säurefreiem Papier gedruckt.

Vollständige Taschenbuchausgabe November 1995
Droemersche Verlagsanstalt Th. Knaur Nachf., München
© by Straelener Manuskripte Verlags-GmbH
Glossar-Redaktion: Renate Birkenhauer
Umschlaggestaltung Andrea Schmidt, München
Druck und Bindung Elsnerdruck, Berlin
Printed in Germany
ISBN 3-426-77164-0

5 4 3 2 1

Denis Scheck

King Kong,
Spock &
Drella

Was Sie schon immer über
amerikanische Popkultur
wissen wollten

Für Else Heller: Supergran

Inhalt

Vorwort

Abraham Lincoln ist ein bedeutender Amerikaner. Mickymaus auch.

F.A.Z., 17. 10. 1991

Warum ein amerikanisches TriviaLexikon?

Dieses Buch ist ein Nachschlagewerk für alle, die mit der zeitgenössischen amerikanischen Kultur zu tun haben. Wer eine amerikanische Zeitschrift oder einen modernen amerikanischen Roman liest, wer eine amerikanische Radio- oder Tv-Sendung verfolgt, stößt schon bald auf Anspielungen, Markennamen, Abkürzungen und Zitate, kurz: auf Versatzstücke aus dem amerikanischen Alltag, die ihm unverständlich bleiben, falls er nicht in den Vereinigten Staaten aufgewachsen ist oder viele Jahre dort gelebt hat.

Traditionelle deutsche und amerikanische Wörterbücher helfen nicht weiter, wenn der Kommentator einer Nachrichtensendung Bill Clinton und Al Gore als ›Dynamic Duo‹ bezeichnet oder wenn Walter Mondale fragt ›Where's the beef?‹ Denn Werbeslogans und Namen von Comicfiguren gelten nicht als aufbewahrenswert und fallen durch das Wahrnehmungsraster der Lexikografen. Doch die darin aufscheinende normative Einteilung der Welt in E und U, in Wichtiges und Triviales, ist von der Lebenswirklichkeit sowohl in Deutschland wie in USA längst überholt worden. Wer sich die Mühe machen wollte, statistisch auszuwerten, wie oft das Wort ›Dallas‹ in deutschen Medien eine texanische Großstadt bezeichnet und wie häufig die fiktive Welt der Ewings damit gemeint ist, würde leicht den Sieg der Fiktion über die Realität ablesen können.

Trivia sind all die banalen Informationen, mit denen wir in unserer Medienkultur Tag für Tag überschüttet werden. Jeder Kulturkreis bringt seine eigenen Trivia hervor. Wenn jemand vom ›guten Stern auf allen Straßen‹ spricht, denken wir sofort an Mercedes-Benz, ähnlich wie ›the heartbeat of America‹ in jedem Amerikaner Assoziationen an Chevrolet auslöst. J.R. & Co. kennt heute zwar auch in Deutschland jedes Kind, aber viele Gestalten und in die Umgangssprache eingegangene Formulierungen (›catch phrases‹)

aus amerikanischen Fernsehserien, Werbespots, Comics, Radio- und Kinoserials haben den Weg über den Atlantik nicht geschafft und bleiben für Nichtamerikaner obskur.

Für die meisten von uns sind diese Informationen ohne Belang, wir werden sie vermutlich nie brauchen, sie entlocken uns vielleicht ein Lächeln, vielleicht ein Achselzucken. Wer aber als Journalist, Schriftsteller, Übersetzer oder Werbetexter auf ein genaueres Verständnis angewiesen ist, sollte mit KING KONG, SPOCK & DRELLA ein Lexikon mit ausführlichem Registerteil erhalten.

KING KONG, SPOCK & DRELLA ist weder ein Slang- noch ein Zitatenlexikon, sondern eine Sammlung von Informationen über Alltagsmythen, die sich außerhalb ihres ursprünglichen Kontexts zu Metaphern oder Anspielungen verselbständigt haben. Trivia ersetzen Beschreibungen, dienen zur Charakterisierung, sind Ausgangspunkt für Sprachbilder und Witze.

Diese Dimension fehlt übrigens dem Ausdruck ›Trivia‹ im amerikanischen Sprachgebrauch. Trivia im amerikanischen Sinn — die Namen aller Spieler der Chicago Cubs von 1967, die Top-Ten-Hitliste vom 5. Mai 1962 — sind für dieses Lexikon nur insoweit von Interesse, als sie die Basis jener schwer definierbaren Wissensschicht bilden, die KING KONG, SPOCK & DRELLA zu erfassen versucht: die Trivialmythen der modernen amerikanischen Kultur.

Am Anfang der Recherchen zu diesem Buch standen ausgedehnte Streifzüge durch amerikanische Supermärkte und Shopping Malls. Mehr als einmal zog der Autor die mißtrauischen Blicke von Kaufhausdetektiven und Verkäufern auf sich, während er in sein Bandgerät murmelte (›Just what we need — another weirdo!‹). Auch beim Besuch einer Kindervorstellung von *Schneewittchen und die sieben Zwerge*, um die deutschen Namen von Bashful, Doc, Dopey, Grumpy, Happy, Sleepy und Sneezy herauszufinden, wurde der einzige Erwachsene, der nicht in Begleitung eines Kindes ins Kino kam, mißtrauisch beäugt. Meist stieß ich bei meinen Nachforschungen jedoch auf große Hilfsbereitschaft; allen deutschen und amerikanischen Firmen, Verbänden und Regierungsstellen sei dafür an dieser Stelle gedankt.

KING KONG, SPOCK & DRELLA ist das erste deutsche Lexikon seiner Art. Es entstand als Nebenprodukt meiner Arbeit als literarischer Übersetzer und spiegelt in der Auswahl der Einträge gewiß größere Subjektivität wider, als bei traditionellen Nachschlagewerken üblich. Dies ist auf einem Gebiet, auf dem so wenig Vorarbeiten existieren, wohl kaum zu vermeiden. Für Ergänzungsvorschläge von Lesern bin ich daher besonders dankbar.

Sommer 1993   Denis Scheck

Für Hinweise, Hilfe und Unterstützung danke ich Susan Bernofsky, Klaus und Renate Birkenhauer, Ursula Brackmann, Irmela Brender, Götz Burckhardt, Michael Chabon, Gerald Chapple, Tom Ehrhardt, dem Europäisches Übersetzer-Kollegium Straelen, Bärbel Flad, Karin Graf, Jay Gummerman, Hans Hermann, Rudolf Hermstein, Joachim Käfer, Dennis und Abby Kratz, Margarete Längsfeld, Paul Masson, Silvia Morawetz, Helga Pfetsch, Tim Redman, Werner Richter, Harry Rowohlt, Werner Schmitz, Eike Schönfeldt, Claus Sprick, Michael Schulte, Rainer und Sandy Schulte, dem Telephone Reference Service der New York Public Library sowie den freundlichen Bibliothekskräften des Deutschlandfunks, der Universitätsbibliothek Düsseldorf sowie der UTD Dallas.

Titel erscheinen kursiv, wörtliche Zitate in doppelten Anführungszeichen, Slogans und Spitznamen in einfachen Anführungszeichen.
Abkürzungspunkte und Bindestriche werden bei der alphabetischen Sortierung ignoriert; Ziffern und das Zeichen ›&‹ werden wie ausgeschriebene Wörter behandelt.
Fettgedruckte Seitennummern verweisen auf den Haupteintrag.

A

In Nathaniel Hawthornes Roman *The Scarlet Letter* steht der Buchstabe ›A‹ für ›Adulteress‹. Die Ehebrecherin Hester Prynne muß das scharlachrote ›A‹ auf ihrem Kleid tragen, weil sie nicht preisgeben möchte, wer der Vater ihres unehelichen Kindes ist.

AA

1. Abkürzung für ›Alcoholics Anonymous‹. Die 1935 von William G. Wilson (Bill W) und Robert Smith (Dr. Bob S) gegründete Selbsthilfegruppe für Alkoholiker ist inzwischen in über 90 Ländern vertreten; die deutsche Sektion heißt ›Anonyme Alkoholiker‹, abgekürzt ›A.A.‹ Wer an einer Gruppensitzung teilnimmt, stellt sich mit Vornamen und dem Anfangsbuchstaben seines Nachnamens vor. Einige Gruppen belohnen ihre Mitglieder für bestimmte Abstinenzzeiträume mit verschiedenfarbigen Jetons. »For a moment he could actually see himself doing it, picking up a white chip, then a red chip, then a blue chip, getting sober day by day and month by month.« (Stephen King, *Needful Things.*)
2. Academy Award → Oscar

AAA

American Automobile Association; 1902 entstandener Dachverband von neun bis dahin selbständigen Automobilclubs. Triple-A ist dem deutschen ADAC vergleichbar und bietet ähnliche Serviceleistungen für Mitglieder. Als AAA-Mitglied erhält man zudem Vergünstigungen bei manchen Tankstellen, Motels und Mietwagenfirmen.

A & W

die älteste Fast Food-Kette Amerikas; 1922 von Roy Allen und Fred Wright gegründet. A & W ist bekannt für das dort ausgeschenkte ›root beer‹, ein nach Kaugummi schmeckendes süßliches Gebräu ohne Alkohol, das man auch in Supermärkten kaufen kann.

Aaron, Hank

heißt eigentlich Henry Louis Aaron und wurde zu einer Baseball-Legende, als er am 8. April 1974 →Babe Ruths 1935 aufgestellten Homerun-Rekord verbesserte. Babe Ruth hatte während seiner Zeit in der →National League insgesamt 714 Homeruns erzielt. Aaron steigerte die Bestleistung bis zum Ende seiner Profikarriere 1976 auf 755 Homeruns, wo der Rekord auch heute noch steht. Der 1934 geborene schwarze

Sportler spielte seit 1954 für die Milwaukee Braves, die später nach Atlanta verkauft wurden und sich Atlanta Braves nannten. In seinem letzten Profijahr wechselte Aaron zu den Milwaukee Brewers. 1982 wurde er in die →Baseball Hall of Fame aufgenommen.

AARP
American Association of Retired Persons; Rentner-Lobby mit über 20 Millionen Mitgliedern.

AAU
Amateur Athletic Union; 1888 gegründeter Sportverband mit über 400.000 Mitgliedern. Die AAU hat ihren Sitz in Indianapolis, ist in vielen Sportarten für die olympischen Ausscheidungswettbewerbe verantwortlich und vergibt die nach einem Funktionär benannte James E. Sullivan Memorial Trophy an den herausragendsten Amateursportler des Jahres.

ABA
1. American Bar Association; 1878 gegründeter Berufsverband der vor amerikanischen Gerichten zugelassenen Rechtsanwälte.
2. American Basketball Association; von 1967 bis 1976 existierende Konkurrenz zur älteren →NBA. Die in der ABA spielenden Teams lösten sich auf oder wechselten in die NBA über.
3. American Booksellers Association; organisiert einmal jährlich die große amerikanische Buchmesse an wechselnden Orten.

Abbott and Costello
Komikerteam; William ›Bud‹ Abbott, 1895–1974, und Lou Costello, 1906–1959, (eigentlich Louis Cristillo) blödelten erst im Varieté und Zirkus, dann im Film und schließlich in einer Fernsehserie. Abbott war der ›vernünftige‹, meist mit Hut auftretende Spießer, der seinem dicken, dußligen Partner Costello nie etwas glaubte und ihn immer auszubeuten versuchte. Im wirklichen Leben waren die Rollen genau andersherum verteilt – Costello knöpfte seinem Partner 60 Prozent der Gage ab. 1957 trennte sich das Team. Einer der berühmtesten Gags von Abbott und Costello ist ›Who's on First‹ aus dem Film *The Naughty Nineties* (1945). Abbott beschwert sich über die komischen Namen von Baseballspielern, Costello mimt wie immer den Begriffsstutzigen, der nicht versteht, daß die Spieler

am ersten, zweiten und dritten Mal Who, What und I Don't
Know heißen. Die Nummer ist gut zehn Minuten lang, am
Ende möchte man beide erwürgen. Hier ein Auszug:

ABBOTT: You know, these days they give ballplayers very peculiar
    names. Take the St Louis team: Who's on first, What's on second, I
    Don't Know is on third ...
COSTELLO: That's what I want to find out. I want you to tell me the
    names of the fellows on the St Louis team.
ABBOTT: I'm telling you. Who's on first, What's on second, I Don't
    Know is on third.
COSTELLO: Who's playing first?
ABBOTT: Yes.
COSTELLO: I mean, the fellow's name on first base.
ABBOTT: Who.
COSTELLO: The fellow playing first base.
ABBOTT: Who.
COSTELLO: The guy on first base.
ABBOTT: Who is on first.

In Deutschland liefen die Abbott-and-Costello-Filme: *Lost in
Harlem* (*Abbott und Costello, Abenteuer in Harlem*); *Abbott and
Costello Meet the Keystone Cops* (*Abbott und Costello als Gang-
sterschreck*); *Abbott and Costello In the Foreign Legion* (*Abbott und
Costello als Legionäre*); *Abbott and Costello Meet the Mummy*
(*Abbott und Costello als Mumienräuber*); *Abbott and Costello Meet
Captain Kidd* (*Abbott und Costello als Piraten wider Willen*); *Hit
the Ice* (*Abbott und Costello auf Glatteis*); *Mexican Hayride* (*Abbott
und Costello im Lande der Kakteen*); *Abbott and Costello in Hol-
lywood* (*Abbott und Costello in Hollywood*); *Bud Abbott and Lou
Costello Meet Frankenstein* (*Abbott und Costello treffen Fran-
kenstein*); *Pardon My Sarong* (*Abbott und Costello unter Kanni-
balen*); *Hold That Ghost* (*Abbott und Costello, Vorsicht Gespen-
ster!*); *Buck Privates Come Home* (*Abbott und Costello: Zwei trübe
Tassen — vom Militär entlassen*); *Ride 'em Cowboy* (*Abbott und
Costello: Helden im Sattel*); *The Noose Hangs High* (*Abbott und
Costello: Strick am Hals*); *Dance With Me Henry* (*Abbott und
Costello: Tolle Jungs im Einsatz*); *Abbott and Costello Meet the
Invisible Man* (*Abbott und Costello: Der Unsichtbare trifft Abbott
und Costello*); *Africa Screams* (*Abbott und Costello: Verrücktes Afri-
ka*).

Abbott, Judy

armes Waisenkind aus zwei schmalzigen Romanen von Jean Webster, 1876–1916: *Daddy-Long-Legs* (1912; dt. *Daddy Langbein*) und *Dear Enemy* (1915; dt. *Lieber Feind*). Judy heißt eigentlich Jerusha Abbott und erhält von dem geheimnisvollen Mr. Smith alias Jervis Pendleton eine Collegeausbildung finanziert. Zunächst lernt sie ihren Gönner nur brieflich kennen, später verliebt sie sich in ihn und wird seine Frau. Hollywood verfilmte das Rührstück 1926 als Stummfilm und 1955 als Musical mit Leslie Caron als Judy und Fred Astaire als Mr. Smith.

ABC

1. American Broadcasting Company, eines der ursprünglich drei großen US-Networks, 1943 hervorgegangen aus dem 1927 gegründeten Blue Network der Radio Corporation of America.

2. Abkürzung für Argentinien, Brasilien, Chile.

Abdul-Jabbar, Kareem

1947 als Lewis Alcindor in New York City geborener Basketballspieler; war von 1975 bis zum Ende seiner Profikarriere 1979 als Center im Team der Los Angeles Lakers. Der über 2 Meter 16 große Schwarze wurde sechsmal zum besten Spieler der →NBA gewählt und war das Idol einer ganzen Generation von Ghettokids.

Abel, Rudolf Ivanovich

1902–1971; russischer Spion, der am 10. 2. 1962 gegen Francis Gary Powers ausgetauscht wurde. Abel war 1948 illegal in die USA eingereist und hatte bis zu seiner Verhaftung 1957 unter dem Namen Emil Goldfus in New York City gelebt. Powers war als Pilot des amerikanischen Spionageflugzeugs U2 am 1.5.1960 in der Nähe von Swerdlowsk abgeschossen worden.

The Abominable Snowman

Bezeichnung für ein menschenähnliches Fabelwesen im Himalaya. Der Name tauchte zum erstenmal 1921 auf, ist angeblich die Übersetzung des tibetanischen ›Meetoh Kangmi‹ und wird synonym mit ›Yeti‹ verwendet. Sherman Adams, ein Berater Präsident Eisenhowers, trug den Spitznamen ›The Abominable No-Man‹, weil er vieles, was über seinen Schreibtisch lief, mit dem emphatischen Vermerk »No!« versah.

Abscam

als Kurzform von ›Arab scam‹ entstandener Codename einer Geheimoperation des FBI von 1979, bei der ein als arabischer Scheich getarnter Agent 31 Abgeordnete und Staatsbediensteste zu bestechen versuchte. Der demokratische Kongreßabgeordnete Michael Joseph Myers wurde 1980 infolge des Abscam-Skandals aus dem Repräsentantenhaus ausgeschlossen.

A.C.E.

American Cinema Editors; eine jener mysteriösen Abkürzungen, die im Abspann von Kinofilmen hinter den Namen stehen. Die 1950 gegründete Vereinigung von Cuttern vergibt jährlich den ›Eddie‹ als Preis für den besten Schnitt.

The Ace of Aces

Captain Edward Vernon Rickenbacker, 1890–1973, der im ersten Weltkrieg eine Staffel des Army Air Corps kommandierte und 26 deutsche Flugzeuge abschoß.

Actor's Studio

Schauspielschule in Manhattan; 1947 von den Regisseuren Cheryl Crawford, Elia Kazan und Robert Lewis gegründet. Actor's Studio ist der Stanislawski-Methode verpflichtet, die häufig schlicht ›the Method‹ heißt. Lee Strasberg wurde 1948 Leiter des Actor's Studio und bildete Stars wie Marilyn Monroe, Dustin Hoffman und Marlon Brando aus. Nach Strasbergs Tod 1982 nahm der Einfluß des Actor's Studio deutlich ab.

Adair, Red

Der berühmteste Feuerwehrmann der Welt heißt mit bürgerlichem Namen Paul Adair und wird auch Texas Red genannt. Die Abenteuer von Red Adair beim Löschen brennender Ölquellen lieferten 1969 den Stoff für einen Kinofilm (*Hellfighters*, dt. *Die Unerschrockenen*), in dem John Wayne als Red Adair den Beweis antrat, daß selbst Großbrände langweilig sein können.

Adam 12

in Los Angeles angesiedeltes Streifenwagen-Melodram um Officer Pete Malloy (Martin Milner) und seinen jugendlichen Kollegen Jim Reed (Kent McCord). Zwischen 1968 und 1975 brachte es die Polizeiserie auf 150 Episoden. In Deutschland lief lediglich ein 52teiliges Remake von 1989 unter dem Titel *Adam 12 – Einsatz in L.A.*

Adams, Nick

der erste typische Hemingway-Held aus dem 1924 erschienenen Erzählungsband *In Our Time* (dt. *In unserer Zeit*). Nick Adams wächst in Michigan auf, erlebt die Spannungen in der Ehe seiner Eltern, wird im Ersten Weltkrieg verwundet und macht eine unglückliche Liebe zu einer Krankenschwester durch.

The Addams Family

Der Zeichner Charles Samuel Addams, 1912–1988, hatte seine Horror-Mischpoche ursprünglich als Cartoons für den *New Yorker* entworfen, wo sie seit 1935 ihre makabren Scherze trieb. Richtig populär wurde die Sippschaft jedoch Mitte der 60er Jahre durch eine 64teilige Fernsehserie (*The Addams Family*, dt. *Addams Family*) mit der vampirhaften Mutter Morticia (Carolyn Jones), dem schleimig-perversen Vater Gomez (John Astin), Sohn Pugsley (Ken Weatherwax), einem sadististischen Fettwanst, und der biestigen Tochter Wednesday (Lisa Loring). Zum festen Inventar gehören ferner der Butler Lurch, ein Frankenstein-Verschnitt, der immer »You rang?« (»Sie haben gedonnert?«) sagt; das bepelzte Urviech Cousin Id (Vetter Id); das Thing (›das eiskalte Händchen‹), eine Hand, die in einer schwarzen Schachtel lebt; Uncle Fester (Onkel Fester) sowie Grandmama (Großmama), eine kauzige Hexe. Wenn Pugsley und Wednesday mit einer Katze ›spielen gingen‹, wußten die Zuschauer sehr genau, daß am Ende wohl eine Katze weniger auf der Welt sein würde, auch wenn keine grausigen Details zu sehen waren. Die Addams Family kam vor allem bei amerikanischen Teenagern gut an, vielleicht weil sie deren Urangst beschwichtigte, in der verschrobensten Familie der Welt zu leben – die Addams waren in jedem Fall noch schlimmer. 1991 spielte Anjelica Huston die Morticia in einer Kinoversion der *Addams Family*, die jedoch ebenso unbefriedigend war wie eine in den 70er Jahren entstandene Zeichentrickserie.

Adler, Polly

1900–1962, Amerikas berühmteste Puffmutter, die sich mit ihrer Autobiographie *A House Is Not a Home* ein Denkmal setzte. In Adlers Bordell, das bis 1944 existierte, begegneten New Yorker Honoratioren den Größen der Unterwelt.

The Adventures of Ozzie and Harriet
1944 ursprünglich als Radioserie konzipiert, wurde *Ozzie and Harriet* eine der populärsten TV-Sitcoms. Im Mittelpunkt der 435 Folgen von 1952 bis 1966 stand das Alltagsleben der Familie Nelson. Clou der Serie war, daß sich Ozzie Nelson, seine Frau Harriet und die beiden Söhne David und Ricky selbst spielten, ebenso wie später die Schwiegertöchter Kris und June. Dennoch war *Ozzie and Harriet* alles andere als Cinéma-vérité. Zwar verkörperten die Nelsons das typische Familienleben der weißen Mittelklasse, doch die Serie blieb, trotz aller authentischen Details, immer etwas vage. So erfuhr man zum Beispiel nie, wie Ozzie seine Brötchen verdiente. Ende der 50er Jahre machte sich Ricky Nelson einen Namen als Rock'n'Roll-Sänger und durfte gelegentlich nach der eigentlichen Show einen seiner Titel singen.

AFA
American Family Association; eine rechtsradikale Vereinigung unter Führung des moralinsauren Donald Wildmon, der sich vor allem im Kampf gegen die Kunstförderung des →NEA hervortat.

AFL-CIO
Der größte amerikanische Gewerkschaftsbund ging 1955 aus der American Federation of Labor und dem Congress of Industrial Organization hervor und ist die Dachorganisation von mehr als 125 Einzelgewerkschaften mit über 14 Millionen Mitgliedern. Präsident des AFL-CIO ist seit 1979 Lane Kirkland.

Agent Orange
im Vietnamkrieg zur Entlaubung eingesetztes Herbizid, das schwere Gesundheitsschäden hervorruft. »... lines of dead and blackened Washingtonia palms that seem to have been agent-oranged.« (Douglas Coupland, *Generation X.*)

Ahab, Captain
der ›große, gottlose, gottähnliche‹ Kapitän der ›Pequod‹ aus Herman Melvilles 1851 erschienenem Roman *Moby Dick, or, The Whale* (dt. *Moby Dick oder Der Wal*). Kapitän Ahab hat ein narbenentstelltes Gesicht und trägt, seit er auf der Jagd nach dem weißen Wal ein Bein verlor, eine Prothese aus Walknochen. Gregory Peck verkörperte Ahab 1956 in der Verfilmung von John Huston. Vor ihm hatte John Barrymore die Rolle in

The Sea Beast, einem Stummfilm von 1926, und in *Moby Dick* von 1930 gespielt.

Air Force One

das Dienstflugzeug des amerikanischen Präsidenten, eine Boeing 747–200.

AJA

steht für ›American of Japanese ancestry‹. Während des Zweiten Weltkriegs wurden über 200.000 Amerikaner japanischer Herkunft, die sich selbst ›Nisei‹ nennen, interniert. 1988 entschuldigte sich die amerikanische Regierung bei den Überlebenden.

Alamo

1722 gegründete Mission in San Antonio, auch ›Cradle of Texas Liberty‹ genannt. Während der texanischen Revolution verschanzten sich 182 Männer in der Alamo-Festung gegen eine Übermacht von 4000 mexikanischen Soldaten unter Führung des Generals Antonio Lopez de Santa Anna. Alle Verteidiger, darunter auch Jim Bowie und Davy Crockett, fielen bei der Erstürmung am 6. März 1836. Kurz darauf zogen die Texaner mit dem Kampfruf ›Remember the Alamo!‹ in die Schlacht bei San Jacinto und besiegten das Heer Santa Annas. Der markige Spruch lebt bis heute weiter, und die Alamo-Mission wurde zum Symbol texanischen Freiheitsdrangs. Kurt Vonnegut interpretiert in seinem Roman *Hokus Pokus* die Geschichte etwas anders: »Ich hätte hinzufügen können, daß die Märtyrer vom Alamo für das Recht gestorben waren, schwarze Sklaven zu halten. Sie wollten deshalb von Mexiko unabhängig sein, weil es dort verboten war, Sklaven zu halten. ... Kein Wunder, daß es so wenig schwarze Touristen am Alamo gibt!«

Albertsons

ist wie A & P, Food Lion, Jewel, Kroger, Minyard, Sack N Save, Safeway, Skaggs, Tom Thumb-Page und Winn-Dixie eine überregionale Supermarktkette.

Alcatraz

auch ›the Rock‹ genannt, Amerikas gefürchtetste Haftanstalt. Die Felseninsel in der Bucht von San Francisco diente seit 1868 als Militärgefängnis und wurde 1933 zum Hochsicherheitsgefängnis ausgebaut. Hier verbüßte Al Capone (→Scarface) seine

Strafe wegen Steuerhinterziehung, bis er 1939 aufgrund einer Syphiliserkrankung vorzeitig entlassen wurde. Ein anderer berühmter Gefangener von Alcatraz war Robert Stroud, der in seiner Zelle Kanarienvögel züchtete und ein Experte für Vogelkrankheiten wurde, was ihm den Spitznamen ›Birdman of Alcatraz‹ eintrug. Burt Lancaster spielte Stroud in dem Kinofilm *Birdman of Alcatraz* (dt. *Der Gefangene von Alcatraz*), dessen Kritik an den unmenschlichen Haftbedingungen zur Schließung des Gefängnisses 1963 beitrug. Heute ist die Insel, von der kein Gefangener je entkam, eine Touristenattraktion.

Alderaan

Prinzessin Leia Organas Heimatplanet aus George Lucas' → *Star Wars* (dt. *Krieg der Sterne*).

Aldrich, Henry

Die Mißgeschicke dieses 1938 von Clifford Goldsmith erfundenen Teenagers standen im Mittelpunkt von neun Kinofilmen, einer populären Radio-Sitcom und einer Fernsehserie (*The Aldrich Family*, 1949 – 1953). Der brave, aber furchtbar ungeschickte Henry ist noch heute durch die stehende Redensart ›Coming, Mother!‹ in Erinnerung. Jede Folge von *The Aldrich Family* begann damit, daß Henrys Mutter rief: »Henry! Henry Aldrich!«, worauf Henry schuldbewußt erwiderte: »Coming, Mother!«

Alf

Fernsehserie um eine katzenfressende ›alien life form‹ (dt. ›außerirdische Lebensform‹), kurz Alf genannt. Zwischen 1986 und 1990 schockte der anarchische Alf die amerikanische Bilderbuchfamilie Tanner, bei der er sich nach der Zerstörung seines Heimatplaneten Melmac einquartiert hatte. Das etwa einen Meter große, orangebraun gestreifte Kuschelmonster war egoistisch, zynisch und unverschämt – Eigenschaften, die Alf veranlaßten, gelegentlich die Persönlichkeit eines Versichungsvertreters namens Gordon Shumway anzunehmen. Die tiefe Stimme des Weltraum-Fieslings stammte in der Originalversion von Paul Fusco, in der deutschen Fassung von Tommy Piper. »No Problem« (dt. »Null Problemo«) lautete das Credo von Alfs extraterrestrischer Weltanschauung, die Vater Willie (Max Wright), Mutter Kate (Anne Schedeen), Tochter Lynn (Andrea Elson), Sohn Brian (Benji Gregory) und Katze Lucky sowie die

Nachbarn Raquel und Trevor Ochmonek (Liz Sheridan und John LaMotta) allerdings nur selten teilen konnten. Alf verkörperte in den besten Folgen den Einbruch subversiver Lebensfreude in ein steriles Spießeridyll und war darin ein Verwandter von Pipi Langstrumpf, doch leider verflachte die Serie recht schnell.

Alfred Hitchcock Presents

Hitchcock war der erste und einzige große Hollywoodregisseur, der seinen Namen für eine Fernsehserie mit Anthologiecharakter hergab. Zwar drehte er selbst nur 20 der 268 zwischen 1955 und 1965 ausgestrahlten Folgen, aber jede Episode wurde von einem Vor- und Nachwort des kauzigen Briten eingerahmt, wofür er sich stets bizarre Dekorationen aussuchte. Legendär wurden Hitchcocks dräuendes »Good Eeeevening« und seine hinterfotzigen Überleitungen zu den Werbespots, etwa: »Our play tonight is a blend of mystery and medicine. It follows this one-minute anesthetic«. Ein Nachwort war erforderlich, weil in den meisten Episoden die Bösewichte triumphierten, was der Moralkodex des amerikanischen Fernsehens nicht zuließ. Also mußte Hitchcock in einem Epilog erklären, welch lächerliche Kleinigkeiten die Täter schließlich doch noch zu Fall brachten. Die Drehbücher der Serie stammten von Autoren wie Roald Dahl, John Cheever und Ray Bradbury, zu den Regisseuren zählten Robert Altman, William Friedkin und Sydney Pollack. Und weil diese Serie ebenso unterhaltsam wie geistreich war, liefen in Deutschland unter dem Titel *Alfred Hitchcock zeigt* genau 32 Folgen daraus – vor 23 Jahren.

Alger, Horatio

1832–1899, beschrieb in über 100 Jugendbüchern mit Titeln wie *Strive and Succeed* und *Struggling Upward* die klassische amerikanische Vom-Tellerwäscher-zum-Millionär-Legende.

Alien Nation

Die Außerirdischen sind unter uns! war die Prämisse dieser im Los Angeles von 1995 angesiedelten TV-Serie nach dem gleichnamigen Kinofilm von Graham Baker (dt. *Space Cop L.A. 1991*). Fünf Jahre zuvor, so informierte der Vorspann, war in der Mojave-Wüste ein vom Kurs abgekommenes Raumschiff mit Arbeitssklaven vom Planeten Tecton gelandet. Die ›Newcomer‹, abfällig auch ›Slags‹ genannten Aliens waren äußerlich recht menschenähnlich, hatten aber keine Ohren und statt Haaren rötlichen Flaum auf ihren extrem großen Hinterköpfen. Der amerikanischen Meltingpot-Tradition entsprechend, versuchten diese »galaktischen Boat People« (so die F.A.Z. am 22.4.1991), sich in die menschliche Bevölkerung einzugliedern. Dies rief militante ›Puristen‹ auf den Plan, die mit dem Slogan ›Keep America pure‹ gegen die Integration der von ihnen als ›Melonenköpfe‹ beschimpften Newcomer Front machten (›purists‹ und ›pumpkinheads‹ im Original). Die Handlung der Serie kreiste um den irdischen Detective Matthew Sikes (Gary Graham) und seinen Partner Detective George Francisco (Eric Pierpoint), der als erster Newcomer Karriere im Polizeidienst von Los Angeles gemacht hatte. *Alien Nation*, wie die Serie später auch auf deutsch hieß, war eine intelligente Parabel, sozusagen das SF-Gegenstück zu *In the Heat of the Night*, und lief von 1989 bis 1991 im →FOX-Network.

All In the Family
Sitcom zwischen 1971–91 nach dem Vorbild der britischen TV-Serie *Till Death Do Us Part*, die auch die Vorlage für die deutsche Serie *Ein Herz und eine Seele* lieferte. Hier heißt das ›Ekel‹ Archie Bunker (gespielt von Carroll O'Connor), ein weißer Arbeiter, der mit seiner Frau Edith und Tochter Gloria in der Houser Street im New Yorker Stadtteil Queens wohnt. Archie ist ein Erzreaktionär voller rassistischer Vorurteile – Schwarze nennt er ›jungle bunnies‹, Puertoricaner ›spics‹ –, und so trifft es ihn besonders hart, daß Gloria ausgerechnet den arbeitslosen Intellektuellen Mike Stivic heiratet, der bei den Bunkers einzieht. Anlässe für Archie Bunkers Haßtiraden liefern ferner eine Reihe von Verwandten sowie die schwarze Familie Lionel und Louise Jefferson von nebenan. *All in the Family* war Anfang der 70er Jahre revolutionär, weil die Serie viele Tabuthemen aufgriff und sich einer realistischen Sprache bediente. Einige Gestalten der Serie wurden so populär, daß sie eigene Sitcoms erhielten – *Maude* 1972 und *The Jeffersons* 1975.

All the News That's Fit to Print
seit dem 25. Oktober 1896 das Motto der *New York Times*, erdacht von dem Verleger Adolph S. Ochs. In Anspielung darauf gab sich die Zeitschrift *Rolling Stone* das Motto ›All the News That Fits‹.

Allen's Alley

hieß ein Teil der Radioserien des Komikers Fred Allen, 1894–1956. Allen's Alley war eine fiktive Straße, die er mit höchst spleenigen Bewohnern bevölkerte. Zu den von Allen zwischen 1932 und 1949 erfundenen Figuren zählen Mrs. Pansy Nussbaum, Titus Moody und Senator Beauregard Claghorn.

Alley Oop

von Vincent T. Hamlin erdachter Höhlenmensch aus einem Zeitungsstrip, der zum ersten Mal am 7.8.1933 erschien. Alley Oop lebt im prähistorischen Königreich Moo, das King Guz beherrscht, ist in das Steinzeitmädchen Oola verliebt und hat Dinny, einen zahmen Dinosaurier, zum Freund. Eine von Professor Wonmug erfundene Zeitmaschine holt Alley Oop zeitweise in die Gegenwart.

Altair IV

heißt der Planet im Sternbild Adler aus dem 1956 entstandenen Science-Fiction-Film von Fred M. Wilcox *Forbidden Planet* (dt. *Alarm im Weltall*). Die Gestalt des Roboters Robby aus diesem Film erlebte in den 60er Jahren ein Comeback in der Fernsehserie *Lost in Space*.

America the Beautiful

eines der populärsten patriotischen Lieder der USA, das oft mit der Nationalhymne *The Star-Spangled Banner* verwechselt wird. Katharine Lee Bates schrieb 1893 eine erste Version; die endgültige Fassung erschien 1911:

O beautiful for spacious skies,
For amber waves of grain,
For purple mountain majesties
Above the fruited plain!
America! America!
God shed His grace on thee,
And crown thy good with brotherhood
From sea to shining sea!

O beautiful for pilgrim feet,
Whose stern, impassioned stress
A thoroughfare for freedom beat
Across the wilderness!
America! America!
God mend thine every flaw,

Confirm thy soul in self-control
Thy liberty in law!

O beautiful for heroes proved
In liberating strife,
Who more than self their country loved,
And mercy more than life!
America! America!
May God thy gold refine,
Till all success be nobleness
And every gain divine!

O beautiful for patriot dream
That sees beyond the years.
Thine alabaster cities gleam,
Undimmed by human tears!
America! America!
God shed His grace on thee,
And crown thy good with brotherhood
From sea to shining sea!

America's girlfriend

Spitzname der Freiheitsstatue auf Liberty Island (früher Bedloe's Island), an deren Sockel das Gedicht *The New Colossus* von Emma Lazarus, 1849–1887, zu lesen ist:

Give me your tired, your poor
Your huddled masses yearning to breathe free,
The wretched refuse of your teeming shore,
Send these, the homeless, tempest-tossed to me:
I lift my lamp beside the golden door.

America's Most Wanted

TV-Verbrecherhatz à la Ede Zimmermanns *XY Ungelöst*. Wer hinter seinem Nachbarn den langgesuchten Mörder zu erkennen glaubt, ruft an unter 1–800–CRIME–95.

America's Sweetheart

Spitzname des Stummfilmstars Mary Pickford, 1893–1979, die eigentlich Gladys Smith hieß und auch ›the world's sweetheart‹ und ›the girl with the curl‹ genannt wurde. Pickford spielte in Filmen wie *Pollyanna*, *Poor Little Rich Girl* und *Daddy Long Legs* meist Aschenbrödel-Rollen, doch in der Realität war die kindlich wirkende Aktrice alles andere als naiv. »I can't afford to work for only ten thousand dollars a week«, ließ sie einem Studioboß ausrichten. Zusammen mit ihrem Ehemann Douglas Fairbanks, mit Charlie Chaplin und D. W. Griffith gründete sie die Produktionsgesellschaft United Artists und wurde eine der reichsten Frauen der Welt.

American Caesar
Spitzname von General Douglas MacArthur, 1880–1964; ein Jahrhundert zuvor wurde auch Ulysses S. Grant, 1822–1885, so genannt, der am 9. April 1865 bei Appomattox die Kapitulation der Südstaatenarmee unter General Robert E. Lee, 1807–1870, entgegennahm. Grant wurde später Präsident.

American Gothic
ist der populäre Name eines 1930 entstandenen Gemäldes von Grant Wood, 1892–1942, das einen streng dreinblickenden Farmer aus Iowa und seine sittsam-verkniffene Tochter vor einem Haus mit einem ›gotischen‹ Fenster zeigt. Übertragen steht American Gothic für die puritanische Mentalität des konservativen Mittelwestens.

American League
Die amerikanische Baseball-Profiliga unterteilt sich in die American League (AL) und die →National League (NL). In der 1901 gegründeten und in zwei ›Divisions‹ unterteilten American League tragen zur Zeit vierzehn Mannschaften jährlich 162 Spiele aus.

Mannschaft	Name des Stadions
American League East	
Baltimore Orioles	Memorial Stadium
Boston Red Sox	Fenway Park
Cleveland Indians	Cleveland Stadium
Detroit Tigers	Tiger Stadium
Milwaukee Brewers	Milwaukee County Stadium
New York Yankees	Yankee Stadium
Toronto Bluejays	Skydome
American League West	
California Angels	Anaheim Stadium
Chicago White Sox	Comiskey Park
Kansas City Royals	Royals Stadium

Minnesota Twins	Hubert H. Humphrey Metrodome
Oakland Athletics	Oakland Alameda County Coliseum
Seattle Mariners	Kingdome
Texas Rangers	Arlington Stadium

Die beiden Ersten jeder Division tragen eine Endrunde von maximal sieben Spielen aus. Ende Oktober tritt dann der Gewinner der American League in der ebenfalls auf sieben Spiele angelegten World Series gegen den Gewinner der National League an.

American Legion

1919 vom Kongreß gegründete Veteranenorganisation. Neben ihrer Lobby-Funktion spielt die ca. 2,5 Millionen starke Vereinigung auch eine politische Rolle in Washington – ihre extrem patriotischen Mitglieder gelten als Kommunistenfresser.

Amos 'n' Andy

In Harlem angesiedelte Radioserie um zwei schwarze Underdogs namens Amos Jones und Andy Brown, die von den weißen Schauspielern Freeman Fisher Gosden, 1899–1982, als Amos und Charles J. Correll, 1890–1972, als Andy in einem vermeintlich typischen Schwarzendialekt gesprochen wurden. Auch in den kleineren Parts agierten weiße Schauspieler. Schwarz geschminkte weiße Komiker, sogenannte ›minstrels‹, traten in USA schon Anfang des 19. Jahrhunderts auf, und in dieser Tradition der ›minstrel shows‹ standen auch *Amos 'n' Andy*, die von ihrer ersten Sendung 1929 an ein Hit beim weißen Publikum waren. Die beiden Titelhelden arbeiteten als Taxifahrer für die Fresh Air Cab Company und gehörten den Mystic Knights of the Sea Lodge an, einem nie näher definierten Männerbund, dessen Vorsitzender George Stevens den Titel →›Kingfish‹ trug. Kingfish, gesprochen von Tom Moore, schmiedete unentwegt Pläne, ans schnelle Geld zu kommen, was seine Logenbrüder meist in Schwierigkeiten brachte. Die ungemein populäre Serie wechselte 1951 ins Fernsehen, und als Zugeständnis an die geänderten Zeiten engagierte man die schwarzen Schauspieler Alvin Childress als Amos und Spencer Williams als Andy. Obwohl auch die TV-Serie hohe Einschaltquoten verzeichnete, mußte sie aufgrund von Protesten der Bürgerrechtsbewegung zwei Jahre darauf eingestellt werden. Seit 1966 wurden die alten Folgen auch nie mehr wiederholt; der unterschwellige Rassismus der Serie galt als unakzeptabel.

Amy, Beth, Jo and Meg

Die vier Schwestern aus Louisa May Alcotts 1868 erschienenem autobiographischen Kinderbuch *Little Women* (dt. *Vier Schwestern*). Amy, Beth, Jo and Meg heißen mit Nachnamen March und leben während des amerikanischen Bürgerkriegs in Massachusetts. In zwei Verfilmungen von 1933 und 1949 (*Little Women*, dt. *Kleine tapfere Jo* und *Vier Schwestern*) spielten Kathreen Hepburn und June Allyson die Rolle der Jo. Die Zeitungskolumnistin Susan M. Barbieri über den Kinderbuch-Klassiker: »Every little girl reads *Little Women*, even if she is a tomboy dinosaur buff. But all they seemed to do in that book was sew.« (*Dallas Morning News*, 2. September 1992.)

Anastasia

eine der beiden Stiefschwestern von Cinderella aus dem gleichnamigen Disney-Zeichentrickfilm von 1950.

And that's the way it is

Mit diesem Satz beendete Anchorman Walter Cronkite, *1916, vom 16.4.1962 bis 6.3.1981 seine allabendliche Nachrichtensendung *CBS Evening News*. Nachfolger von ›Uncle Walter‹, wie Cronkite wegen seiner vertrauenerweckenden Art genannt wurde, ist seitdem Dan →Rather. »Dann kehrte ich meist erst abends gegen neun in meine Wohnung zurück, gerade rechtzeitig zur letzten Tagesschau von CBS mit dem väterlich besorgten Walter Cronkite und der ganzen Scheiße von Depression, Arbeitslosigkeit und Geldentwertung.« (Lars Gustafsson, *Die Tennisspieler*, dt. von Verena Reichel.)

Andersonville

eine Kleinstadt im Bundesstaat Georgia. Während des amerikanischen Bürgerkriegs gingen hier im größten Gefangenenlager der Konföderierten unter erbärmlichen Bedingungen mehr als 12.000 Soldaten zugrunde. Der Kommandant des Lagers, Major Henry Wirz, war der einzige Soldat des Bürgerkriegs, der als Kriegsverbrecher hingerichtet wurde. Heute ist das Andersonville Prison eine nationale Gedenkstätte.

The Andy Griffith Show

zwischen 1960 und 1968 ausgestrahlte TV-Serie um den verwitweten Sheriff Andy Taylor (Andy Griffith), seinen Sohn Opie (Ronny Howard), Andys Freundin Ellie Walker (Elinor Donahue) und den hypernervösen, völlig inkompetenten Deputy Barney Fife (Don Knotts). Die 249teilige Serie spielte in Mayberry, North Carolina, wo es für Sheriff Taylor zwar kaum Verbrechen, dafür aber viele Alltagsprobleme zu lösen gab. »He bent his thin Barney Fife body into the wind.« (Stephen King, *Needful Things.*)

Annie →**Little Orphan Annie**

The Apostle of California

Beiname von Father Junipero Serra, 1713–1784, einem spanischen Franziskaner, der zwischen 1769 und 1782 neun Missionen in Kalifornien gründete.

Appleseed, Johnny

geboren als John Chapman, 1774–1847, eine mythische Gestalt der amerikanischen Pionierzeit. Der wie ein Bettler gekleidete Exzentriker reiste über vierzig Jahre lang kreuz und quer durch Ohio, Indiana und Pennsylvania, um Apfelbäume zu pflanzen. 1840 bezog Johnny Appleseed eine Blockhütte in der Nähe von Mansfield, Ohio, und verschenkte oder verkaufte Sprößlinge von Apfelbäumen an Siedler, die nach Westen zogen. Seine Freundlichkeit und sein Verständnis für Tiere sind legendär.

Archer, Lew

grüblerischer Privatdetektiv aus Ross MacDonalds Kriminalromanen. In der →NBC-Fernsehserie *Archer* spielte Brian Keith, im Kino Paul Newman den in Kalifornien beheimateten Schnüffler. Allerdings machte Hollywood aus Archer einen ›Harper‹. (*Harper*, 1966; dt. *Ein Fall für Harper*; *The Drowning Pool*, 1976; dt. *Unter Wasser stirbt man nicht*).

Archie

1941 von John L. Goldwater und Bob Montana erdachter Comicstrip um den Teenager Archie Andrews, Archies Freunde Jug Head, Betty und Veronica und seinen Intimfeind Reggie. Obwohl Archies Witze recht lau sind, brachte er es nicht nur zu einem Comic-Heft, sondern auch zu einer eigenen Zeichentrickserie.

archy and mehitabel

zwei 1927 von dem Zeitungskolumnisten Don Marquis erfundene Figuren. archy ist eine dichtende Kakerlake, die auf den Tasten einer Schreibmaschine hin und her springt und daher keine Großbuchstaben tippen kann, mehitabel eine altersgeile Katzendame von Welt.

Arlington National Cemetery

Der Heldenfriedhof der USA liegt gegenüber Washington D.C. am anderen Ufer des Potomac River und war früher das Gut von Robert E. Lee. Heute steht hier das Grabmal des Unbekannten Soldaten (Tomb of the Unknown Soldier).

Ars Gratia Artis

Dieses Motto der 1924 gegründeten Produktionsgesellschaft Metro-Goldwyn-Mayer erscheint zu Beginn der MGM-Filme auf einem Spruchband über dem Kopf des Löwen Leo, der seit 1928 für MGM brüllt.

ASAP

Abkürzung von ›as soon as possible‹, auch als Teil von Firmennamen: ›ASAP CLEANERS‹.

Ask not what your country can do for you –

ask what you can do for your country. Das berühmte Zitat aus John F. Kennedys Antrittsrede als Präsident am 20. Januar 1961 wird heute oft abgewandelt, indem man für ›country‹ ein anderes Wort wie ›boss‹, ›computer‹ etc. einsetzt.

Asta

Hund von Nick und Nora →Charles aus Dashiell Hammetts *The Thin Man* (dt. *Der dünne Mann*). Im Roman war es ein Schnauzer, in den Filmen mit William Powell und Myrna Loy ein Drahthaarterrier.

Astroturf

Markenname einer Art Kunstrasen. »Our apartment is in a building with no grass or bushes, only a social room, with plastic chairs and a carpet made of Astroturf.« (Ethan Canin, *Emperor of the Air*.)

AT&T

American Telephone & Telegraph Company, die größte amerikanische Telefongesellschaft, deren Vermittlung sich stets mit »Thank you for using AT&T« meldet. →Baby Bell

The A-Team

actiongeladene TV-Serie (102 Folgen zwischen 1983 und 1987, dt. *Das A-Team*) um vier Vietnamveteranen, die einige Tage nach Kriegsende eine Bank in Hanoi überfielen, aber nicht beweisen können, daß sie auf Befehl handelten. Zum A-Team gehören: Colonel John Smith, genannt ›Hannibal‹ (George Peppard), ein Meister der Verkleidung und leidenschaftlicher Zigarrenraucher; der unter Flugangst leidende Sergeant Bosco Baracus, genannt ›B.A.‹ (Mr. T, bürgerlich Lawrence Tureaud); Lieutenant Templeton Peck, genannt ›Faceman‹ (Dirk Benedict) und Captain H.M. Murdock mit dem Spitznamen ›Howling Mad‹ (Dwight Schultz), der in einem Irrenhaus residiert. Auf der Flucht vor Armee und Polizei bastelt das raufwütige Quartett Maschinengewehre aus alten Waschmaschinen oder funktioniert einen kaputten Schulbus in einen Panzer um und schlägt so seinen Verfolgern immer wieder ein Schnippchen. Heimlicher Star der Serie ist der mit schweren Goldketten behängte Schwarze ›B.A.‹, dessen Spitzname die Produzenten mit der jugendfreien Deutung ›bad attitude‹ erklären – doch die Fans wissen natürlich, daß ›bad ass‹ gemeint ist.

Atlas, Charles

Pseudonym von Angelo Siciliano, 1894–1974, der im Alter von 28 Jahren den Titel ›The World's Most Perfectly Developed Man‹ errang. Atlas vermarktete seine Bodybuilding-Methode unter dem Namen ›Dynamic Tension‹ in einem Versandkurs. In den Werbeanzeigen erschien das Foto seines muskelbepackten Körpers unter den Slogans ›I was a seven stone weakling‹ und ›You too can have a body like mine‹, die in die Umgangssprache eingingen. Kurt Vonnegut schreibt in seinem Roman *Katzenwiege* (dt. von Michael Schulte) über einen fiktiven Guru namens Bokonon: »Genaugenommen war Bokonon ein ehemaliger Schüler eines Bodybuilding-Instituts. Charles Atlas war davon überzeugt, daß man Muskeln ohne Hanteln und Expander entwickeln könne, indem man einfach ein Muskelpaket gegen das andere ausspielte. Bokonon war davon überzeugt, daß man eine gesunde Gesellschaft nur entwickeln könne, indem man Gut und Böse ausspielte und zwischen den beiden Extremen eine dauernde Hochspannung produzierte.«

ATM

Abkürzung von ›automated teller machine‹; ein Geldautomat, an dem Bankkunden ihren Kontostand abfragen oder Geld ziehen können.

Atreides, Paul

Held aus Frank Herberts ökologisch ausgerichteten Science-Fiction-Romanen um den Wüstenplaneten ›Dune‹, auch ›Arrakis‹ genannt. Atreides ist der rechtmäßige Herrscher von Arrakis, muß seine Rechte aber in einem langen Kampf gegen andere Interessengruppen durchsetzen. Die sechs Romane um Dune sind so komplex wie Tolkiens Chroniken von Mittelerde und wurden wie diese zu Kultbüchern: *Dune* (*Der Wüstenplanet*); *Dune Messiah* (*Der Herr des Wüstenplaneten*), *Children of Dune* (*Die Kinder des Wüstenplaneten*), *God-Emperor of Dune* (*Der Gottkaiser des Wüstenplaneten*); *Heretics of Dune* (*Die Ketzer des Wüstenplaneten*) und *Chapter-House Dune* (*Die Ordensburg des Wüstenplaneten*).

Attica

Gefängnis im Bundesstaat New York und Schauplatz der größten Gefangenenmeuterei in der Geschichte der USA. Vom 22. August bis 13. September 1971 rebellierten über 1.000 Insassen gegen die unmenschlichen Haftbedingungen und nahmen dreißig Wachen als Geiseln. Bei der blutigen Niederschlagung des Aufstands gab es 39 Tote.

Aunt Jemima

Das weibliche Pendant zu →Uncle Ben's ist als Warenzeichen der Quaker Oats Company auf Produkten wie Pancake-Pulver und -Syrup abgebildet. Früher war Aunt Jemima eine dicke Südstaaten-Mammy mit Häubchen. Im Zeitalter politischer Korrektheit sieht Aunt Jemima wie eine schwarze Karrierefrau aus. Werbeslogan: ›What you really want for breakfast‹.

Auto State

Michigan. Hier haben Chrysler, Ford und General Motors ihren Firmensitz. (→Motown)

Autry, Gene

* 1907, singender Cowboy mit kantigem Gesicht, der mit Hilfe seines Wunderpferds Champion und seines Partners Pat Buttram erst im Kino, dann zwischen 1950 und 1956 in der Fernsehserie *The Gene Autry Show* für Recht und Ordnung sorgte. Der Titel seines Erkennungslieds »Back in the Saddle Again« wurde zum geflügelten Wort. Autry, auch ein cleverer Geschäftsmann, zählt zu den reichsten Männern Kaliforniens.

AWOL

Absent without leave. Wer in der US Army länger als dreißig Tage unerlaubt dem Dienst fernbleibt, muß damit rechnen, juristisch als Deserteur behandelt zu werden.

Ayla

die um Emanzipation ringende Steinzeit-Schönheit aus den Romanen von Jean M. Auel. Ayla ist eine Cro-Magnon-Frau und deshalb etwas schlauer als die Neandertaler, mit denen sie sich herumschlagen muß. Im Film wurde sie von Daryl Hannah verkörpert (*The Clan of the Cave Bears*, dt. *Ayla und der Clan des Bären*).

Baba Wawa

Spitzname der leicht lispelnden Fernsehjournalistin Barbara Walters, geprägt von Gilda Radner in der Satiresendung *Saturday Night Live*. Barbara Walters, *1931, moderierte Mitte der 70er als erste Frau eine der großen Nachrichtensendungen, die *ABC Evening News*. →ABC

Babbitt

Bezeichnung für den typischen Spießbürger aus dem Mittelwesten nach George F. Babbitt, dem Titelhelden des 1922 erschienenen Romans von Sinclair Lewis. Babbitt ist ein wohlhabender Immobilienmakler aus der Stadt Zenith, der für kurze Zeit gegen die ihn fesselnden Konventionen rebelliert, sich dann jedoch lammfromm in sein Los fügt und seine kulturellen Interessen im Getriebe des Geschäftslebens bald verliert.

The Babe

George Herman Ruth, 1895–1948, wohl der berühmteste Baseballspieler aller Zeiten. Der Spitzname ›The Babe‹ blieb haften, weil er bei seinem ersten Einsatz erst 19 Jahre alt war. Babe Ruth spielte für die Boston Red Sox und die New York Yankees, erzielte während seiner Karriere einen Rekord von 714 Homeruns, der erst von Hank →Aaron verbessert wurde, und nahm mit seinen Teams an zehn World Series teil. 1936 wurde er in die →Baseball Hall of Fame aufgenommen.

Baby Bell

Spitzname von sieben regionalen Telefongesellschaften, die 1982 entstanden, als die Monopolstellung des →AT&T-Konzerns durch eine Antitrust-Verordnung aufgelöst wurde: Ameritech, Bell Atlantic, BellSouth, Nynex, Pacific Telesis, Southwestern Bell und US West. AT&T wird seither Ma Bell genannt.

Baby M

stand im Mittelpunkt einer gerichtlichen Auseinandersetzung um eine Leihmutterschaft. Das Ehepaar William und Elizabeth Stern hatte der Leihmutter Mary Whitehead zehntausend Dollar für ihre Dienste versprochen. Nach der Geburt des Babys 1986 wollte Mrs. Whitehead jedoch auf das Geld verzichten und das Baby behalten. In letzter Instanz entschied der Supreme Court von New Jersey, daß Baby M bei seinem Vater William Stern aufwachsen sollte, sprach Mrs. Whitehead aber die Rechte einer geschiedenen Mutter zu.

Baby Ruth

Warenzeichen eines seit 1921 hergestellten Schokoriegels, benannt nach einer Tochter von Präsident Grover Cleveland.

Bagel

jüdische Spezialität; ein Hefeteigkringel, der kurz in kochendes Wasser getaucht und dann gebacken wird. Bagels gibt's mit Sesam, Mohn, Knoblauch und Zwiebeln bestreut; in New York schmecken sie am besten. Die perfekte Kombination ist ›lox and bagel‹, ein Bagel mit viel Frischkäse und Räucherlachs.

Bailey, George

der von James Stewart gespielte Selbstmordkandidat aus Frank Capras Film *It's a Wonderful World* (dt. *Ist das Leben nicht schön?*), dem ein Engel namens Clarence (Henry Travers) zeigt, daß sein Leben nicht sinnlos war.

Bakker, Jim

*1940, einer der zahllosen ›Televangelists‹, die in Funk und Fernsehen rund um die Uhr frohe Botschaft verbreiten und sich an ihrer erlösungsgeilen Kundschaft die Taschen füllen. Bakker gründete 1973 mit seiner Frau Tammy Faye Bakker das ›PTL-Network‹ (PTL steht für ›Praise the Lord‹ oder ›People That Love‹) und strich zu seinen Glanzzeiten ein offizielles Jahresgehalt von 1.600.000 Dollar ein. Nach einem Sexskandal 1987 trat Bakker als Reverend zurück; 1989 wurde er wegen Betrugs rechtskräftig verurteilt.

Balboa, Rocky

der von Sylvester Stallone erfundene und gespielte Boxer aus den *Rocky*-Filmen.

Ball, Lucille

1911–1989; Star aus den TV-Sitcoms *I Love Lucy*, 1951–1961, und *The Lucy Show* (anderer Titel *Here's Lucy*, dt. *Hoppla Lucy*), 1964–1974. Lucy Ball war in den 50er und 60er Jahren die unangefochtene Königin des amerikanischen Fernsehens und erreichte mit ihren Serien Einschaltquoten, von denen andere nur träumen konnten. In *I Love Lucy* spielte sie die überdrehte Hausfrau Lucy Ricardo, die sich zum Showbusineß berufen fühlt, und ihr Mann Desi Arnaz verkörperte Ricky Ricardo, einen kubanischen Bandleader.

Banana Republic

Ladenkette mit Freizeitklamotten aus Baumwolle – hier kauft der Möchtegern-Yuppie.

Bananas, Joe

Spitzname von Joseph Bonano, *1905, dem früheren Don der →Castellamarese-Familie. Bonano ist der einzige der großen Mafiabosse aus den 30er Jahren, der heute noch am Leben ist. 1983 veröffentlichte er seine Autobiographie unter dem Titel *A Man of Honour*.

Band-Aid

eingetragenes Warenzeichen eines Heftpflasters, das seit 1921 von Johnson & Johnson angeboten wird. ›Band-Aid‹ wird inzwischen nicht nur als Bezeichnung für jede Art Heftpflaster verwendet, sondern im übertragenen Sinn auch für ein Provisorium.

Bandello, Rico

Gangster nach dem Vorbild von Al Capone (→Scarface) aus W.R. Burnetts 1929 erschienenem Roman *Little Caesar*. Die Verfilmung von Mervyn Le Roy machte Edward G. Robinson zum Star. Als Bandello von Kugeln durchsiebt zu Boden gleitet, sagt er den berühmten Schlußsatz »Mother of mercy, is this the end of Rico?«

Barbie

trägt ihren Namen nach Barbie Handler, der Tochter des Eigentümers der Mattel Toy Company. Seit 1958 ist die blonde, blauäugige Puppe in Spielzeugläden erhältlich, und fast ebenso lange wird der Name Barbie Doll zur Beschreibung blonder Dummchen verwendet. Barbies Freund heißt Ken, seit 1967 gibt es auch eine schwarze Barbie-Puppe namens Christie. Eine sprechende Barbie, die neben 269 anderen Sätzen auch »Math class is tough« sagte, erregte 1992 den Protest der American Federation of University Women, weil sie das etablierte Rollenverhalten im Kinderzimmer perpetuiere.

Bartleby

Titelfigur aus Herman Melvilles Kurzgeschichte *Bartleby the Scrivener* (dt. *Bartleby der Schreiber*), ein kleiner Angestellter in einer New Yorker Kanzlei, der sich eines Tages plötzlich verweigert und bis zu seinem Tod zu allem nur noch »I would prefer not to« (»Ich möchte lieber nicht«) sagt. Im übertragenen Sinn jemand, der sich völlig abkapselt.

Baseball Hall of Fame

Die ewige Ruhmeshalle der beliebtesten amerikanischen Sportart steht in Cooperstown, New York, wo der Legende nach ein gewisser Abner Doubleday 1839 das Baseballspiel erfunden haben soll; tatsächlich ist Baseball jedoch einige Jahre älter. Die Baseball Writers' Association of America (BBWAA) wählt jährlich in einem komplizierten Modus neue Spieler und Officials (Schiedsrichter, Besitzer von Clubs, Trainer, die berühmten ›linken Balleinfetter‹) zu den bisher 216 in die Baseball Hall of Fame Aufgenommenen (vgl. die Namenliste im Anhang) hinzu. (→Football Hall of Fame)

Basin Street

Die Straße im Rotlichtbezirk von New Orleans gilt als Wiege des Jazz und wurde durch Spencer Williams' *Basin Street Blues* von 1928 berühmt: »Basin Street is a street where black folk meet...«

Bass, Sam

1851–1878, auch ›Robin Hood of Texas‹ genannt. Der Anführer einer Bande von Zug- und Bankräubern wurde von seinen eigenen Leuten an die Texas Rangers verraten und bei einer Schießerei in der Nähe von Round Rock getötet. Bass lebt in Countrysongs als gutherziger Bandit fort und soll irgendwo in Texas einen Schatz vergraben haben.

Bates, Norman

der wahnsinnige Schlitzer aus Robert Blochs Roman *Psycho*. In der gleichnamigen Verfilmung von Alfred Hitchcock und den Fortsetzungen aus den 80er Jahren wurde Bates von Anthony Perkins gespielt. Bret Easton Ellis erwies Bloch und Hitchcock seine Reverenz, als er den Helden seines Romans *American Psycho* Patrick Bateman nannte.

Batman

Der Schrecken der Unterwelt heißt mit bürgerlichem Namen Bruce Wayne und gab sein Debüt im Mai 1939 in Detective Comics Nr. 27. Der Zeichner Bob Kane, *1916, hatte Batman als Antwort auf den 1938 erschienenen →Superman konzipiert und ihn mit einer Vita ausgestattet, die ihn zum Rächer der Witwen und Waisen prädestinierte: Waynes Eltern waren bei einem Straßenüberfall ermordet worden, worauf er als Erbe eines riesigen Vermögens beschließt, auf eigene Faust für Gerechtigkeit zu sorgen. Anders als Superman und Co. hat Batman jedoch keine übernatürlichen Fähigkeiten. Dafür kann er bei seiner Verbrecherhatz auf eine Reihe technischer Gadgets im Fledermausdesign zurückgreifen: das Batmobil, ein futuristisches Auto; Batwing, ein Flugzeug mit sichelförmigen Tragflächen; das Batboat und der Batarang, ein abgewandelter Bumerang.

Als Bruce Wayne führt Batman das Leben eines Playboys; doch nachts, im Schutz seines Verstecks, der Batcave (dt. Bat-Höhle), schlüpft er in sein Fledermauskostüm und durchstreift die Straßenschluchten von →Gotham City, einer düstereren Version New Yorks. Um jüngeren Comiclesern die Identifikation mit Batman zu erleichtern, wurde dem ›Caped Crusader‹ eine jugendliche Figur an die Seite gestellt: Robin the Boy Wonder. Robin hieß eigentlich Dick Grayson und arbeitete als Artist im Zirkus. Da auch seine Eltern von Verbrecherhand gemeuchelt worden waren, stand einer Adoption durch Batman nichts im Wege. Robin trägt ein rot-grün-gelbes Trikot und darf Batman mit allerlei Handreichungen dienen; zusammen heißen sie ›The Dynamic Duo‹. Ob das intime Verhältnis zwischen Batman und Robin tatsächlich homosexueller Natur ist, wie gern vermutet wird, dürfte nur der Butler Alfred Pennyworth wissen, der als einziger in Batmans Doppelleben eingeweiht ist. Bruce Waynes Freundinnen Julie Madison, Linda Page und die Fotoreporterin

Vicki Vale wirken jedenfalls recht blaß. Interessanter als Batmans Alibifrauen sind seine zahllosen Feinde: der stets in Rätseln sprechende Riddler; der Joker, ein mörderischer Spaßvogel; Catwoman, der Penguin, Punch und Judy, Egghead, King Tut, Twoface und Tweedledum und Tweedledee.

Der Erfolg von Batman blieb nicht auf das Medium Comic beschränkt, wo bald die anämischen Klone Batwoman und Batgirl auftauchten. Nach einer Radioserie und zwei Filmserials in den 40er Jahren entstand 1966 eine poppig-schrille 120teilige TV-Serie mit Adam West als Batman und Burt Ward als Robin, die als Inbegriff des ›Camp‹-Humors auch heute noch für Lacher gut ist. Erst die neuen Geschichten des Zeichners Frank Miller, der in seiner vierbändigen *The Dark Knight*-Serie einen abgeklärten, gebrochenen Batman schuf, konnten der Gestalt ihr dräuendes Image zurückgeben. Anfang der 90er Jahre erhielt Batman einen ungeheuren Popularitätsschub durch zwei aufwendige Hollywood-Spektakel von Tim Burton mit Michael Keaton in der Titelrolle, Jack Nicholson als Joker, Danny DeVito als Penguin und Michelle Pfeiffer als Catwoman.

BBB

das Better Business Bureau, eine landesweit vertretene Verbraucherschutzorganisation der Chamber of Commerce.

Be prepared

›Allzeit bereit!‹, das Motto der amerikanischen Boy Scouts.

Beagle Boys

Schwerverbrecher mit schwarzen Augenmasken aus den → Donald Duck-Comics. Die Beagle Boys (in der brillanten Übersetzung von Dr. Erika Fuchs ›die Panzerknacker‹) unterscheiden sich durch ihre Sträflingsnummern auf der Brust und sind die Erzfeinde von →Scrooge McDuck (›Dagobert Duck‹), dessen Money Bin (›Geldspeicher‹) auszuräumen für sie zur fixen Idee geworden ist. Erfunden hat die Beagle Boys der geniale Comic-Zeichner Carl Barks 1951.

Beam me up, Scotty!

Wer in der Zukunft etwas auf sich hält, reist in seine Partikel zertrümmert als Welle durch den Raum und wird am Bestimmungsort Teilchen für Teilchen wieder zusammengesetzt. Die Macher der TV-Serie →*Star Trek* nutzten diesen Science-Fiction-Topos, um durch die schnellste Form der Dislozierung –

ein kurzes Flirren der Silhouette, Schnitt, und schon ist man am Ziel – aufwendige Spezialeffekte zu sparen. Den Befehl »Beam me up, Scotty« (in der deutschen Synchronisation meist »Raufbeamen, Scotty«) empfängt Lieutenant Commander Montgomery Scott im Transporterraum in der Regel von Captain James T. →Kirk. Ergänzt um die Worte »... there is no intelligent life on this planet« dient der Spruch zu der emphatischen Feststellung, man sei von lauter Schwachköpfen umgeben.

Beamer
Slangausdruck für einen BMW.

Beanz Meanz Heinz
oft verballhornter Werbeslogan aus den 60er Jahren für Heinz Baked Beans.

The Bear
Spitzname von General H. Norman Schwarzkopf, *1935, der während des Golfkriegs 1991 als amerikanischer Oberbefehlshaber die Operationen ›Desert Shield‹ und ›Desert Storm‹ leitete und auch ›Stormin' Norman‹ genannt wird.

The beer that made Milwaukee famous
Werbeslogan der Schlitz Brewing Company.

Beetle Bailey
Zeitungsstrip von Mort Walker über einen tumben Soldaten in der Army; erschien unter diesem Titel auch in Deutschland.

benign neglect
wurde zum Schlagwort in der Diskussion um die amerikanische Rassenpolitik. In einem vertraulichen Memo hatte der Senator Daniel P. Moynihan, ein Berater Nixons, empfohlen: »The issue of race has been too much talked about. We may need a period of benign neglect«. Das Memo wurde der *New York Times* zugespielt und löste einen Skandal aus.

Benny, Jack
eigentlich Benjamin Kubelsky, Komiker aus Illinois, 1894–1975. Benny arbeitete seit seiner Jugend im Varieté, benutzte bei seinen Sketchen oft eine Geige, die er wirklich spielen konnte, und trat gemeinsam mit seiner Frau Mary Livingston auf. *The Jack Benny Show* lief von 1932 bis 1955 im Radio, von 1950 bis 1965 im Fernsehen. Benny hatte einen etwas ver-

haltenen, ironischen Stil und kokettierte oft mit seinem Alter, seiner Eitelkeit und seinem Geiz. Berühmt sind die langen Pausen, die er in seine Nummern einbaute. Hier ein Beispiel: Als ihn ein Straßenräuber mit dem berüchtigten Satz »Your money or your life« überfällt, verharrt Benny wie gelähmt. – »Well?« – Wieder eine lange Pause. Schließlich antwortet Benny: »I'm thinking, I'm thinking.«

Berra, Yogi

1925 als Lawrence Peter Berra in St. Louis geborener Baseballstar. Berra spielte von 1946 bis 1963 für die New York Yankees, danach managte er sowohl die Yankees als auch die New York Mets; 1972 wurde er in die →Baseball Hall of Fame aufgenommen. Heute ist Berra vor allem für seine je nach Betrachtungsweise tief- oder schwachsinnigen Sprüche bekannt, die an Sepp Herbergers beste Zeiten erinnern: »It ain't over till it's over«, »A nickel ain't worth a dime anymore«, »Why don't you pair them up in threes?«, »No wonder nobody comes here – it's too crowded«

Betty Crocker

Markenname von Backmischungen und Fertiggerichten der General Mills Corporation, deren Name in Werbeslogans wie ›You and Betty Crocker can bake someone happy‹ und ›You sweet talker, Betty Crocker‹ auftaucht. Die glückselig lächelnde, pausbäckige Blondine, die bis vor kurzem auf den Produkten abgebildet war, gilt als Inbegriff der spießigen Hausfrau. »The beaming Betty Crockers, hangdog dowdies, and parochial prudes who call themselves feminists want men to be like women.« (Camille Paglia, *Sex, Art, and American Culture*.)

Beulah, peel me a grape

sagt Mae West zu ihrem schwarzen Dienstmädchen in *I'm No Angel* (dt. *Ich bin kein Engel*), nachdem ihr Geliebter sie verlassen hat. Der Satz wurde als Ausdruck von Kaltschnäuzigkeit sprichwörtlich. Mae West, berühmt für ihre unverblümten ›one-liners‹, bereicherte das Amerikanische auch um Sprüche wie »Come up and see me sometime«, »Is that a gun in your pocket, or are you just glad to see me?«, »A man in the house is worth two in the streets«.

The Beverly Hillbillies
dt. *Die Hillbilly-Bären*; zwischen 1962 und 1971 entstandene Sitcom um die Hinterwäldler-Familie Clampett, die durch einen Ölfund auf ihrem Grundstück zu Vermögen kommt und sich ein Haus in Beverly Hills kauft.

Bible Belt
Bezeichnung für die Bundesstaaten im Süden und Mittelwesten der USA, die von fundamentalistischen Moralvorstellungen geprägt sind.

Big Apple
Spitzname von New York; Herkunft ungeklärt.

Big Dad
Spitzname von Lyndon B. Johnson und Idi Amin.

Big Enchilada
im Sinn von ›Big Boß‹, ›die Nummer Eins‹ ist eine Wortschöpfung des Nixon-Beraters und Hobbykochs John Ehrlichman und war auf einem der heiß umkämpften Tonbänder aus dem →Oval Office des Weißen Hauses zu hören, wo Ehrlichman den Attorney General John Mitchell so bezeichnete.

Big Green
das Dartmouth College in New Hampshire, eins von acht Colleges der →Ivy League.

Big Muddy
der Missoury River.

The Big One
der Kalifornien bedrohende Öko-GAU, ein katastrophales Erdbeben.

Big Pretzel
Spitzname von Philadelphia.

The Big Six
Die sechs großen Mafia-Bosse der 40er und 50er Jahre: Joe Adonis, Tony Accardo, Frank Costello, Thump Guzik, Meyer Lansky und Longy Zwillman.

The Big Three
1. Die Autofirmen Chrysler, Ford und General Motors.
2. Die Colleges Harvard, Princeton und Yale.

Bigfoot

auch ›Sasquatch‹ genanntes Fabelwesen, das im Nordwesten der USA und in Kanada beheimatet sein soll. Meldungen über den Fund eines 43 Zentimeter langen Fußabdrucks von Bigfoot erschienen erstmals Anfang der 70er Jahre in den Medien; der Mythos geht aber auf die Indianerzeit zurück.

The Biggest Little City in the World

Spitzname für das Scheidungsparadies Reno in Nevada.

Billary

Spitzname für das Ehepaar Bill und Hillary Clinton, auf das politische Engagements Hillarys anspielend.

Billington, John

der erste Weiße, der in Amerika wegen Mordes hingerichtet wurde. Billington hatte nach einem Streit einen Mann erschossen und wurde am 30. September 1630 gehenkt.

Billy the Kid

Spitzname von Henry McCarty, 1859–1881, der sich auch William H. Bonney nannte. Billy kam 1873 mit seinen Eltern von der Ostküste nach New Mexico und wurde zum Anführer einer Bande von Viehdieben. Nach einer Verhaftung 1880 gestand er 21 Morde und wurde zum Tode verurteilt, konnte aber aus dem Gefängnis entkommen. Ein Jahr darauf zog Sheriff Pat F. Garrett, 1850–1908, die entscheidende Sekunde schneller als Billy und erschoß ihn. In *Easy Rider* nannte sich auch Dennis Hopper Billy the Kid.

Bird

Spitzname des Jazzmusikers Charlie Parker, 1920–1955.

Birdie

ein Schlag unter Par beim Golf.

Black Monday

der 19. Oktober 1987, als der Dow-Jones-Index um fast 500 Punkte fiel.

The Black Sox scandal

In diesen größten Bestechungsskandal des amerikanischen Profisports waren acht Spieler von den Chicago White Sox verwickelt, die bei der World Series 1919 dafür gesorgt hatten, daß der Titel an das Team der Cincinnati Reds ging. Obwohl die Spieler, deren Mannschaft von der Presse prompt ›Chicago Black Sox‹ genannt wurde, nach der Anhörung vor einem Sportgericht freigesprochen wurden, sperrte der First Commissioner of Baseball Kenesaw M. Landis alle Beteiligten auf Lebenszeit. Die Erinnerung an die Schiebung lebt heute in dem häufig zitierten Satz fort »Say it ain't so, Joe«, mit dem ein kleiner Junge 1920 einen Spieler der White Sox darum bat, seine aus den Fugen geratene Welt zu kitten.

Blaine, Rick

tauchte zum erstenmal in einem Theaterstück von Murray Burnett auf, das den Titel *Everybody Comes to Rick's* trug und die Vorlage für das Drehbuch von Michael Curtiz' Kultfilm *Casablanca* bildete. Blaine (Humphrey Bogart) betreibt den Nachtclub Rick's Café Américain in Marokko, wo er während des Zweiten Weltkriegs seiner Geliebten Ilsa Lund (Ingrid Bergman) wiederbegegnet.

Blondie

Seit fast 60 Jahren erscheint landesweit in über 1.000 Zeitungen dieser Comicstrip um Blondie Bumstead, geborene Boopadoop, ihren nimmersatten Ehemann Dagwood Bumstead, Sohn Alexander (›Baby Dumpling‹), Tochter Cookie und Hund Daisy. Ferner tauchen regelmäßig Dagwoods cholerischer Chef Mr. Dithers und seine Frau Cora auf, die Nachbarn Herbert und Tootsie Woodley sowie der Briefträger Mr. Beasely. Erfunden hat die Alltagskomödie Chic Young, 1901–1973, dessen Sohn Dean Young den nostalgischen Strip heute noch weiterführt. Zwischen 1938 und 1950 entstanden über 20 Blondie-Kinofilme, die in Deutschland nie zu sehen waren.

Blood and Guts

Spitzname von General George Smith Patton, 1885–1945, der im Zweiten Weltkrieg die 3. Armee durch Frankreich nach Deutschland führte.

BLT

1. ein Bacon-Lettuce-and-Tomato-Sandwich.
2. Spitzname der Schauspielerin Jodie Foster: ›Bossy Little Thing‹.

BO

inzwischen eingebürgerte Abkürzung für ›body odor‹, Körpergeruch, die von einer Werbekampagne der Lifebuoy Soap in Umlauf gebracht wurde.

The Bobbsey Twins

Bert und Nan, Freddie und Flossie, zwei in Lakeport beheimatete Zwillingspaare aus den auch heute noch populären Kinderbüchern (*The Bobbsey Twins*, 1904), die unter dem Pseudonym Laura Lee Hope aus der ›Schreibfabrik‹ von Edward Stratemeyer und seiner Tochter Harriet Adams kamen.

Bogey

1. Spitzname von Humphrey Bogart, 1899–1959.
2. ein Schlag über Par beim Golf.

Bonano

eine der fünf großen Mafia-Familien in New York.

Bones

1. Spitzname von Dr. Leonard McCoy, dem aus Georgia stammenden Schiffsarzt an Bord der U.S.S. →Enterprise aus →*Star Trek*. McCoy, gespielt von DeForest Kelley, heißt in der deutschen Fassung ›Pille‹. Er vertritt in der Serie die irdisch-menschliche Seite und liefert sich heiße Diskussionen mit dem kühl und logisch argumentierenden →Spock. Seine Assistentin ist die Krankenschwester Christine Chapel. Etwa die Hälfte von McCoys Text besteht aus dem an Captain James T. →Kirk gerichteten Satz: »He's dead, Jim«.
2. Einer der zahllosen Spitznamen von Old ›Franky Boy‹ ›Blue Eyes‹ Sinatra.

Bonnie and Clyde

Bonnie Parker, 1911–1934, und Clyde Barrow, 1900–1934, zwei texanische Desperados, die Anfang der 30er Jahre eine Reihe von Banken und Tankstellen im amerikanischen Südwesten überfielen. Nach dem Verrat eines Komplizen starben sie im Kugelhagel der Texas Rangers. Arthur Penns Kinofilm *Bonnie and Clyde* von 1967 mit Faye Dunaway und Warren Beatty glorifizierte die zwölffachen Mörder zu romantischen Outlaws.

Boop, Betty

schwarzhaariges Sexsymbol der 30er Jahre aus Zeichentrickfilmen und Comicstrips von Max Fleischer, 1883–1972. Schwierigkeiten mit den Zensoren des →Hays Office trugen nur dazu bei, die Popularität von Betty Boop zu erhöhen, deren Vorbild in der Wirklichkeit die Sängerin Helen Kane war.

Bosnywash
Boston, New York, Washington.

The Boss
Spitzname von Bruce Springsteen, früher auch von Franklin D. Roosevelt und Bess Truman.

Boston strangler
berühmter Serienmörder, der zwischen 1962 und 1964 elf Frauen vergewaltigte und erwürgte. Als Würger von Boston wurde schließlich Albert De Salvo, 1933–1973, überführt, der die Morde gestand und 1967 eine lebenslange Haftstrafe erhielt. Ob De Salvo im Gefängnis Selbstmord beging oder von seinen Mitgefangenen erstochen wurde, ist ungeklärt.

The Bowery
Straße auf der Lower East Side Manhattans, auf der es seit Anfang des Jahrhunderts viele billige Absteigen, Obdachlosenunterkünfte und Kneipen gibt.

Boyd, Belle
1844–1900, wohl die romantischste Gestalt aus dem amerikanischen Bürgerkrieg. Sie spionierte für die Südstaaten Truppenbewegungen im Shenandoah Valley aus und mußte nach ihrer dritten Verhaftung 1864 mit der Todesstrafe rechnen. Boyd floh jedoch zusammen mit ihrem Gefängniswärter nach England und heiratete ihn dort. Ihre Kriegserlebnisse erschienen 1865 unter dem Titel *Belle Boyd in Camp and Prison*. Später kehrte Boyd in die Vereinigten Staaten zurück und hielt zahlreiche Vorträge.

Braddock, Benjamin
der von Dustin Hoffman gespielte Antiheld aus Mike Nichols' Kinofilm *The Graduate* (dt. *Die Reifeprüfung*) nach einem Roman von Charles Webb.

Brat Pack
In Anlehnung an ›rat pack‹ entstand diese Bezeichnung für eine Clique junger Hollywoodstars wie Tom Cruise, Michael J. Fox und Emilio Estevez. Der Name wurde bald auch auf einige

junge amerikanische Autoren wie Jay McInerney, Bret Easton Ellis und Tama Janowitz übertragen, deren kommerzieller Erfolg und vermeintliche →Yuppie-Allüren dem literarischen Establishment ein Dorn im Auge waren.

Breakfast of champions

Werbeslogan von Wheaties, einer seit 1924 von General Mills hergestellten Sorte Frühstücksflocken. 1973 publizierte Kurt Vonnegut einen Roman gleichen Titels (dt. *Frühstück für starke Männer*).

Bridge and Tunnel Crowd

abfällige Bezeichnung für die Menschenmassen, die aus den Suburbs New Yorks über die Brücken und Tunnel am Wochenende nach Manhattan strömen.

Bringing up Father

erstmals 1913 erschienener Comicstrip von George McManus, 1884–1953, um eine irische Einwandererfamilie, die durch einen Lotteriegewinnn zu plötzlichem Reichtum kommt. Für Komik sorgt der Dauerclinch zwischen dem schmerbäuchigen Bauarbeiter Jiggs, der am liebsten so weiterleben möchte wie bisher, und seiner resoluten Frau Maggie, die mit ihrer Tochter Nora um jeden Preis in die High-Society aufsteigen will.

Brook Farm

1841 unter Führung von George Ripley gegründete Kommune in West Roxbury, Massachusetts. Die Brook Farm war ein frühsozialistisches Experiment, an dem die führenden Intellektuellen der Zeit, darunter Nathaniel Hawthorne und Ralph Waldo Emerson, großen Anteil nahmen. Wassermangel und unfruchtbare Böden führten 1847 zur Auflösung der Kommune.

Broom Hilda

Zeitungsstrip von Russell Myers um eine von Minderwertigkeitskomplexen geplagte Hexe (dt. *Die wilde Hilde*).

Brothers, Dr. Joyce

*1921, Amerikas berühmteste Psychiaterin. Dr. Brothers begann ihre Karriere auf ungewöhnliche Weise: sie gewann 1955 als Expertin für Profiboxen über 100.000 Dollar in den Quizshows *The* →*64.000 Dollar Question* und *The 64.000 Dollar Challenge*. Danach nutzte sie ihre Popularität als Kummerkastentante für Zeitungen und trat in den Sendungen *Ask Dr. Brothers*, *Consult Dr. Brothers* und *Tell Me, Dr. Brothers* im Radio und Fernsehen auf.

The Brown Bomber

Spitzname von Joe Louis, 1914–1981, dem unbezwungenen Schwergewichts-Champion von 1937–1949. Erst bei seinem Comebackversuch 1950 wurde Louis von Ezzard Charles geschlagen.

Brown, Charlie

steht seit 1950 zusammen mit seinem Hund Snoopy im Mittelpunkt des von Charles M. Schulz, *1922, gezeichneten Comicstrips *Peanuts*. Andere Figuren sind die herrschsüchtige Lucy Van Pelt, Charly Browns Schwester Sally, die unbedarfte Marcie und ihre Freundin Peppermint Patty, Snoopys mexikanischer Bruder Spike, Schroeder, der auf Beethoven spezialisierte Pianist, und Lucys Brüder Linus und Rerun. Linus klammert sich immer an seine ›security blanket‹ (›Schmusedecke‹) und träumt zu Halloween vom Erscheinen des Great Pumpkin (der ›Große Kürbis‹). Charlie Browns große Liebe gilt dem Little Red-Haired Girl, das nie im Strip zu sehen ist. Von allen Peanutsfiguren hat Snoopy die größte Tiefe – auf seiner Hundehütte sitzend, schreibt er den großen amerikanischen Roman, führt philosophische Diskussionen mit seinem Freund Woodstock, einem kleinen Vogel, oder träumt sich in die Gestalt eines Piloten aus dem Ersten Weltkrieg hinein, stets in Gefahr, vom Roten Baron abgeschossen zu werden. Die Peanuts tauchten auch in mehreren Zeichentrickfilmen auf, und 1969 wurde Schulz eine besondere Ehre zuteil: die Besatzung der Apollo–10-Mission nannte ihr Mutterschiff ›Charlie Brown‹ und die Mondlandefähre ›Snoopy‹.

Bubba

abwertende Bezeichnung für weiße Männer aus den Südstaaten. Bubbas gelten als ungebildet, chauvinistisch und reaktionär.

The buck stops here

Motto mit der Bedeutung: die letzte Verantwortung liegt bei mir. Harry S. Truman, 1884–1972, bekannt für seine unverblümte Ausdrucksweise, ließ den Spruch in seinem Büro im Weißen Haus anbringen. Inzwischen wurde er entfernt...

Buckley, William F.

*1925, konservativer Journalist und Verleger des *National Review*. Buckleys Ansichten liegen in der Regel quer zum Zeitgeist und besitzen in Verbindung mit seiner manierierten Gestik und Sprechweise hohen Unterhaltungswert.

Bülow, Claus von

*1926, stand Anfang der 80er im Mittelpunkt eines Sensationsprozesses: er soll versucht haben, seine Frau Sunny durch hohe Insulindosen zu ermorden. Sunny von Bülow liegt nach wie vor im Koma; ihr Mann wurde dank der Anstrengungen des Staranwalts Alan Dershowitz 1985 freigesprochen.

Buffalo Bill

Spitzname des Scouts und Büffeljägers William F. Cody, 1846–1917. Der PR-bewußte Cody gründete 1883 die *Buffalo Bill's Wild West Show*, mit der er durch USA und Europa tingelte und maßgeblich an der Mystifikation des Wilden Westens mitwirkte. Inzwischen jedoch wird Buffalo Bill zunehmend kritischer gesehen: die Ausrottung der großen Büffelherden und die damit verbundene Zerstörung der Lebensgrundlage vieler Indianerstämme gehen auch mit auf sein Konto.

Bugs Bunny

möhrenknabbernder Hase aus Zeichentrickfilmen von Warner Brothers, 1937 von Tex Avery und Chuck Jones erfunden. Die einfallsreiche deutsche Synchronisation übersetzte Bugs' Standardspruch »What's up, Doc?« mit »Was liegt an?« und ersetzte den berühmten Brooklyn-Akzent des amerikanischen Sprechers Mel Blanc durch Verdopplungen wie ›meiner-einer‹ oder ›deiner-einer‹. Bugs Bunnys ewiger Gegenspieler ist der lispelnde Hobbyjäger Elmer Fudd.

Bull Moose

Spitzname von Theodore Roosevelt, 1858–1919, und der von ihm gegründeten Progressive Party.

Bundy, Ted

1946–1989, berüchtigter sadistischer Serienmörder, der am 24. Januar 1989 im Starke Prison, Florida, hingerichtet wurde.

Bunny

das berühmte *Playboy*-Logo, ein stilisierter Häschenkopf. ›Bunnies‹ wurden auch die Mädchen im Karnickeloutfit genannt, die in Hugh Hefners ab 1960 entstandenen Playboy Clubs bedienten.

Bunyan, Paul

Sagengestalt aus dem 19. Jahrhundert: ein riesenhafter Holz-
fäller, der in Begleitung eines blauen Ochsen namens Babe
(Babe, the Blue Ox) das Land durchstreift und mit seinen Rie-
senkräften den Grand Canyon und die Rocky Mountains er-
schaffen hat.

Burma-Shave

Markenname eines in den 20er Jahren entwickelten Rasier-
schaums, der auf riesigen Reklametafeln entlang amerikanischer
Highways angepriesen wurde. Die in Abständen von etwa 50
Metern aufgestellten Tafeln ergaben, hintereinander gelesen,
Werbesprüche für Burma-Shave. Einige Beispiele dieser Auto-
bahnlyrik:

»Does your husband / Misbehave / Grunt and grumble / Rant and
rave? / Shoot the brute some / Burma-Shave«
»Within this vale / Of toil and sin / Your head grows bald / But not
your chin / Burma-Shave«
»Henry the Eighth / Prince of Friskers / Lost five wives / But kept /
His whiskers / Burma-Shave«

Burns, George

1896 als Nathan Birnbaum in New York geborener Komiker,
der häufig zusammen mit seiner Frau Gracie Allen, 1902–
1964, auftrat. Seine Karriere führte ihn vom Varieté über das
Radio zum Fernsehen, wo er selbst mit 96 noch hin und wieder
in Talkshows zu sehen ist – stets mit einer Zigarre, die sein
Markenzeichen wurde.

Butch Cassidy and the Sundance Kid

wurden erst durch den gleichnamigen Film (dt. *Zwei Banditen*)
von William Goldman und George Roy Hill zu überlebensgroßen Outlaws. Robert Le Roy Parker, 1886–1909, erhielt
den Spitznamen Butch, weil er früher als Metzger gearbeitet
hatte. Harry Longbaugh, 1860–1909, kam zu seinem Namen
›The Sundance Kid‹, weil er eine Bank in Sundance, Nevada,
überfallen hatte. Die im Film mit Paul Newman und Robert
Redford erzählte Geschichte entspricht im wesentlichen den
historischen Tatsachen.

Butterfingers

Warenzeichen eines seit 1923 verkauften Karamelriegels.

B.V.D.s

zunächst ein Markenname, nach den Gründern der Firma Bradley, Voorhees und Day; später eingebürgerte Bezeichnung für Männerunterwäsche.

BYOB

Bring your own bottle, Zusatz auf Einladungen zu Parties, manchmal auch PBAG (Please bring a bottle) oder BYOG (Bring your own grog).

C & W

Country & Western

Cabbage Patch Kid

Warenzeichen einer handgefertigen, pausbäckigen Puppe, die Mitte der 80er Jahre in keinem amerikanischen Kinderzimmer fehlen durfte und auch in Deutschland unter diesem Namen vertrieben wurde. Nach Kauf eines Cabbage Patch Kids kann die Besitzerin den Namen der Puppe auf einem beiliegenden ›Taufschein‹ registrieren lassen.

Caddy

Kurzform für ›Cadillac‹. Die Luxuskarosse von General Motors, die tatsächlich in der Stadt Cadillac in Michigan vom Band läuft, erfreut sich vor allem bei Rentnern und Drogendealern ungebrochener Beliebtheit.

Cagney & Lacey

TV-Serie um zwei Polizistinnen im 14th Precinct von New York City. Detective Chris Lacey ist verheiratet und hat Kinder, Detective Mary Beth Cagney führt ein Singledasein. *Cagney & Lacey*, wie die Serie auch in Deutschland hieß, lief zwischen 1982 und 1988, hatte aber außer der Umkehrung althergebrachter Rollenmuster wenig zu bieten.

Calamity Jane

Spitzname von Martha Jane Burke, 1852–1903, einer sagenumwobenen Wildwestheldin, die Männerkleidung trug, als Scout für die US-Kavallerie arbeitete und für ihre Schießkunst und Trinkfestigkeit berühmt war. Schon zu Lebzeiten Burkes strickten die Schundromanfabriken der Ostküste an ihrer Legende und dichteten ihr ein romantisches Image an. Gegen Ende ihres Lebens trat Calamity Jane, die angeblich zwölfmal verheiratet war, in Wildwestshows auf.

Call me Ishmael

Der erste Satz aus Herman Melvilles *Moby Dick*; wohl der berühmteste Romananfang der amerikanischen Literaturgeschichte. Ishmael heuert auf der von Captain →Ahab befehligten Pequod an und befreundet sich mit dem polynesischen Harpunier Queequeg, dessen Sarg ihn nach dem Untergang der Pequod vor dem Ertrinken rettet.

Calvin and Hobbes

Comicstrip von Bill Waterson. Calvin ist ein kleiner Junge, Hobbes ein Stofftiger, der ein für Außenstehende unsichtbares Eigenleben führt. Die in Buchform gesammelten Folgen des Comics, der zuweilen die philosophische Tiefe von Charles M. Schulz' *Peanuts* erreicht, wurden Bestseller und erscheinen als *Calvin und Hobbes* auch in Deutschland.

Camelot

Der Name von Arthurs Königshof wurde als Inbegriff gerechter Herrschaft bald nach dem Attentat von Dallas auf John F. Kennedys Regierungsmannschaft übertragen.

CAMP

Abkürzung von Campaign Against Marijuana Planting – ein staatliches Programm zur Bekämpfung des Rauschgiftanbaus.

Camp David

Seit 1942 der offizielle Landsitz des amerikanischen Präsidenten in den Catoctin Mountains, Maryland. Franklin D. Roosevelt hatte das Anwesen Shangri-La getauft, Dwight D. Eisenhower benannte es 1953 nach seinem Enkel um.

Campbell's

Warenzeichen der Campbell Soup Company in Camden, New Jersey, die ihre Produkte mit Slogans wie ›Campbell's Soup is M'm! M'm! Good!‹ und ›They always eat better when you remember the soup‹ bewirbt. Campbell's Tomato Soup inspirierte Andy Warhol zu einer seiner berühmtesten Serigraphien.

Candid Camera

von 1948 bis 1990 eine der beliebtesten amerikanischen Unterhaltungsshows, war ursprünglich als Radiosendung mit dem Titel *Candid Microphone* konzipiert. Das Strickmuster blieb stets das gleiche: eine versteckte Kamera filmte nichtsahnende Normalbürger in bizarren Situationen — ein Restaurant serviert den Gästen mikroskopisch kleine Portionen, ein Tankwart soll einen Kleinwagen volltanken, dessen umgebauter Tank dreihundert Liter faßt, ein Automat fängt Streit mit einem Kunden an. Der Satz »Smile, you are on Candid Camera«, mit dem Showmaster Allen Funt, * 1914, die ungläubigen Opfer seiner Streiche schließlich erlöste, ging in die Umgangssprache ein. Deutsche Bearbeitungen liefen unter den Titeln *Die versteckte Kamera* und *Vorsicht Kamera*; ein ähnliches Konzept lag der Samstagabend-Show *Verstehen Sie Spaß?* zugrunde.

Capitalist Tool

nannte der exzentrische Multimillionär und Verleger Malcolm Forbes, 1919–1990, seine Zeitschrift *Forbes*, die ihre Leserschaft in allen Geldanlagen berät; auch seinen Privatjet bezeichnete Forbes als Kapitalistenwerkzeug.

Captain America

von Jack Kirby und Joe Simon 1941 erdachter Comic-Held, der in einem Stars-and-Stripes-Kostüm das amerikanische Volk und Vaterland gegen Nazis und ihre Helfershelfer verteidigte. Im Kampf gegen seinen Erzfeind, den Agentenführer Red Skull, stand ihm sein jugendlicher Helfer Bucky Barnes zur Seite. Hinter ›The Cap‹, wie Captain America von seinen Fans genannt wird, verbarg sich Steve Rogers, ein untauglich gemusterter Mickermann, der sich mit Hilfe eines von Professor Reinstein entwickelten Serums in den unbesiegbaren Kämpfer für Demokratie und Freiheit verwandelte. Ursprünglich sollte Rogers das geheimnisvolle Serum nur testen, doch da ein Nazi-Agent den Professor tötete und das Serum vernichtete, blieb Captain America der einzige seiner Art.

Keine Comic-Figur drückte den amerikanischen Patriotismus während des Krieges stärker aus als Captain America — auf dem Titelbild des ersten Heftes (März 1941) versetzt er Hitler einen Nasenstüber. Seine Vaterlandsliebe übertrug sich auch auf seine begeisterte Leserschaft, die sich zu einem offiziellen

Captain America-Fanclub namens ›Sentinels of Liberty‹ zusammenschloß, um durch gute Taten wie Altpapiersammlungen die amerikanischen Kriegsanstrengungen zu unterstützen. Nach dem Zweiten Weltkrieg geriet ›the greatest champion of democracy‹ jedoch in die Krise. Noch war der Kalte Krieg nicht in Sicht, und mangels eines würdigen Gegners wurde Captain America kurzerhand in Pension geschickt. Während des Korea- und Vietnamkriegs versuchte man zwar, die Figur wiederzubeleben, so populär wie in den 40er Jahren wurde Captain America jedoch nie wieder. In dem Roadmovie *Easy Rider* von 1969 nannte sich der von Peter Fonda gespielte Wyatt Captain America.

Captain Kangaroo
Bob Keeshan war die glupschäugige Titelfigur, die von 1955 bis 1975 zwischen acht und neun Uhr morgens bei →CBS zu sehen war. Der höchst didaktische Captain Kangaroo trug einen Walroßschnäuzer und wohnte zusammen mit Phantasiegestalten wie dem karottensüchtigen Stoffhasen Bunny Rabbit, Mr. Moose, einem Witze erzählenden Elch, und der naseweisen Miss Frog im Treasure House. Neben dem Captain war Hugh Brannum der einzige menschliche Darsteller; er spielte den einfältigen Farmer Mr. Green Jeans.

Captain Marvel
Der Superheld im rot-gelben Trikot trat zum erstenmal 1940 in der Reihe Whiz Comics des Fawcett Verlags auf. Sein Erfinder C.C. Beck hatte ihn nach dem Vorbild von →Superman konzipiert, dem Captain Marvel in der Käufergunst auch zeitweise den Rang ablief. Hinter Captain Marvel verbirgt sich der Waisenjunge Billy Batson, der sich mit dem Verkauf von Zeitungen recht und schlecht über Wasser hält und in der U-Bahn schläft, bis ihn eines Tages ein ägyptischer Magier in sein Geheimwissen einweiht. Mit dem Zauberwort SHAZAM! kann sich Billy nun beliebig in Captain Marvel und wieder zurück verwandeln. SHAZAM, zusammengesetzt aus den Initialen von Salomon's Wisdom, Hercules' Strength, Achilles' Courage, Zeus' Powers, Atlas' Stamina und Mercury's Speed, fand rasch Eingang in die amerikanische Umgangssprache, ebenso wie Captain Marvels erstaunter Ausruf »Holy Moly!«.
Durch den Erfolg der Serie ermutigt, erfand Beck bald eine

Reihe Verwandter von Billy Batson, die sich dank SHAZAM! ebenfalls in Superhelden verwandeln konnten. Bemerkenswert ist die geschlechtsspezifische Umdeutung des Akronyms bei Mary Marvel in Selena's Grace, Hyppolita's Strength, Ariadne's Skill, Zephirus' Fleetness, Aurora's Beauty und Minerva's Wisdom.

Die Parallelen von Captain Marvel zu dem Mann vom Planeten Krypton waren jedoch so auffallend, daß der Superman-Verlag einen Plagiatsprozeß gegen Fawcett anstrengte, der 1954 das Aus für Becks Comicstrip brachte.

Captain Midnight

Nom de guerre des Piloten Jim. ›Red‹ Albright, der in der Radiosendung von Robert Burtt und Wilfred Moore zwischen 1941 und 1953 die Secret Squadron kommandierte. Captain Midnight kämpfte gegen Nazis und Verbrechersyndikate, tauchte bald auch im Comic und als Held eines Kinoserials auf und erhielt Mitte der 50er Jahre sogar eine eigene Fernsehserie, der jedoch kein langes Leben beschieden war.

Carella, Steve

Held der Kriminalromane aus dem 87th Precinct von Ed McBain, dem Pseudonym Evan Hunters. Die 1961 entstandene Fernsehserie *87th Precinct* mit Robert Lansing als Detective Steve Carella lief in Deutschland unter dem Titel *Polizeirevier 87.*

Carl

der Oberkellner aus Rick's Café Américain. S.Z. Sakall, 1884–1955, spielte den gutmütigen Carl in dem Kinofilm *Casablanca*, 1942. Carl hat seine große Szene, als er mit dem Ehepaar Leuchtag auf ihre bevorstehende Ausreise nach Amerika anstößt:

FRAU LEUCHTAG: At last the days came!
HERR LEUCHTAG: Frau Leuchtag and I are speaking nothing but English now.
FRAU LEUCHTAG: So we should feel at home when we get to America.
CARL: Very nice idea.
HERR LEUCHTAG (bringt einen Toast aus): To America.
FRAU LEUCHTAG: To America.
CARL: To America.
HERR LEUCHTAG: Liebchen, äh, sweetness heart. What watch?

FRAU LEUCHTAG: Ten watch.
HERR LEUCHTAG: Such much?
CARL: You will get along beautifully in America.

Carnegie, Dale

1888–1955, schrieb den populärpsychologischen Ratgeber *How to Win Friends and Influence People* (1936; dt. *Wie man Freunde gewinnt und Menschen beeinflußt*). Der Titel ging in die Umgangssprache ein und wird häufig ironisch abgewandelt.

Carson, Johnny

*1925, Talkshow-Genie; Carsons lässige Art und launige Kommentare prägten über dreißig Jahre hinweg die *Tonight Show* von →NBC, die er seit 1962 als Nachfolger von Jack Paar moderierte. Die Tonight-Show verlief fast immer nach demselben Schema: Angekündigt von Ed McMahon (»Heeeeeere's Johnny«), begann Carson mit einem längeren Monolog über aktuelle Ereignisse; dann folgten Plaudereien mit den geladenen Gästen, meist Stars aus der Unterhaltungsbranche. Gerade diese wohlige Berechenbarkeit machte Carson zu einer Institution. Die von 22.30 bis 23.30 Uhr laufende *Tonight Show* wurde für mehrere Generationen Amerikaner zu einem heiterversöhnlichen Tagesausklang und trug Carson den Spitznamen ›Valium of America‹ ein. Seine höchste Einschaltquote erreichte Carson, als am 17. Dezember 1969 der Hippiestar Tiny Tim während der Sendung die ebenso schräge Miss Vicky (Victoria Budinger) heiratete. Im Frühjahr 1992 ging Carson in Pension; sein Nachfolger wurde Jay Leno.

Carter, Nick

1886 von Ormon Smith und John Coryell erfundener Groschenheft-Detektiv, der ähnlich wie →Ellery Queen ein Doppelleben führte; auch Nick Carter war Krimiheld und Autorenpseudonym in einem. Er war Held und Herausgeber mehrerer Magazine, trat im Radio, Kino und Fernsehen auf und wandelte sich dabei vom jugendfreien Hüter von Recht und Gesetz zum draufgängerischen ›Mann mit Vergangenheit‹.

Cartwright, Ben

Lorne Greene spielte den abgeklärten Patriarchen aus der Westernserie *Bonanza*, die zwischen 1959 und 1973 bei →NBC lief. Zusammen mit seinen Söhnen Adam (Pernell Roberts), Eric

>Hoss‹ (Dan Blocker) und Little Joe (Michael Landon), die jeder eine andere, auf tragische Weise umgekommene Mutter hatten, führte Ben Cartwright die Ponderosa-Ranch. Frauen wurden auf der Ranch nicht geduldet; ums Kochen und die Hausarbeit kümmerte sich der Chinese Hop Sing (Victor Sen Young). Zum berühmten Galoppel-Galoppel der Titelmusik zeigte der Vorspann eine brennende Landkarte, der zufolge die Ponderosa in der Nähe von Virginia City in Nevada lag. Für eine Westernserie kam *Bonanza* mit bemerkenswert wenig Action aus; im Vordergrund standen eher die zwischenmenschlichen Probleme der drei Brüder. Adam war ein melancholischer Herzensbrecher, Hoss ein gutmütig-einfältiges Schwergewicht und Little Joe ein verschmitzter Lausbubtyp. Blockers plötzlicher Tod 1972 setzte der Serie ein Ende.

Casey at the Bat

Baseball-Ballade von Ernest L. Thayer, die 1888 im *San Francisco Examiner* erschien. Obwohl *Casey at the Bat* zu den meistzitierten amerikanischen Gedichten zählt, ist es aufgrund seines trivialen Inhalts in den wenigsten Anthologien zu finden:

The outlook wasn't brilliant for the Mudville nine that day –
The score was four to two with but one inning more to play;
And so when Cooney died at first and Barrows did the same,
A sickly silence fell upon the patrons of the game.

A straggling few got up to go in deep despair. The rest
Clung to that hope which springs eternal in the human breast;
They thought that if only Casey could but get a whack at bat –
We'd put up even money now, with Casey at the bat.

But Flynn preceded Casey, as did also Jimmy Blake,
And the former was a pudding and the latter was a fake;
So upon that stricken multitude grim melancholy sat,
For there seemed but little chance of Casey's getting to the bat.

But Flynn let drive a single to the wonderment of all.
And Blake, the much despised, tore the cover off the ball;
And when the dust had lifted, and they saw what had occurred,
There was Jimmy safe at second, and Flynn a'hugging third.

Then from five thousand throats or more went up a lusty yell –
It rumbled through the valley, it rattled in the dell;

It knocked upon the mountain top and recoiled upon the flat,
For Casey, mighty Casey, was advancing to the bat.

There was ease in Casey's manner as he stepped into his place;
There was pride in Casey's bearing, and a smile on Casey's face.
And when, responding to the cheers, he lightly doffed his hat,
No stranger in the crowd could doubt 'twas Casey at the bat.

Ten thousand eyes were on him as he rubbed his hand in dirt,
Five thousand tongues applauded as he wiped them on his shirt;
Then while the writhing pitcher ground the ball into his hip,
Defiance gleamed in Casey's eye, a sneer curled Casey's lip.

And now the leather-covered sphere came hurtling through the air,
And Casey stood a-watching it in haughty grandeur there.
Close by the sturdy batsman the ball unheeded sped —
»That ain't my style«, said Casey. »Strike one!« the umpire said.

From the benches black with people there went up a muffled roar
Like the beating of the storm waves on a stern and distant shore
»Kill him! Kill the umpire!« shouted someone in the stand;
And it's likely they'd have killed him had not Casey raised his hand.

With a smile of Christian charity great Casey's visage shone;
He stilled the rising tumult, he bade the game go on.
He signaled to the pitcher, and once more the spheroid flew,
But Casey still ignored it and the umpire cried, »Strike two!«

»Fraud!« cried the maddened thousands, and the echo answered,
    »Fraud!«
But one scornful look from Casey and the multitude was awed.
They saw his face grown stern and cold, they saw his muscles
    strain,
And they knew that Casey wouldn't let that ball go by again.

The sneer is gone from Casey's lips, his teeth are clenched in hate;
He pounds with hideous violence his bat upon the plate.
And now the pitcher holds the ball, and now he lets it go,
And now the air is shattered by the force of Casey's blow.

Oh, somewhere in this favored land the sun is shining bright;
Somewhere bands are playing, and somewhere hearts are light:
And somewhere men are laughing, and somewhere children shout,
But there is no joy in Mudville — mighty Casey has struck out.

Caspar Milquetoast

ein angsterfüllter Zauderer mit weißem Schnurrbart und Kneifer aus einem erstmals 1924 erschienenen Comicstrip von Harold Tucker Webster. Milquetoasts Name ging als Synonym für einen entscheidungsschwachen Softie in die Umgangssprache ein.

Casper the Friendly Ghost

von Joseph P. Oriolo erfundenes Gespenst auf der Suche nach einer netten Familie, bei der es spuken kann. Der schüchterne Caspar tauchte in Zeichentrickfilmen, Comics (dt. *Casper, der kleine Geist*) und in einer Fernsehserie auf.

Cassidy, Hopalong

von Clarence E. Mulford 1910 erdachter Cowboyheld, der durch über fünfzig billige Hollywood-Western auch in Deutschland populär wurde. William Boyd, 1895–1972, spielte den stets schwarzgekleideten ›Hoppy‹ in den B-Movies und einer Fernsehserie Anfang der 50er Jahre. Hopalong Cassidys Pferd hieß Topper.

Castellamarese

eine der fünf großen Mafia-Familien in New York.

Catch 22

Titel eines satirischen Antikriegsromans (dt. *Der IKS-Haken*) von Joseph Heller, *1923. Captain Yossarian gehört im Zweiten Weltkrieg zu einer Bomberstaffel im Mittelmeerraum und versucht, untauglich geschrieben zu werden, indem er Wahnsinn vortäuscht. Der Haken — eben der Catch 22 — ist nur, daß laut Vorschrift 22 jeder, der als Geisteskranker untauglich geschrieben werden will, qua definitionem normal ist; schließlich würde nur ein Geisteskranker Soldat bleiben. ›Catch 22‹ ist seit Erscheinen von Hellers Roman 1961 eine Bezeichnung für jede Art von absurdem Dilemma geworden.

Cauc

Kurzform von ›Caucasian‹, der politisch korrekten Bezeichnung für ›Weiße(r)‹.

Caulfield, Holden

Minderjähriger Held aus dem 1951 erschienenen Roman *The Catcher in the Rye* (dt. *Der Fänger im Roggen*) von J.D. Salinger, *1919. Mark David Chapman trug ein Exemplar dieses Kult-

buchs bei sich, als er am 8. Dezember 1980 John Lennon erschoß.

CBS
das 1922 gegründete Columbia Broadcasting System, eines der
ursprünglich drei großen US-Networks.

Century 21
landesweit aktive Kette selbständiger Immobilienmakler.

Certainty, Security and Celerity
das Motto des United States Post Office.

Challenger
Name einer Raumfähre der NASA, die am 28. Januar 1986 kurz
nach dem Start von Cape Canaveral explodierte. Alle sieben
Besatzungsmitglieder kamen ums Leben, darunter auch Christa
McAuliffe, eine Lehrerin aus New Hampshire. Wie der Unter-
gang der Titanic wird auch das Challenger-Unglück gern zu
geschmacklosen Witzen herangezogen. (Where did Christa
McAuliffe spend her last vacation? All over Florida.)

Chappaquiddick
kleine Insel in Neuengland, die der politischen Karriere von
Senator Edward Kennedy, *1932, zum Verhängnis wurde. Bei
einem Unfall am 19. Juli 1969 stürzte Kennedys Auto von
einer Brücke, seine 27jährige Begleiterin Mary Jo Kopechne
ertrank. Kennedy konnte sich retten, meldete den Unfall jedoch
erst einen Tag später.

Charles, Nick und Nora
Elegantes, geistreiches Ehepaar aus Dashiell Hammetts brillantem Kriminalroman *The Thin Man* (1934; dt. *Der dünne Mann*).
Nick Charles war vor seiner Heirat mit der vermögenden Nora
ein erfolgreicher Privatdetektiv, und obwohl er eigentlich nur
noch Cocktails trinken und das Geld seiner Frau verprassen
möchte, holt ihn seine Vergangenheit immer wieder ein. Die
zwischen 1934 und 1947 entstandene Filmreihe mit William
Powell als Nick und Myrna Loy als Nora gilt als Höhepunkt
der Hollywood-Kömodie und hat auch nach über 50 Jahren
nichts von ihrem Witz verloren. Obwohl der ›dünne Mann‹ des
ersten Films nicht Nick Charles, sondern ein Opfer des gesuch-
ten Mörders war, blieb der Spitzname an Nick Charles haften,
und so hießen die Fortsetzungen *After the Thin Man* (1936;

Nach dem dünnen Mann), *Another Thin Man* (1939; *Noch ein dünner Mann*), *Shadow of the Thin Man* (1941; *Der Schatten des dünnen Mannes*), *The Thin Man Goes Home* (1944; *Der dünne Mann kehrt heim*) und *Song of the Thin Man* (1947; *Das Lied vom dünnen Mann*).

Charlie

nach dem Codewort für den Buchstaben C ursprünglich die Bezeichnung für einen Angehörigen des Vietcong (VC), bald auch auf den nordvietnamesischen Feind im Vietnamkrieg übertragen.

Charlie Chan

von Earl Derr Biggers erdachter Detektiv chinesischer Abstammung, der mit seinem riesigen Familienclan in Honolulu lebt und für die dortige Polizei arbeitet. Biggers schuf seinen philosophischen Schnüffler nach Detective Chang Apana, der tatsächlich im Polizeidienst von Honolulu beschäftigt war. Der extrem höfliche und nie um einen schrulligen Aphorismus verlegene Chan gab sein Debüt in dem 1925 erschienenen *The House Without a Key* (dt. *Das Haus ohne Schlüssel*) und tauchte in fünf weiteren Kriminalromanen von Biggers auf. Populär wurde Chan, der seine Fälle meist mit Hilfe von ›Number-One Son‹ (›Sohn Nummel Eins‹) oder ›Number-Two Son‹ löst, durch über fünfzig Kinofilme. Die ›klassischen‹ Charlie-Chan-Filme wie *Charlie Chan at the Race Track* (1936; dt. *Charlie Chan beim Pferderennen*) oder *Dangerous Money* (1946; dt. *Charlie Chan: Gefährliches Geld*) entstanden zwischen 1929 und 1947.

Checkers

Richard M. Nixons Hund, ein Cockerspaniel, der 1952 durch die landesweit übertragene ›Checkers Speech‹ berühmt wurde. Nixon verteidigte sich darin gegen Anschuldigungen, er habe als Eisenhowers Vizepräsident während des Wahlkampfs Mittel aus einem geheimen Spendenfonds bezogen. Nixon legte seine finanziellen Verhältnisse offen und erklärte, als einziges Geschenk habe er einen Welpen erhalten, den seine sechsjährige Tochter Checkers taufte – und den werde er unter keinen Umständen zurückgeben. Damit hatte er die Herzen der tierlieben Amerikaner gewonnen. Während Nixons Präsidentschaft wohnte ein irischer Setter namens King Timahoe im Weißen Haus.

Cheese

wie Camp eine Bezeichnung für das ironische Spiel mit Versatzstücken einer älteren Epoche der Trivia-Kultur. Während den Camp-Humor meist liebevolle Bewunderung kennzeichnet, ist Cheese eher hinterfotzig-gemein: Elvis-Imitatoren sind Camp, Nixon-Persiflagen Cheese.

Chicago Seven

Rennie Davis, David T. Dellinger, John Froines, Thomas Hayden, Abbie Hoffman, Jerry C. Rubin und Lee Weiner – sieben Demonstranten, die für ihre Protestaktionen gegen den Vietnamkrieg während des Parteikongresses der Demokraten 1968 in Chicago gerichtlich verfolgt und verurteilt wurden.

A chicken in every pot, a car in every garage

versprach der republikanische Präsidentschaftskandidat Herbert G. Hoover 1928 seinen Wählern.

Child, Julia

Amerikas bekannteste Fernsehköchin, die immer leicht angetrunken wirkt und seit 30 Jahren in Sendungen wie *The French Chef, Julia Child and Company* und *Dinner at Julia's* unprätentiös und mit beeindruckender Grandezza raffinierte Rezepte vorstellt.

Chip 'n' Dale

Ahörnchen und Behörnchen, zwei Erdhörnchen aus Disney-Zeichentrickfilmen und -Comics, deren Name auf den berühmten englischen Kunsttischler Thomas Chippendale anspielt.

Chippitts

Industrieregion zwischen Chicago und Pittsburgh.

Cinderella

der englische Name der Märchengestalt Aschenputtel oder Aschenbrödel.

The Cisco Kid

von O. Henry, 1862–1910, in der 1908 erschienenen Kurzgeschichte *The Caballero's Way* erfundener Westernheld hispanischer Abstammung. Ursprünglich war Cisco Kid ein gewalttätiger Bandit, als Hauptfigur unzähliger Stumm- und Tonfilme wandelte er sich jedoch zum edelmütigen Helfer der Entrechteten. Duncan Renaldo spielte den Caballero in der 156teiligen

TV-Serie *The Cisco Kid*, die zwischen 1950 und 1956 entstand und besonders bei Kindern beliebt war. Das Pferd von Cisco Kid hieß Diabolo, sein ständiger Begleiter war der fast 70jährige Pancho (Leo Carillo), der auf Loco ritt.

City of Brotherly Love

Spitzname von Philadelphia nach dem griechischen ›philós‹ (Freund) ›adelphós‹ (Bruder).

Clarabell

von Bob Keeshan, dem späteren →Captain Kangaroo gespielter Clown aus der Kindersendung →*Howdy-Doody*.

Clarence

schielender Löwe aus der TV-Serie →*Daktari*, der zuvor die Hauptrolle in dem Kinofilm *Clarence, the Crosseyed Lion* von Ivan Tors gespielt hatte.

Cliffs Notes

dünne Heftchen mit Zusammenfassungen wichtiger Werke der Weltliteratur sowie Informationen zum Autor, dem Aufbau des Textes und den darin auftauchenden Gestalten – der Alptraum aller Literaturwissenschaftler. Cliffs Notes gibt es für nahezu alle Werke des Schul- und Universitätskanons.

Club Fed

Slangausdruck für ein ›federal prison‹, in Anspielung auf Club Med, die Ferienanlagen des Club Mediterranée.

CNN

Cable News Network, der amerikanische Nachrichtenkanal im Besitz von Ted →Turner.

Coca-Cola

Warenzeichen eines 1886 von Dr. John S. Pemberton aus Atlanta erfundenen Erfrischungsgetränks. Zwar ist die Beschaffenheit des bräunlichen Gebräus zu 99 Prozent entschlüsselt, doch die genaue Rezeptur bleibt auch nach über 100 Jahren noch ein Geheimnis. Tatsächlich enthielt Coke, ebenfalls ein geschütztes Warenzeichen, eine winzige Menge Kokain – allerdings nur bis 1905; ansonsten wird das Originalrezept bis heute beibehalten. Der Versuch der Coca-Cola Company, am 23. April 1985 eine ›neue‹ Coca-Cola einzuführen, scheiterte am Verbraucherverhalten; schon am 10. Juli kam die alte Coca-Cola unter dem

Namen ›Coca-Cola Classic‹ wieder in den Handel. Inzwischen gibt es auch nahezu kalorien- und koffeinfreie Coca-Cola sowie ›Cherry Coke‹. Coca-Cola ist eines der am stärksten beworbenen Produkte des 20. Jahrhunderts. Neben dem wohl bekanntesten ›The pause that refreshes‹ wurden Slogans wie ›Coke is it‹, ›Delicious and refreshing‹, ›Drink Coca-Cola‹, ›Enjoy Coca-Cola‹, ›It's the real thing‹, ›Just for the taste of it‹ (Diet Coke), ›The global high-sign‹ und ›Things go better with Coke‹ eingesetzt, die auch Eingang in die Literatur fanden: »He cracked it open and took a large greedy drink and burped. ›Pause that refreshes‹, he said.« (Donna Tartt, *The Secret History*.)

Coconut Grove
Nachtclub in Boston, der 1942 niederbrannte, wobei 486 Menschen ums Leben kamen. Eine Untersuchungskomission befand, daß die nach innen aufgehenden Türen der Notausgänge für die hohe Zahl der Todesopfer verantwortlich waren.

Colombo
Eine der fünf großen Mafia-Familien in New York.

Colonel Sanders
Harlan T. Sanders, 1904–1980, der berühmte Gründer von Kentucky Fried Chicken, taucht als Inbegriff des Südstaaten-Gentleman mit Spitzbart und weißem Sommeranzug auf allen Verpackungen und Werbezeichen der Hähnchen-Kette auf.

Columbo, Lieutenant
Peter Falk, *1927, spielte den schusseligen Polizisten aus Los Angeles zwischen 1972 und 1977 in 36 Fernsehfilmen. Columbo, für dessen leicht gequälten Gesichtsausdruck Falks Glasauge verantwortlich war, trug stets einen zerknautschten Trenchcoat, rauchte Zigarren und sprach oft von seiner Frau (›the missus‹), die jedoch nie auftrat. Dafür kamen die Produzenten auf die Idee, ihr eine eigene TV-Serie zu widmen. *Kate Columbo* wurde jedoch nach wenigen Folgen in *Kate Loves a Mystery* umbenannt und schließlich eingestellt. Seit 1989 entsteht, wiederum mit Peter Falk, eine Reihe neuer Columbo-Filme.

Columbus Day
der 12. Oktober; seit 1792 Gedenktag zur Erinnerung an die ›Entdeckung‹ der Neuen Welt durch Christoph Kolumbus. In

den letzten Jahren nutzten Organisationen der amerikanischen Urbevölkerung den Columbus Day häufig zu Protestdemonstrationen.

Come alive!

Werbeslogan von Pepsi-Cola, der großen Konkurrenz zu Coca-Cola. Das von Caleb D. Bradham erfundene Erfrischungsgetränk ist ebenfalls ein geschütztes Markenfabrikat und wird inzwischen von Cadbury-Schweppes vertrieben. Andere Werbeslogans von Pepsi lauteten: ›For those who think young‹, ›Gotta have it‹, ›Join the Pepsi generation‹ und ›You're the Pepsi generation‹.

Come home, America!

Wahlkampfslogan des demokratischen Präsidentschaftskandidaten George McGovern 1972

Come with me to the Casbah

ironische Einladung zu einem Rendezvous. Charles Boyer soll in dem Film *Algiers* von 1938 diesen Satz zu Hedy Lamarr gesagt haben – tatsächlich war er die Erfindung eines PR-Manns von Boyer.

The Company

Jargonausdruck für Central Intelligence Agency (CIA), den 1947 von Präsident Truman geschaffenen Auslandsgeheimdienst.

Comstock, Anthony

1844–1915, gründete die New York Society for the Suppression of Vice und führte einen lebenslangen Kampf gegen alles, was er für obszön, pornografisch oder unmoralisch hielt. 1873 verabschiedete der amerikanische Kongreß auf Comstocks Initiative hin ein Gesetz, das die Verbreitung von Schund und Schmutz durch die US-Post verbot und als ›Comstock Act‹ bekannt wurde. Comstock persönlich sorgte dafür, daß Walt Whitman wegen seines Lyrikbandes *Leaves of Grass* aus dem Staatsdienst entlassen wurde. ›Comstockery‹ , ein von George Bernard Shaw erfundendes Wort, dient heute zur Bezeichnung des Verhaltens jeder Art von Moralaposteln.

Conan

prähistorischer Totschläger aus dem Werk von Robert E. Howard, 1906–1936. Conan, der in dem fiktiven Land Cimmeria lebt, ist der typische Held des Sword & Sorcery-Genres, einer Untergattung der Fantasyliteratur. Arnold Schwarzenegger spielte den mit wenig Intelligenz gesegneten Muskelmann sehr glaubhaft in John Milius' Kinofilm von 1982 *Conan the Barbarian* (dt. *Conan – Der Barbar*). »His attitude towards women is mostly sub-Conan the Barbarian.« (*Dallas Morning News*, 7.12.1992)

Corleone, Vito
Mafiaboß aus Mario Puzos Roman *The Godfather* (dt. *Der Pate*). In der brillanten Verfilmung von Francis Ford Coppola spielte Marlon Brando den ›Don‹ und Al Pacino seinen Sohn Michael Corleone.

Cow, Clarabelle
die Disney-Comicfigur Klarabella, eine Kuh. Clarabelle ist mit Goofy, Mickey und Minnie Mouse und dem Pferd Horace Horsecollar befreundet.

Cracker Jack
Markenname einer Süßigkeitenmischung (Nüsse und glasiertes Popkorn), in deren Packungen kleine Überraschungspreise enthalten sind. Cracker Jack ist seit 1893 im Handel.

Craig, Jenny
Gründerin einer landesweit vertretenen Kette von Diätkliniken und Beratungszentren, die Craig zur Multimillionärin machten. »Your loss is her gain«, kommentierte ein →CNN-Reporter.

Crazy Eddie
Gestalt aus der Funk- und Fernsehwerbung einer Ladenkette für Elektrogeräte; pries mit ständig sich überschlagender Stimme Sonderangebote an und betonte dabei immer wieder, daß nur ein Wahnsinniger solche Geräte zu diesen Preisen verkaufen würde. Crazy Eddie entstand 1972 als Idee von Eddie Antar, dem Besitzer eines Elektrogeschäfts, der den Schauspieler Jerry Carroll für die nervigen Werbespots engagierte. Die Crazy-Eddie-Kette expandierte in den 70er und 80er Jahren im Nordosten der USA, ging 1989 jedoch pleite.

Crescent City
Spitzname von New Orleans.

Crime, corruption, Communism, and Korea
Wahlkampfslogan von Dwight D. Eisenhower 1952.

Crisco
Warenzeichen von Bratfetten und Ölen von Procter & Gamble.
»I doubt you know crap from Crisco.« (Barnard Hughes im Film
Doc Hollywood.)

CROATOAN
1585 unterstützte Sir Walter Raleigh die Gründung einer englischen Kolonie auf Roanoke Island vor der Küste Virginias.
Nachdem die ersten Kolonisten im Juni 1586 entmutigt nach
England heimgekehrt waren, brachte John White 1587 eine
zweite, aus 117 Männern, Frauen und Kindern bestehende
Siedlergruppe auf die Insel und segelte nach England zurück,
um Proviant und Werkzeuge zu kaufen. Seine Rückkehr nach
Roanoke verzögerte sich bis 1590. Als White an Land ging,
fand er die Insel völlig menschenleer. Einziger Hinweis auf die
Siedler blieb das in einen Türrahmen eingeritzte Wort CROA-
TOAN, das bis heute nicht enträtselt wurde.

Cthulhu
Blutrünstige Gottheit aus dem Werk des Horrorautors H. P.
Lovecraft, 1890–1937.

DA / D.A.
1. ›District Attorney‹; der gewählte Bezirksstaatsanwalt. »If there's a little mark on your statewide file that says ›cocksucker‹,
no DA is ever gonna cut you a deal.« (Richard Price, *Clockers*.)
2. Doctor of Arts.
3. Slangausdruck für ›Drug addict‹, Rauschgiftsüchtige(r).
4. ›Don't answer‹; Vermerk auf eingegangenen Briefen und
Memoranden.
5. ›Duck's ass‹, die Entenschwanzfrisur der Teds.
6. ›Deposit account‹, entspricht dem deutschen Sparkonto.

Daffy Duck
hektische Ente aus den Zeichentrickfilmserien *Looney Tunes* und
Merrie Melodies von Warner Brothers, 1937 von Tex Avery
und Chuck Jones erfunden. Wie die meisten Trickfilmfiguren
von Warner Brothers wurde auch Daffy von Mel Blanc gesprochen, der die Ente in endlosen Wortkaskaden plappern ließ.

Dagwood

ein extrem dickes Sandwich, benannt nach der Comicfigur Dagwood Bumstead aus →*Blondie*, regional auch Hero, Poorboy oder Sub genannt.

Daktari

TV-Serie zwischen 1966 und 1969, die auch in Deutschland unter diesem Titel lief. ›Daktari‹ nannten die schwarzen Eingeborenen den Tierarzt Dr. Marsh Tracy (Marshall Thompson), der mit seiner Tochter Paula (Cheryl Miller) und Jack Dane (Yale Summers) eine Forschungsstation in Afrika leitete. Tatsächlich wurde die Serie in einem Tierpark in der Nähe von Los Angeles aufgenommen. Während die menschlichen Darsteller der Serie inzwischen vergessen sind, gingen sowohl der Löwe →Clarence als auch die Schimpansin Judy, das zweite Haustier der Tracys, in den Fernseh-Olymp ein.

Dallas

Die erfolgreichste Soap Opera der Fernsehgeschichte von David Jacobs drehte sich um ›Öl, Liebe, Lust und Gier‹, wie *Soap Opera Digest* befand. Von 1978 bis 1991 flimmerten die Kabalen des Ewing-Clans in 64 Ländern über die Bildschirme, und allein die Aufzählung des Personals liest sich wie ein homerischer Schiffskatalog – 135 Akteure bevölkerten die 365 in USA ausgestrahlten Folgen. Am Anfang stand der texanische Familienpatriarch Jock Ewing (Jim Davis) und seine Frau Eleanor, genannt Miss Ellie (von Barbara Bel Geddes, zwischendurch auch von Donna Reed gespielt). Jock hatte vierzig Jahre zuvor seine erste Million im Ölgeschäft gemacht und dabei seinen Partner Digger Barnes (David Wayne, später Keenan Wynn) gelinkt und ausgebootet. Diggers Sohn Cliff Barnes (Ken Kercheval) wurde im Kampf ums große Geld und große Glück der Gegenspieler von Jock Ewings Söhnen, dem engelgleichen Bobby (Patrick Duffy) und John Ross, genannt J.R. (Larry Hagman).

Fiesling J.R. war der eigentliche Held von *Dallas* – »the man you love to hate« nannte ihn die amerikanische Presse. J.R.s geschäftliche und private Machenschaften, sein Machthunger, seine Geldgier und seine schiere Lust am grausamen Spiel lieferten den Stoff der Seifenoper. Als am Ende der Staffel 1979/80 J.R. Opfer eines Mordversuchs wurde, rätselte die

Fernsehwelt: ›Who shot J.R.?‹ Ein Motiv hatten nahezu alle Beteiligten, angefangen bei J.R.s Frau Sue Ellen (Linda Gray) über Bruder Bobby und dessen Frau Pamela (Victoria Principal), eine Schwester von Cliff Barnes, bis hin zu Ray Krebbs (Steve Kanaly), dem Verwalter der Southfork Ranch, wo die Ewing-Dynastie wohnte. Oder war es die Tochter des mittleren Ewing-Sohns Gary, Lucy (Charlene Tilton), eine dralle Lolita mit abgelaufenem Verfallsdatum? Überhaupt dieser mysteriöse Gary, der nur selten in *Dallas* auftauchte, dafür aber in *Knots Landing* (dt. *Unter der Sonne Kaliforniens*) eine eigene Fernsehserie hatte, mußte man den nicht zu den Hauptverdächtigen zählen?

Nach einem Sommer voller Fragen wurde J.R.s Ex-Geliebte Kristin Shephard (Mary Crosby) als Täterin enttarnt. Die Folge *Who shot J.R.?* brach alle Einschaltquoten-Rekorde; *Dallas* war auf dem Höhepunkt seiner Popularität angelangt. Die elf *Dallas*-Jahre danach erzählten noch tausendundeine Bett- und Busineß-Geschichte, allesamt nicht mehr als Variationen der *Who-shot-J.R.?*-Story.

Dallas war die Soap Opera der gierigen Reagan-Jahre; ihre Botschaft − die Kreditkarte bestimmt das Bewußtsein − fand ein Echo in Nachfolgeserien wie →*Dynasty*, *Falcon Crest* und *Flamingo Road*.

DAR

Daughters of the American Revolution; eine extrem patriotische Frauenvereinigung, die ähnlich wie die →American Legion über Moral und Anstand wacht und sich für karitative Zwecke engagiert.

Daredevil

1964 von Stan Lee und Bill Everett erfundener Comic-Held. In Wahrheit agiert hinter dem ›Man Without Fear‹ der blinde Rechtsanwalt Matt Murdock.

Day Glo

Warenzeichen von Filzstiften in fluoreszierenden Farben.

A day that will live in infamy

nannte Präsident Franklin Delano Roosevelt, 1882−1945, den 7. Dezember 1941, den Tag des japanischen Angriffs auf Pearl Harbor. Die Redewendung wird heute oft ironisch zitiert.

D-day

Der Codename für den 6. Juni 1944, an dem die Alliierten in der Normandie landeten, wird heute oft auf andere wichtige Tage übertragen.

Deadhead

1. Slangausdruck für einen Schwachkopf.
2. Bezeichnung für einen Fan der Rockgruppe Grateful Dead.

Dear Abby

Titel einer seit 1956 erscheinenden Ratgeberkolumne von Abigail Van Buren; hinter diesem Pseudonym verbirgt sich Pauline Esther Friedman, *1918. Ihre Zwillingsschwester Esther Pauline Friedman ist unter dem Namen Ann →Landers *Dear Abbys* schärfste Konkurrentin. Obwohl Abby auf dem Foto in der Kolumne etwa so viel Wärme und Herzlichkeit ausstrahlt wie Nancy Reagan, bitten jährlich über hunderttausend Amerikaner die liebe Abby um Rat. Wer verzweifelt, frustriert oder mit sich und der Welt im Unfrieden ist, schreibt an Abigail Van Buren, P.O. Box 69440, Los Angeles, California 90069.

Deely Bobbers

ein Kopfschmuck aus zwei antennenartigen Fühlern mit bunten Kugeln an den Enden; Anfang der 80er Jahre der letzte Schrei auf Rummelplätzen.

Deep Throat

ist nicht nur der Titel des Pornofilms von 1974, der Linda Lovelace, ein Pseudonym von Linda Boreman, zum Oralsex-Star machte, sondern auch der Deckname eines Informanten im Umfeld von Präsident Richard M. Nixon. Deep Throat spielte zwei Reportern der *Washington Post*, Carl Bernstein und Bob Woodward, während ihrer Recherche der Watergate-Affäre geheimes Material zu. Bis heute ist die Identität von Deep Throat nicht zweifelsfrei geklärt, doch der Deckname wird inzwischen auf andere anonyme Insiderinformanten angewandt.

Dennis the Menace

Comicstrip von Hank Ketcham, *1920, um einen blonden Rotzbengel, dessen Streiche seine Eltern Alice und Hank Mitchell und seinen Nachbarn George Wilson zur Verzweiflung treiben. In der zwischen 1959 und 1963 entstandenen Fernsehserie *Dennis the Menace* (dt. *Dennis, der Lausbub*) spielte Jay North die Nervensäge.

Desmond, Norma

Stummfilmdiva aus Billy Wilders *Sunset Boulevard* (dt. *Boulevard der Dämmerung*). Die von Gloria Swanson verkörperte Schauspielerin lebt in einer Scheinwelt und träumt von einem glanzvollen Comeback, bei dem ihr der junge Drehbuchautor Joe Gillis (William Holden) helfen soll.

Dewey Defeats Truman

titelte die *Chicago Tribune* in der Wahlnacht des 2. November 1948 und kreierte damit eine der größten Zeitungsenten des Jahrhunderts. Tatsächlich gewann Harry S. Truman die Präsidentschaftswahlen.

DIA

Defense Intelligence Agency, 1961 aus den Geheimdiensten der Army, Navy und Air Force entstanden.

A Diamond is forever

seit 1939 der Werbeslogan für De Beers Consolidated Mines Ltd. Die deutsche Version heißt: ›Ein Diamant ist unvergänglich‹.

Diamond Jim

Spitzname von James Buchanan Brady, 1856–1917, der vom Hotelpagen zum Eisenbahn-Baron aufstieg und eine Leidenschaft für Edelsteine hatte.

Dick Tracy

Der smarte Cop mit dem kantigen Gesicht wurde 1931 von Chester Gould, 1900–1985, erdacht. *Dick Tracy* gilt als erster ›realistischer‹ Polizeicomic, auch wenn Gould seinen Helden oft recht bizarre Verbrecher zur Strecke bringen ließ, die meist durch ein physisches Merkmal charakterisiert wurden, von dem er ihre Namen ableitete: Breathless Mahoney, The Brow, B-B Eyes, Shakey, Mumbles, Littleface, The Mole und Pruneface sind die bekanntesten. Auch Tracys Freunde tragen sprechende Namen, etwa der ständig Vitaminpillen futternde Vitamin Flintheart, B.O. Plenty oder Gravel Gertie. Tracy geht nie ohne seinen gelben Hut und Mantel aus dem Haus und trägt das berühmte ›two-way wrist radio‹ am Handgelenk, mit dem er Kontakt zum Polizeipräsidium hält. Seine Freundin und spätere Frau heißt Tess Trueheart; als Identifikationsfigur für jüngere Leser dient Junior, ein Waisenjunge, den Tracy schließlich adoptiert. In den 40er und 50er Jahren tauchte Tracy auch im Radio und Fernsehen auf, ein aufwendiger Kinofilm mit Warren Beatty in der Titelrolle wurde 1990 ein Flop.

DiMaggio, Joe
*1914, spielte von 1936 bis 1951 für die New York Yankees und ist auch als ›Yankee Clipper‹ und ›Jolting Joe‹ bekannt. Die elegante Erscheinung des Baseballstars und seine kurze Ehe mit Marilyn Monroe trugen DiMaggio einen Kultstatus ein, der nur mit dem von Cary Grant vergleichbar ist. »Greta Garbo and Monroe, Dietrich and DiMaggio ... They had style, they had grace.« (Madonna, *Vogue*.)

Dink
1. Double Income, No Kids, auch ›dinkie‹ oder ›dinky‹, Doppelverdiener ohne Kinder.
2. Wie →›Charlie‹ und ›gook‹ eine abschätzige Bezeichnung für den Gegner im Vietnamkrieg, inzwischen auf alle Asiaten übertragen.

Dirty Harry
Spitzname von Inspector Harry Callahan (Clint Eastwood) aus Don Siegels Kinofilm *Dirty Harry* von 1971. Dirty Harry ist ein zynischer Cop mit eigenen Vorstellungen von Recht und Gesetz, ein Außenseiter wie die wahnsinnigen Killer, die er mit seiner 44er Magnum Smith & Wesson zur Strecke bringt. Als ein Verbrecher Callahan einmal fragt, wen er meint, wenn er von ›wir‹ spricht, antwortet Dirty Harry: »Smith & Wesson and me«. Eastwood spielte Dirty Harry auch in *Magnum Force* (1973; dt. *Calahan*), *The Enforcer* (1976; *Der Unerbittliche*), *Sudden Impact* (1983; *Dirty Harry kommt zurück*) und *The Dead Pool* (1988; *Das Todesspiel*). In *Sudden Impact* provoziert Dirty Harry einen Kriminellen mit den berühmten Worten »Go ahead – make my day«, der in der deutschen Synchronisation unübersetzt als »Make my day« zu hören war.

Disneyland
Der am 15. Juli 1955 eröffnete Vergnügungspark (Werbeslogan: ›The happiest place on earth‹) ist in vier ›Länder‹ unterteilt: Adventureland, Frontierland, Fantasyland und Tomorrowland. Neben Disneyland in Anaheim, Kalifornien, gibt es Disney World in Orlando, Florida, Disneyland in Tokio und seit 1992 Eurodisney in der Nähe von Paris – alle gleich sicher, sauber

und steril. Allein in Florida beschäftigt der Disney-Konzern über 30.000 Mitarbeiter, der Jahresumsatz liegt über 30 Milliarden Dollar.

Dixie
Spitzname der im Bürgerkrieg zur Konföderation zusammengeschlossenen Südstaaten, nach dem 1859 entstandenen Lied *Dixie's Land* von Daniel Emmett, 1815–1904.

Dixie Cup
seit 1912 vermarktete Einwegbecher.

Dixiecrats
Spitzname der 1948 unter dem Namen States' Rights Party entstandenen Splitterfraktion der Democratic Party, deren Präsidentschaftskandidat J. Strom Thurmond unter dem Slogan ›Save the Constitution – Thurmond for president‹ Front machte gegen Trumans Engagement für die Bürgerrechte der Schwarzen.

DIY
Abkürzung für ›do it yourself‹.

Do a good turn daily
Motto der Boy Scouts of America; die deutsche Entsprechung heißt ›Jeden Tag eine gute Tat‹.

Doc Savage
alias Clark Savage, einer der bekanntesten Heroen der →Pulp-Magazine, dessen Abenteuer während der 30er und 40er Jahre in dem populären *Doc Savage Magazine* des Verlags Street & Smith erschienen. Die meisten der darin abgedruckten Geschichten stammten aus der Feder von Lester Dent, der unter dem Hauspseudonym Kenneth Robeson veröffentlichte.
Savage, ein genialer Wissenschaftler, wurde schon von seinem Vater dazu erzogen, sein Leben dem Kampf gegen das internationale Verbrechen zu widmen. Von New York aus, wo er in einem der höchsten Wolkenkratzer residierte, stritt der wohltrainierte ›Man of Bronze‹ (dt. ›Der Bronzemann‹), wie Savage wegen seiner Kraft und Fitneß genannt wurde, weltweit gegen Superschurken wie ›Mad Eyes‹ oder den ›Roar Devil‹. Dabei stand ihm ein Team von fünf Freunden zur Seite, mit denen er futuristische Waffen entwickelte. Doc Savage war eines der Vorbilder für →Superman, den ›Man of Steel‹, und erlebte

durch eine Neuauflage seiner Abenteuer in Taschenbuchform während der 60er und 70er Jahre ein Comeback.

Donahue

Talkshow mit dem weißhaarigen Phil Donahue, *1935, die seit 1967 im Tagesfernsehen läuft. Jede Sendung steht unter einem anderen Thema, mal ernst (Eltern mit behinderten Kindern, Aids), mal bizarr (lesbische Nonnen, minderjährige Stripperinnen).

Donald Duck

Erdacht wurde der cholerische Enterich im Matrosenanzug von den Zeichnern des Walt Disney Studios 1934, zur vollen charakterlichen Reife brachte ihn jedoch Carl Barks. Weil Disney seinen Zeichnern nicht erlaubte, ihre Geschichten zu signieren, wurde Barks von seinen Fans einfach ›the good artist‹ genannt. Barks' zwischen 1942 und 1965 in den USA erschienene Donald-Comics prägten das deutsche Donald-Bild stärker als das amerikanische, das auch heute noch eher von der hektischen Zeichentrickfigur bestimmt ist.

Donner Party

Siedlergruppe unter Führung von Jacob und George Donner, die 1846 auf dem Weg nach Kalifornien eine verhängnisvolle Abkürzung durch die Wasatch Mountains nahm. Der frühe Winteranfang in der Sierra Nevada überraschte den Treck, und die in Schnee und Eis Eingeschlossenen überlebten nur durch den Verzehr ihrer erfrorenen und verhungerten Freunde. Als am 19. Februar 1847 ein Rettungstrupp eintraf, waren von 87 Siedlern nur noch 45 am Leben. Ob sich der Kannibalismus der Donner Party tatsächlich auf die ohnehin schon Toten beschränkte, wurde nie geklärt.

Don't face another day without Dial

Werbeslogan der von Armour & Co produzierten Dial-Seife, die auch mit dem Spruch ›Aren't you glad you use Dial? Don't you wish everybody did?‹ warb. Andere bekannte amerikanische Seifen: Camay (›A lovelier skin with just one cake‹), Caress (›Before you dress, Caress‹), Dove (›It won't dry your face like soap‹), Ivory (›99 44/100% pure‹; ›It floats‹; ›Ivory is kind to everything it touches‹), Lux (›Lux every day keeps old hands away‹; ›Nine out of ten screen stars use Lux Toilet Soap for their priceless smooth skins‹), Lifebuoy (›Beware of B.O.‹; ›The health soap‹), Palmolive (›Keep that schoolgirl complexion‹) und Zest (›You're not fully clean unless you're Zest fully clean‹).

Doonesbury

satirischer Comicstrip von Gary Trudeau, *1948, dessen spitze Feder bei amerikanischen Politikern gefürchtet ist. Ursprünglich drehte sich der Strip um die Erlebnisse des mittelmäßigen Studenten Mike Doonesbury und seine Freunde B.D. und Megaphone Mark. Für die Figur des alternden Hippie Uncle Duke stand der Journalist Hunter S. Thompson Pate. Inzwischen liefert *Doonesbury* einen fortlaufenden Kommentar zur amerikanischen Tagespolitik und erscheint daher in den meisten Zeitungen im politischen Teil und nicht auf den Comic-Seiten.

DQ

Abkürzung der landesweit vertretenen Imbißkette Dairy Queen. »Rodney raised a limp hand to indicate a tall overweight kid trudging across the street from in front of a boarded-up Dairy Queen.« (Richard Price, *Clockers*.)

Dr. Ruth

Amerikas berühmteste Sexberaterin ist eine großmütterlich wirkende kleine Dame, die mit vollem Namen Dr. Ruth Westheimer heißt. Anfang der 80er Jahre wurde sie durch eine Radiosendung bekannt, die spätabends in New York zu hören war. Die intelligenten und witzigen Ratschläge von Dr. Ruth wurden so populär, daß seit 1987 *Ask Dr. Ruth* auch im Kabelfernsehen läuft. Dr. Ruth spricht mit starkem deutschen Akzent, ihr Motto lautet: »Have terrrifick sex!«

Dr. Seuss

alias Theodor Seuss Geisel, 1904–1991, Kinderbuchautor und -illustrator, der durch Titel wie *The Grinch Who Stole Christmas, I Saw It On Mulberry Street, Horton the Elephant* und *The Cat in the Hat* nahezu jedem amerikanischen Kind bekannt ist. Dr. Seuss' Werke sind bisher nicht ins Deutsche übersetzt.

Dr. Strangelove

verrückter Nazi-Wissenschaftler aus Stanley Kubricks Kultfilm von 1964 *Dr. Strangelove Or: How I Learned to Stop Worrying and Love the Bomb* (dt. *Dr. Seltsam oder Wie ich lernte, die Bombe zu lieben*). Peter Sellers spielte den an einen Rollstuhl Gefesselten, dessen Rechte immer unwillkürlich zum Heil-Hitler-Gruß emporschnellt. »The Jargon of strategic trade theory, in fact, reeks of Dr. Strangelove.« (*Newsweek*, 16.11.1992.)

Dragnet

in Los Angeles angesiedelte Polizeiserie (dt. *Polizeibericht*) um Sergeant — später Lieutenant — Joe Friday (Jack Webb) und seinen Kollegen Officer Ben Smith (Ben Alexander). *Dragnet* begann als Radioserie, lief dann von 1952 bis 1959 bei → NBC im Fernsehen und stellte erstmals den drögen Polizeialltag in den Mittelpunkt. Die Serie bemühte sich um einen quasi-dokumentarischen Stil, etwa indem Friday pedantisch Wetterverhältnisse und Uhrzeit festhielt.

Jack Webb, 1920–1982, der nicht nur die Titelrolle spielte, sondern auch die Drehbücher schrieb und Regie führte, wollte das Klischee des glamourösen Kämpfers für Recht und Gesetz durchbrechen und Friday als nüchternen Polizisten darstellen, der in seiner Arbeit aufgeht. Tatsächlich aber wirkte der hölzerne Joe Friday, der nie eine Miene verzog, genauso überlebensgroß wie die melancholischen Helden Hammetts und Chandlers. Jede *Dragnet*-Folge begann mit der dräuenden Titelmusik von Walter Schumann und den von einem Sprecher aus dem Off gesprochenen Worten: »Ladies and gentlemen, the story you are about to see is true. Only the names have been changed to protect the innocent.« Dann hörte man die Stimme von Joe Friday: »This is the city, Los Angeles. My name is Friday — I'm a cop.« Fridays Dienstmarke — Badge 714 — wurde ebenso berühmt wie der Satz »Just the facts, ma'am«, mit dem er allzu redselige Zeuginnen zur Knappheit ermahnte. In frühen *Dragnet*-Folgen hatte Jack Webb drei andere Partner — Barton Yarborough als Sergeant Ben Romer, Barney Philips als Sergeant Ed Jacobs und Herb Ellis als Officer Frank Smith; während einer verunglückten Neuauflage der Serie zwischen 1967 und 1970 stand ihm Officer Bill Gannon (Harry Morgan) zur Seite. Fridays stoische Art ist oft parodiert worden, 1987 spielte Dan Aykroyd die Rolle des gleichnamigen Neffen von Joe Friday in dem Kinofilm *Dragnet* (dt. *Schlappe Bullen beißen nicht*) von Tom Mankiewicz.

Drella

Andy Warhol, 1930–1986. Der Spitzname reflektiert zwei Seiten von Warhols Persönlichkeit: Dracula und Cinderella. Richtig bekannt wurde ›Drella‹ erst durch die Platte *Songs for Drella*, eine Hommage an Warhol von John Cale und Lou Reed.

Drizella

eine der beiden Stiefschwestern von →Cinderella aus dem gleichnamigen Disney-Zeichentrickfilm von 1950.

Droopy

ein phlegmatischer Hund von ansteckender Traurigkeit. Von Tex Avery, 1907–1980, für Warner Brothers erdachte Zeichentrickfigur.

Duck, Donald →Donald Duck

Duckburg

Entenhausen; Heimat der Duck-Sippe aus den Carl Barks-Comics.

Dwem

Akronym von ›dead white european male‹, ein Schlagwort aus der Diskussion um ›political correctness‹ (PC) und die damit einhergehende Sichtung dessen, was an amerikanischen Schulen und Universitäten gelehrt wird. Dwems sind Aristoteles, Shakespeare, Kant, Beethoven und Joyce, für PC-Aktivisten typische Vertreter des verhaßten Eurozentrismus.

Dynasty

Der *Dallas*-Klon *Dynasty* (dt. *Der Denver-Clan*) hatte seine lange Laufzeit zwischen 1981 und 1989 vor allem Joan Collins, *1933, zu verdanken, die als biestige Alexis Carrington Colby in vorgerücktem Alter zum Sexsymbol avancierte. Ansonsten waren die Unterschiede zwischen den Ewings und Barnes' in Texas und den Carringtons und Colbys in Colorado gering – das Monopolyspiel der Ölindustrie, Sex, Gier und Eifersucht bestimmten auch in *Dynasty* die Handlung. Zum Personal gehörten Blake Carrington (John Forsythe), seine Frau Krystle (Linda Evans) und die Kinder Fallon (Pamela Sue Martin, später Emma Samms) und Steven (Al Corley, später Jack Coleman) aus Blakes erster Ehe mit Alexis. Fallon hatte eine nymphomanische Ader, während ihr willensschwacher Bruder Steven nie recht herausfinden konnte, ob er nun schwul, bi oder hetero war. In die Fernsehgeschichte ging *Dynasty* ein, als während einer Folge im Dezember 1983 keine Geringeren als Expräsident Gerald Ford und Henry Kissinger kurz in die Kameras zwinkerten. »There were certain role models on TV, first of all Joan Collins on *Dynasty*, who made it possible to be glamourous and also this businesswoman.« (Camille Paglia, *Sex, Art, and American Culture*.)

E Pluribus Unum

›Out of many, one‹, Inschrift auf dem 1782 geschaffenen Großsiegel der Vereinigten Staaten (Great Seal of the United States), das auf Ein-Dollar-Banknoten abgebildet ist.

The Eagle has landed

meldete die Besatzung der Apollo—11-Mission, als die Landefähre Eagle am 20.7. 1969 auf der Mondoberfläche aufsetzte. Vollständig lautete der Funkspruch: »Houston, Tranquility Base here. The Eagle has landed«.

Earhart, Amelia

1887–?, amerikanische Fliegerin, die 1932 als erste Frau im Alleinflug den Atlantik überquerte und fünf Jahre später beim Versuch, rund um die Welt zu fliegen, über dem Pazifik verschwand. Heute eine Symbolfigur der Frauenbewegung: »Amelia Earhart to me was an image of everything a woman should be.« (Camille Paglia, *Sex, Art, and American Culture*.)

Earp, Wyatt

1848–1929, Westernheld und U.S. Marshal, der bei dem berühmten Gunfight at the O.K. Corral dabei war. Am 26. Oktober 1881 kam es bei einem Viehpferch in Tombstone, Arizona, zu einer Schießerei zwischen den drei Earp-Brüdern Morgan, Virgil und Wyatt und ihrem Freund Doc Holliday auf der einen und Ike und Billy Clanton sowie Tom und Frank McLaury auf der anderen Seite. Innerhalb einer halben Minute waren Billy Clanton und die McLaurys tot, Ike Clanton konnte fliehen. Die Earp-Brüder wurden vier Wochen nach der Schießerei vor Gericht gestellt und freigesprochen. Nachdem das Gemetzel durch unzählige Hollywood-Western zum Mythos erhoben wurde, ist der O.K. Corral heute eine Touristenattraktion.

Eckerd

landesweit vertretene Drogeriemarkt-Kette.

The Ed Sullivan Show

Ed Sullivan, 1901–1974, schuf mit seiner von 1948 bis 1971 bei →CBS laufenden Show die klassische Form der Unterhaltungssendung. Der gelernte Journalist war kein großer Entertainer, hatte aber ein feines Näschen für alles, was im Trend lag. In seiner Show gaben die Beatles ihr amerikanisches Debüt, und Sullivan verhalf 1956 auch Elvis Presley zum Durchbruch. Das Geheimnis der Ed Sullivan Show war schlicht Abwechslung; auf das Bolschoi-Ballett folgte eine Nummer mit dressierten Pudeln, und danach vielleicht Bob Hope.

Edgar

von den Mystery Writers of America jährlich in mehreren Kategorien vergebener Krimipreis.

Edsel

1957 stellte die Ford Motor Company mit großem Werbeaufwand ein neues Modell vor, das nach Edsel Ford, 1893–1943, dem Sohn des Firmengründers Henry, benannt war. Die bis 1959 produzierte Modellreihe wurde ein katastrophaler Reinfall. Heute wird Edsel übertragen für jede Art Flop verwandt. »Star!‹ went on to become the Edsel of 20th Century-Fox.« (William Goldman, *Adventures in the Screen Trade.*)

800 Numbers

für den Anrufer gebührenfreie Telefonnummern; fast jede größere Firma hat inzwischen eine 800er-Nummer eingerichtet, unter der sie kostenlos Serviceleistungen bietet. Das Gegenteil der 800 Numbers sind →900 Numbers, bei denen der Anbieter den Preis pro Minute oder Anruf bestimmt.

86

inzwischen in die Umgangssprache eingegangene Bezeichnung aus dem Bartender-Slang mit der ursprünglichen Bedeutung ›aus‹ oder ›alle‹ – ›Roastbeef is 86‹. ›To 86 a customer‹ bedeutet, einen Gast nicht weiter zu bedienen oder im übertragenen Sinn, etwas nicht fortzusetzen, auch: jemanden umzubringen.

Election Day

der auf den ersten Montag im November folgende Dienstag, kein arbeitsfreier Feiertag.

The Eleventh commandment
Das in USA sprichwörtliche elfte Gebot lautet: ›Mind your own business‹.

Ellery Queen
Frederick Dannay, 1905–1971, und Manfred Bennington Lee, *1905, erfanden den New Yorker Detektiv in dem Roman *The Roman Hat Mystery* (dt. *Der mysteriöse Zylinder*), den sie 1929 unter dem Namen ihres Helden veröffentlichten. Bis 1958 folgten 28 weitere Romane um Ellery Queen und seinen Assistenten Nikki Porter. Neun Kinofilme zwischen 1935 und 1943, eine wöchentliche Radioserie bei →CBS und eine Fernsehserie machten Ellery Queen populär; das *Ellery Queen's Crime Magazine* mit Krimigeschichten erscheint monatlich seit 1941.

Emmy Awards
Auszeichnung, die von der National Academy of Television Arts and Sciences seit 1948 jährlich in mittlerweile über 50 Kategorien vergeben wird. Die Emmy-Statuette erhielt ihren Namen nach ›Immy‹, der Kurzform für ›image orthicon‹ (eine speichernde Aufnameröhre in Fernsehkameras).

Empire City
Spitzname von New York City; der Bundesstaat New York wird auch ›Empire State‹ genannt.

The end of civilization as we know it
Orson Welles gebraucht diese Formulierung in *Citizen Kane* 1941; heute oft ironisch verwandt: »A new president does not mean the end of civilization as we know it.« (*PBS*, 27.10.1992.)

Endor
Heimatplanet der teddybärähnlichen Ewoks aus →*Star Wars*.

The Energy to go further
Werbeslogan der Texaco-Tankstellenkette.

Enola Gay
Die B–29, die am 6. August 1945 die Atombombe über Hiroshima abwarf, erhielt ihren Namen nach der Mutter des Piloten Colonel Paul W. Tibbets. Der Codename der Hiroshima-Bombe war ›Little Boy‹. (→›Fat Man‹)

Enterprise

Die U.S.S. Enterprise ist ein 190.000–Tonnen-Kreuzer der ›Constellation class‹ (dt. ›Constellation-Klasse‹), gehört zur stolzen Sternenflotte der ›Federation‹ (dt. ›Föderation‹) und flog in 78 Folgen der Serie →Star Trek von 1966–1968 sowie den daraus entstandenen Kinofilmen durchs All. Befehligt wird die Enterprise von Captain James T. →Kirk. Das Raumschiff verfügt über zwei Antriebssysteme: den ›Warp Drive‹ und die ›Impulse Power Engines‹ (dt. ›Warp-Antrieb‹ und ›Impulsantrieb‹). Auf seiner Außenhülle steht die sinnlose Chiffre ›NCC 1701‹ – weil's so gut aussah, wie die Setdesigner meinten.

Eine modernisierte Version der Enterprise wird von Captain Jean-Luc Picard in der Serie Star Trek: The Next Generation (dt. Raumschiff Enterprise: Das nächste Jahrhundert) befehligt. Am 12. August 1977 wurde ein Space Shuttle der NASA nach dem Fernsehraumschiff benannt. Ein etwas über vier Meter großes Modell der Enterprise, das für die Dreharbeiten der Serie benutzt wurde, ist heute im Air and Space Museum des Smithsonian Institute in Washington, D.C. zu bestaunen – nur Beamen ist schöner.

ERA

Das Equal Rights Amendment, der geplante 27. Zusatz zur amerikanischen Verfassung, sollte jegliche Diskriminierung von Frauen verbieten und wurde am 22. März 1972 vom Senat verabschiedet. Zur endgültigen Annahme mußten sich jedoch 38 Bundesstaaten für das ERA aussprechen. Am 30. Juni 1982 scheiterte die Initiative, da bis dahin lediglich 35 Bundesstaaten den Verfassungszusatz befürwortet hatten.

Escape from the ordinary

Werbeslogan von Oldsmobile (General Motors)

est

erhard seminars training, 1971 von Werner Erhard (alias Jack Rosenberg, *1935) erfundenes Mischmasch aus fernöstlicher Mystik und Dale →Carnegie-Verkaufstraining, das in landesweit veranstalteten Wochenendseminaren Verbreitung fand. 1985 benannte Erhard seine Organisation in ›Forum‹ um.

E.T.

der verschrumpelte Außerirdische aus Steven Spielbergs Kinofilm von 1982 *E.T.: The Extra-Terrestial* (dt. *E.T. – Der Außerirdische*), der immer »nach Hause telefonieren« (»E.T. phone home«) möchte.

Evel Knievel

*1938, eigentlich Robert Craig Knievel, wurde als Stuntman durch seine Sprünge mit einer Harley Davidson über aufgereihte Schrottautos berühmt. Bei dem Versuch, 1972 im Astrodome von Houston 36 Autowracks zu überfliegen, zog sich Evel Knievel nicht weniger als 93 Knochenbrüche zu. Zwei Kinofilme, *Evel Knievel* und *Viva Knievel!*, verherrlichten die selbstmörderischen Stunts von Knievel, dessen Sohn Robbie Knievel in die Fußstapfen des Vaters trat.

Even your closest friends won't tell you

Werbeslogan für Listerine-Mundwasser; seit den 20er Jahren erdachte die Listerine-Werbung Greuelmärchen über die ›unsichtbare Gefahr‹ Mundgeruch, die selbst unter Freunden ein Tabuthema bleibe. Ebenfalls aus dieser Zeit stammt der Slogan ›Often a bridesmaid but never a bride‹; auf dem dazugehörigen Reklamefoto sah man ein wunderschönes Mädchen, das nur deshalb zu einem Jungfernschicksal verdammt blieb, weil es nie Listerine benutzte. »In politics – often a bridesmaid, never a bride.« (Zwischentitel aus *Citizen Kane*.)

Everybody wants to get into the act

Die Redewendung wurde durch den TV-Showmaster Jimmy Durante, 1893–1980, populär; Durante, der mit einem breiten Bronx-Dialekt sprach, beendete seine Witze auch häufig mit dem Satz »I got a million of them«. (→»Good night, Mrs. Calabash, wherever you are«)

Evil Empire

das von dem Imperator und Darth Vader beherrschte Reich des Bösen aus George Lucas' →*Star Wars*-Trilogie. In einer oft zitierten Rede von 1983 bezeichnete Ronald Reagan die Sowjetunion als ›evil empire‹.

Expletive deleted

war in den 1974 während des Watergate-Skandals veröffentlichten Abschriften der Tonbänder aus Nixons →Oval Office immer dann zu lesen, wenn jemand fluchte. Die Formulierung aus *The White House Transcripts* ging in die Umgangssprache ein.

An eye to the future, an ear to the ground

Werbeslogan von General Motors, die in dieser unbequemen Haltung die Zukunft im Automobilbau verschliefen.

Fahrvergnügen

Werbeslogan von Volkswagen of America.

Falwell, Jerry

*1933, Televangelist (*The Old-Time Gospel Hour*), gründete 1979 die Moral Majority-Bewegung, mit der er seine ultra-konservativen Kunst- und Moralvorstellungen propagierte, auf die Programmgestaltung von Radio- und Fernsehsendern Einfluß zu nehmen versuchte und Kandidaten für politische Ämter unterstützte. Die Moral Majority wurde 1989 aufgelöst; nach der Wahl von Bill Clinton zum Präsidenten kündigte Falwell jedoch eine Neugründung an.

Family

(1976–1980; dt. *Eine amerikanische Familie*) war ein typisches Produkt des erwachenden moralischen Bewußtseins der Carter-Jahre. Die Familienserie um Kate (Sada Thompson) und Doug Lawrence (James Broderick) und ihre Kinder Nancy (Meredith Baxter-Birney), Willie (Gary Frank) und Buddy (Kristy Mc-Nichol) trat mit dem Vorsatz an, all das auf die amerikanischen Bildschirme zu bringen, was die Seifenopern der 50er und 60er Jahre vertuscht hatten. Mutter Kate mußte daher einen Schicksalsschlag nach dem anderen meistern (Krebs, Alkoholismus, Ehekrisen), doch am Ende war ihr sorgenzerfurchtes Gesicht nur noch komisch.

The Family that prays together stays together

lautete der 1947 von Al Scapone für eine katholische Missionsbewegung erfundene Slogan, der als Autoaufkleber und Button weite Verbreitung fand. Comic-Zeichner Robert Crumb wandelte den frommen Spruch zu »The family that lays together stays together!« ab und illustrierte diese Weisheit mit einer ungeniert vögelnden Großfamilie. Nach den Rassenunruhen in Watts hörte man auch: »The family that shoots together loots together.«

The Fantastic Four

(dt. *Die Fantastischen Vier*), 1961 von Stan Lee und Jack Kirby erfundene Marvel-Comic-Helden, ursprünglich vier Astronauten, die in ihrem Raumschiff eine kosmische Strahlung durchflogen und dadurch ihre Superkräfte erhielten. Reed Richards wurde zu dem Gummimann Mr. Fantastic, Sue Storm zu Invisible Girl (später Invisible Woman), ihr Bruder Johnny Storm verwandelte sich in das Flammenbündel Human Torch und Ben Grimm in The Thing, eine Art lebenden Felsblock.

FAO Schwarz

1862 von dem deutschen Einwanderer Frederick August Otto Schwarz gegründete Spielwarenhandlung mit inzwischen 25 Filialen in USA. Der Stammsitz von FAO Schwarz in Manhattan (767 Fifth Avenue) ist das Mekka aller Spielzeugfans weltweit. Wer nicht in der Nähe eines FAO Schwarz wohnt, bestellt aus dem seit 1876 produzierten Versandkatalog (*The Ultimate Toy Catalogue*), der inzwischen jährlich in einer Auflage von neun Millionen gedruckt wird.

Fast Eddie

Spitzname von Eddie Felson, dem von Paul Newman gespielten Billardprofi aus den Filmen *The Hustler* (1961; dt. *Haie der Großstadt*) und *The Color of Money* (1986; *Die Farbe des Geldes*).

Fat Man

Tarnname der am 9. August 1945 auf Nagasaki abgeworfenen Atombombe. (→Enola Gay)

Father Guido Sarducci

kettenrauchender Klatschkolumnist des *Osservatore Romano*. Der Komiker Don Novello erfand die Figur des Gottesmanns mit dem schwarzen Schlapphut für seine Auftritte in der Satiresendung →*Saturday Night Live*.

Father Knows Best

Der Versicherungsvertreter Jim Anderson (Robert Young), seine Frau Margaret (Jane Wyatt) und ihre Kinder Betty (Elinor Donahue), Bud (Billy Gray) und Kathy (Lauren Chapin) prägten das Bild dieser klassischen amerikanischen Familienserie. 1949 als Radioserie für →NBC entstanden, wechselte *Father Knows Best* (dt. *Vater ist der Beste*) 1954 ins Fernsehen, wo die Andersons ihren Zuschauern neun Jahre lang vollkommenes Familienglück vorgaukelten.

FDR

Franklin Delano Roosevelt, 1882–1945, wegen seiner Fähigkeit, sich aus heiklen Situationen zu befreien, auch ›Houdini in the White House‹ genannt. Seine landesweit ausgestrahlten Rundfunkansprachen nannte Roosevelt bescheiden ›Fireside Chats‹.

Feiffer, Jules

*1929, Karikaturist und Schriftsteller, dessen auf wenige Striche reduzierte Zeichnungen seit Mitte der 50er Jahre in der New Yorker *Village Voice* erscheinen und landesweit in vielen Zeitungen nachgedruckt werden.

Felix the Cat

Der schwarze Kater Felix trat zum erstenmal 1917 in einem Trickfilm von Pat Sullivan auf und agierte seit 1923 in einem von Otto Messmer gezeichneten Zeitungsstrip. In Deutschland erscheint ›Felix der Kater‹ seit 1958 – in dem nach ihm benannten Comic-Heft *Felix* des Bastei Verlags.

Ferdinand the Bull

(dt. *Der Stier Ferdinand*); Disney-Zeichentrickfilm von 1939 nach Munro Leafs Kinderbuch *The Story of Ferdinand*. Ferdinand ist ein spanischer Stier, der lieber an Blumen riecht, als Toreros spießt.

Ferrari

Besitzer des Blue Parrot aus Michael Curtiz' Kultfilm *Casablanca*, gespielt von Sydney Greenstreet, 1879–1954.

Fibber McGee and Molly

Titel einer Radiokomödie, die zwischen 1935 und 1957 zu den beliebtesten amerikanischen Hörfunkserien zählte. Das Ehepaar Fibber (Jim Jordan) und Molly (Marian Jordan) McGee lebte im Haus 79 Wistful Vista. Für Komik sorgten nicht nur die Nachbarn Hazel und Ray Norris, Fibbers exzentrische Freunde Mayor La Trivia, Throckmorton P. Gildersleeve und Doc Gamble, sondern auch Fibbers maßlose Übertreibungen. Runnning Gag der Serie war ein Schrank, in dem Fibber allen möglichen Krimskrams aufbewahrte und dessen Inhalt sich in jeder Folge geräuschvoll auf den Boden entleerte, sobald jemand die Tür öffnete.

57 Varieties

seit 1896 Werbeslogan der vor allem für ihr Ketchup bekannten H. J. Heinz Company. Ähnlich wie die ›31 Flavours‹ von Baskin-Robbins Ice Creme wird er oft in anderem Zusammenhang zitiert: »Today's liberals come in 57 varieties«. (Rush → Limbaugh, *The Rush Limbaugh Show*.)

Filofax

Warenzeichen eines aufwendigen Terminkalenders im Ringbuchformat, der weltweit zum Statussymbol der →Yuppie-Generation wurde.

Five Great Lakes, The

fünf Seen in Kanada und den USA: Lake Ontario, Lake Erie, Lake Huron, Lake Michigan und Lake Superior.

501

Die berühmteste Nietenjeans der Welt wird seit 1873 in fast unveränderter Form von Levi Strauss & Company produziert. Levi Strauss war 1848 aus Bayern, wo er noch Löw Strauss geheißen hatte, nach New York City ausgewandert und gründete 1850 in San Francisco eine Firma, die Arbeitshosen aus grobem Zeltstoff herstellte. Auf die Idee, die Hosen mit Nieten auszustatten, kam der aus Polen eingewanderte Jacob Davis, der 1872 Strauss einen Brief schrieb, ihm eine Partnerschaft vorschlug und seine Neuerung erläuterte: »The secratt of them Pents is the Rivits that I put in those Pockets«. Dies war die Geburtsstunde der ›501‹ (ausgesprochen ›five-o-one‹).

Flag Day

der 14. Juni; Gedenktag zur Erinnerung an die offizielle Annahme der amerikanischen Nationalflagge durch den Kongreß am 14. Juni 1777. Flag Day ist kein arbeitsfreier Feiertag, wird seit 1893 aber durch die Beflaggung aller offiziellen Gebäude begangen.

Flash Gordon

Der von Alex Raymond 1934 erfundene Comic-Held hat in Begleitung seiner Freundin Dale Arden und des genialen Wissenschaftlers Dr. Zarkov diverse Abenteuer auf dem Planeten Mongo im Kampf gegen den Tyrannen Ming the Merciless (dt. Ming der Grausame) zu bestehen. Flash freundet sich mit Mings Tochter Princess Aura an und versucht, Prince Barin, dem rechtmäßigen Herrscher Mongos, zum Thron zu verhelfen. Der Science Fiction-Strip war auf Anhieb ein Erfolg, und schon zwei Jahre später entstand mit Larry ›Buster‹ Crabbe in der Titelrolle ein Kinoserial, das 1938 mit *Flash Gordon's Trip to Mars* und 1940 mit *Flash Gordon Conquers the Universe* fortgesetzt wurde. Charles Middleton spielte darin den grausamen Ming, der mit seinem asiatischen Äußeren ein entfernter Verwandter von Sax Rohmers Dr. Fu Manchu war. Der späteren 39teiligen TV-Serie von 1953 mit Steve Holland als Flash fehlte jedoch der krude Charme des Serials. 1974 kam unter dem Titel *Flesh Gordon* eine lahme Porno-Parodie in die Kinos, und auch ein aufwendiger Dino de Laurentiis-Film von 1980 konnte der Weltraumoper kein neues Leben einhauchen.

Fleming, Henry

der Kriegsheld aus Stephen Cranes Roman *The Red Badge of Courage* (1895; dt. *Das Blutmal*, später unter anderen Titeln, zuletzt *Die Rote Tapferkeitsmedaille*).

The Flintstones

Die erfolgreichste Zeichentrickserie der Fernsehgeschichte (dt. *Familie Feuerstein*) entstand 1960 als erste selbständige Produktion von Joe Barbera und Bill Hanna, die in den 40er Jahren → *Tom & Jerry* für MGM erfunden hatten.

Fred und Wilma Flintstone (dt. Fred und Wilma Feuerstein) leben mit Tochter Pebbles und dem zahmen Dinosaurier Dino in Bedrock; ihre Nachbarn und besten Freunde sind Barney und Betty Rubble (dt. Barney und Betty Geröllheimer), deren Adoptivkind Bamm Bamm über Superkräfte verfügt. Der Clou der Serie war, daß sich das Leben im prähistorischen Bedrock durch nichts vom Alltag in einer amerikanischen Vorstadt unterschied: zwar aß man im Drive-in-Restaurant Brontoburger statt Hamburger, und die properen Hausfrauen Wilma und Betty benutzten ein Elefantenbaby als Staubsauger, doch sonst waren die Feuersteins und Geröllheimers ein getreuer Spiegel der Sitten und Gebräuche im amerikanischen Mittelstand der 60er Jahre. (Das gleiche satirische Verfahren benutzten Hanna und Barbera für das Science-Fiction-Pendant der Flintstones, die →*Jetsons*.)

Zwischen 1960 und 1966 wurden die Flintstones so populär, daß Freds Hilferuf nach seiner Frau – »Wilmaaaaa« – und sein

Freudenschrei »Yabbadabbadoo« in die Umgangssprache eingingen. »›Yabba-dabba-doo‹, Van Patten says. ›Hey, did anyone
know caveman got more fiber than we get?‹ McDermott asks.«
(Brett Easton Ellis, *American Psycho*.)

Flipper
Der ›Freund aller Kinder‹ aus der zwischen 1964 und 1968
entstandenen gleichnamigen TV-Serie wurde von einem Del-
phin namens Suzy gespielt. Flipper schwamm und spielte am
liebsten mit Bud Ricks, dessen verwitweter Vater Porter als
Aufseher im Coral Key Park in Florida arbeitete. Vor seinem
Fernsehdebüt trat Flipper in zwei Kinofilmen auf: *Flipper* (1963;
dt. Originaltitel) und *Flipper's New Adventure* (1964; dt. *Neues
Abenteuer mit Flipper*).

Float like a butterfly, sting like a bee
soll Muhammad Ali, *1942, über seine Boxtechnik gesagt haben, die wegen ihrer tänzerischen Leichtigkeit auch ›Ali Shuffle‹
genannt wird. Ali, der vor seinem Übertritt zum Islam Cassius
Clay hieß, ist auch für den Ausspruch »I am the greatest!«
bekannt.

Fonzie
Inspiriert von der Nostalgiewelle für die 50er Jahre, die George
Lucas' Kinohit *American Graffiti* ausgelöst hatte, wurde 1974
die TV-Serie *Happy Days* produziert. Der coole, unangepaßte
Arthur ›Fonzie‹ Fanzarelli (Henry Winkler) sollte darin eigentlich nur eine Nebenfigur sein. Doch ›The Fonz‹, wie Arthur
auch genannt wurde, seine von einem lauten »Ayyyy« be-
gleitete Thumbs-up-Geste und seine Lederjacke wurden bei Jugendlichen so populär, daß die Drehbuchautoren der Serie rea-
gierten und ihn immer mehr in den Mittelpunkt stellten. Als
Happy Days nach zehn Jahren schließlich eingestellt wurde, war
der ständig an seinem Motorrad herumbastelnde Aussteiger
Fonzie zum Archetyp des Rockers geworden.

Football Hall of Fame
Die Ruhmeshalle für Football-Profis steht in Canton, Ohio.
Wer in die Ränge der Unsterblichen erhoben wird, entscheidet
eine unabhängige Jury aus Sportjournalisten und ehemaligen
Aktiven. (→Baseball Hall of Fame) Bisher (Stand 1992) gibt es
164 Auserwählte (vgl. die Namenliste im Anhang).

Ford's Theater

Ein Theater in Washington D.C., in dem am 14. April 1865 während einer Aufführung von Tom Taylors *Our American Cousin* John Wilkes Booth, 1838–1865, auf Präsident Lincoln schoß. Lincoln starb am folgenden Morgen; Booth wurde am 26. April in der Nähe von Fort Royal in Virginia von der Polizei in einer Scheune (Garrett's Barn) gestellt. Ob Booth dort erschossen wurde oder Selbstmord beging, ist umstritten.

Formica

Warenzeichen eines 1913 von Herb Faber und Dan O'Connor erfundenen Kunststoffs, der in Deutschland unter dem Namen ›Resopal‹ verkauft wird. Formicabezogene Möbel waren in den 50er Jahren der Inbegriff ultramodernen Schicks und prägten den deutschen Eisdielen-Stil.

Fort Knox

1917 gegründeter Armeeposten im Norden Kentuckys, in dessen Gewölben seit 1936 die Goldreserven der USA lagern – Edelmetall im Gegenwert von geschätzten 20 Milliarden Dollar.

Fortress of Solitude

→Supermans ›Festung der Einsamkeit‹ am Nordpol, wo er Trophäen seiner bestandenen Abenteuer sammelt und wohin er sich gelegentlich zurückzieht.

Four Corners

eine Stelle in der Nähe des San Juan River, an der sich die Staatsgrenzen von Arizona, Colorado, Utah und New Mexico berühren.

Four-F Method

»Find them, feel them, fuck them, and forget them«; ein umgangssprachlicher Chauvi-Spruch.

Four-H Club

eine vom amerikanischen Landwirtschaftsministerium subventionierte Jugendorganisation, das Pendant zur deutschen Landjugend. Der 4–H-Club trägt seinen Namen nach seiner Zielsetzung ›to improve head, heart, hands, and health‹ und führt das Motto ›We learn to do by doing‹. Im Präsidentschaftswahlkampf 1948 benutzte der Republikaner Thomas E. Dewey in Anspielung auf den demokratischen Amtsinhaber

Harry S. Truman den Slogan: ›4–H Club – help hustle Harry home‹.

Fox

1986 von Rupert Murdoch als Konkurrenz zu →ABC, →CBS und →NBC gegründetes Fernseh-Network.

Frankly, my dear, I don't give a damn

sagt Rhett Butler (Clark Gable) zu Scarlett →O'Hara (Vivien Leigh) am Ende der MGM-Verfilmung von Margaret Mitchells *Gone With the Wind* (dt. *Vom Winde verweht*) – eines der berühmtesten Zitate der Filmgeschichte. Rhetts kühle Zurückweisung der Bitte von Scarlett, doch bei ihr zu bleiben, war für amerikanische Kinogänger doppelt verwerflich, weil er das gotteslästerliche ›damn‹ benutzte. Die deutsche Synchronisation übersetzte mit einem lauen »Ehrlich gesagt, meine Liebe, das ist mir gleich«.

Fritz the Cat

ständig geiler Kater aus den Undergroundcomix von Robert Crumb, *1943, und Held zweier Zeichentrickfilme von Ralph Bakshi, *Fritz the Cat* (1972) und *The Nine Lifes of Fritz the Cat* (1974; *Die Neun Leben von Fritz the Cat*).

Frye, Marquette

ein schwarzer Autofahrer, dessen Verhaftung durch den weißen Polizisten Lee Minikus wegen Verdachts auf Trunkenheit am 11. August 1965 die Rassenunruhen im Stadtteil Watts von Los Angeles auslösten.

FSBO

häufig in Kleinanzeigen benutzte Abkürzung von ›for sale by owner‹.

FTA

Abkürzung von ›Fuck the Army‹.

FTD

Florists' Transworld Delivery, das amerikanische Pendant zu Fleurop.

The Fugitive

(dt. *Auf der Flucht*), zwischen 1963 und 1967 entstandene Fernsehserie um Dr. Richard Kimble (David Janssen), der unschuldig wegen Mordes an seiner Frau zum Tode verurteilt wird und kurz vor der Hinrichtung entkommen kann. Um sich zu rehabilitieren, bleibt ihm keine andere Wahl, als selbst den Mörder seiner Frau zu suchen, den mysteriösen ›one-armed man‹ (dt. ›der Einarmige‹), den er bei dem Verbrechen beobachtet hat. Dies war der Beginn einer vierjährigen Hatz quer durch Amerika, die vor allem durch den ständigen Rollenwechsel zwischen Jäger und Gejagtem faszinierte – denn während Dr. Kimble den einarmigen Fred Johnson (Bill Raisch) verfolgt, muß er sich des Polizisten Lieutenant Philip Gerard (Barry Morse) erwehren, der Kimble um jeden Preis auf den elektrischen Stuhl bringen will. Die am 29. August 1967 ausgestrahlte letzte Folge von *The Fugitive*, in der Dr. Kimble den einarmigen Fred Johnson schließlich stellen kann und Lieutenant Gerard den wahren Mörder erschießt, brach alle bis dahin gültigen Zuschauerrekorde.

Fuller Brush men
Bürsten- und Besenverkäufer der Fuller Brush Company, die 1906 von Alfred C. Fuller in Hartford, Connecticut, gegründet wurde. Die Klinkenputzer von Fuller perfektionierten die Technik des Tür-zu-Tür-Verkaufs und wurden ebenso wie die Avon Ladies ein fester Bestandteil des amerikanischen Alltags. Fuller schrieb 1960 seine Autobiographie unter dem Titel *A Foot in the Door*. Hollywood nahm sich der Hausierer in zwei Filmen an: *The Fuller Brush Man* (1948) und *The Fuller Brush Girl* (1950; dt. *Seine Frau hilft Geld verdienen*). Seit 1992 akquiriert die Fuller Brush Company ihre Kunden nur noch telefonisch. »In his trench coat and holding his own steel suitcase, he looked like a Fuller Brush man on a losing streak.« (Richard Price, *Clockers*.)

Fuzzy
Spitzname des Komikers Al St. John, 1893–1963, der in unzähligen Western als Nebendarsteller auftrat.

to gafia
Akronym von to ›get away from it all‹.

Gale, Dorothy
Die Heldin aus dem Kinderbuch *The Wonderful Wizard of Oz* (1900; dt. *Der Zauberer von Oos*) von Lyman Frank Baum, 1856–1919, lebt in Kansas bei Aunt Em (›Tante Em‹), ihrer Tante Emily. Ein Tornado entführt Dorothy und ihren Hund Toto in

das geheimnisvolle Oz, wo die beiden der Yellowbrick Road (der ›gelben Ziegelsteinstraße‹) folgen und Bekanntschaft mit dem Tin Woodman (dem ›Blech-Holzfäller‹), der Scarecrow (›Vogelscheuche‹, auch ›Strohmann‹) und dem Cowardly Lion (dem ›feigen Löwen‹) schließen. Gemeinsam machen sich alle zu dem sagenumwobenen Zauberer auf, der das Land Oz beherrscht. Jeder hat eine andere Bitte an ihn: Dorothy will nach Hause, die Vogelscheuche, die nichts als Stroh im Kopf hat, möchte Verstand, der Blech-Holzfäller sehnt sich nach einem Herzen, und der feige Löwe wünscht sich Mut. Nach Abenteuern mit der ›Wicked Witch of the West‹ (›die böse West-Hexe‹) und den winzigen Munchkins (›die Mümmler‹) erreichen sie die Residenz des Zauberers, Emerald City (›die Smaragdstadt‹). Der Zauberer, der mit vollem Namen Oscar Zoroaster Phadrig Isaac Norman Henkle Emmanuel Ambroise Diggs heißt, entpuppt sich als Popanz, doch dank der Good Witch Glinda (›die gute Hexe Glinda‹) kommen Dorothy und Toto wohlbehalten nach Hause. Baum gelang mit der Geschichte um Dorothy in Oz ein inzwischen klassisches modernes Märchen, das er in 13 Romanen fortsetzte; nach seinem Tod übernahm Ruth Plumley Thompson die Oz-Reihe und schrieb 21 weitere Bücher. Die 1939 entstandene Musical-Verfilmung von Victor Fleming (*The Wizard of Oz*, dt. *Das zauberhafte Land*) enthält den bekannten Song *Over the Rainbow* und machte die 17jährige Judy Garland in der Rolle der Dorothy zum Star.

Einige Namen aus dem Oz-Kosmos gingen in die amerikanische Umgangssprache ein; so wird zum Beispiel ›munchkins‹ als Bezeichnung für wichtigtuerische Gschaftlhuber verwendet.

Gambino
eine der fünf großen Mafia-Familien in New York.

Gangbusters
populäre Radioserie von Phillips H. Lord, die zwischen 1936 und 1957 über verschiedene Networks ausgestrahlt wurde. *Gangbusters* schilderte im quasi-dokumentarischen Stil ›authentische‹ Polizei- und FBI-Fälle, die für die actiongeladene Serie freilich etwas ausgeschmückt wurden.

Garden City

einer der Spitznamen von Chicago. Windy City ist jedoch gebräuchlicher und entspricht eher der Realität.

Garfield

Zeitungsstrip von Jim Davis, *1945; erscheint seit 1978. Garfield ist ein zynischer, fetter, phlegmatischer Kater, der am liebsten Lasagne frißt, schläft und seinen Besitzer Jon verspottet. »Six Garfield cats were suction-cupped and spread-eagled on all the rear and side windows, staring bug-eyed out at the traffic.« (Richard Price, *Clockers*.)

General Hospital

Ärztedrama von Doris und Frank Hursley, das seit dem 1. April 1963 bei →ABC läuft und unter dem Originaltitel neuerdings auch in Deutschland zu sehen ist. Ursprünglich drehte sich die Seifenoper um Dr. Steve Hardy (John Beradino) und die Krankenschwester Jessie Brewer (Emily McLaughlin), doch nach fast 30 Jahren und mehreren hundert Mitwirkenden hat sich die Handlung unübersehbar verzweigt.

Genovese

eine der fünf großen Mafia-Familien in New York.

Genovese, Kitty

1935–1964, eine Krankenschwester aus Queens, die unter spektakulären Umständen in der Nacht vom 12. auf den 13. März 1964 einem Mord zum Opfer fiel. Auf dem Nachhauseweg wurde Genovese zweimal von Winston Moseley überfallen und niedergestochen, konnte sich aber aus eigener Kraft bis in die Lobby ihres Apartmenthauses retten. Obwohl die Ermittlungen ergaben, daß mehr als 35 Passanten und Anwohner das Verbrechen beobachtet hatten, verständigte niemand die Polizei, so daß Moseley ein drittes Mal zurückkehren und Genovese töten konnte. Der Mordfall an Kitty Genovese wird oft als Beispiel für die Gefühlskälte und Anonymität des Großstadtlebens angeführt.

Geronimo!

Der Name des Apachenhäuptlings Geronimo, 1829–1909, wurde während des Zweiten Weltkriegs von amerikanischen Fallschirmspringern als Schlachtruf benutzt und ging in die Umgangssprache ein. »Jimmy made a hero out of this kid, yelling Geronimo and all.« (→*M*A*S*H*)

Get Smart

(deutscher Titel *Mini Max oder die unglaublichen Abenteuer des Maxwell Smart*). Als Mitte der 60er Jahre James Bond seine größte Popularität erreichte, beschlossen Mel Brooks und Buck Henry, eine satirische TV-Serie um einen vertrottelten Meisterspion zu schreiben. Dies war die Geburtsstunde von Maxwell Smart (»Sorry about that, Chief«), gespielt von Don Adams, der als Agent 86 für den Geheimdienst C.O.N.T.R.O.L. arbeitet und zusammen mit der attraktiven, aber auch nicht überreichlich mit Intelligenz gesegneten Agentin 99 (Barbara Feldon) die teuflischen Pläne der K.A.O.S.-Spione zu verhindern versucht. In 138 Folgen zwischen 1965 und 1970 wurden alle Klischees des Spionage-Genres durch den Kakao gezogen: Max' in einem Schuh verstecktes Telefon klingelte immer zur Unzeit, der Roboter Hymie nahm Befehle allzu wörtlich, und die Liebesaffäre zwischen Smart und Agentin 99 führte zu Dialogen wie:

AGENTIN 99: Max, you are so brave, so dedicated, so wonderful.
AGENT 86: I understand, 99. I feel the same way.
AGENTIN 99: Then say it, Max! Say it!
AGENT 86: I'm brave and dedicated and wonderful.

G.I. Joe

Der Slangausdruck für den amerikanischen ›Schütze Arsch‹ wurde der Markenname einer etwa 35 Zentimeter großen Gliederpuppe, die von Hasbro Incorporated 1964 als ›Barbie für Jungen‹ entwickelt wurde. Das Konzept ging auf, schon wenige Jahre nach Einführung waren über eine Million G.I. Joe-Puppen verkauft.

Gibson girl

Charles Dana Gibson, 1867–1944, bestimmte mit seinen Modezeichnungen das amerikanische Schönheitsideal der Jahrhundertwende. Das typische Gibson Girl trug hochgeschlossene Kleider mit Puffärmeln und hatte langes, aufgestecktes Haar, einen großen Busen, schmale Hüften und lange Beine. »In his room pinned on the wall was a newspaper drawing by Charles Dana Gibson entitled ›The Eternal Question‹.« (E.L. Doctorow, *Ragtime*.)

Gigo

Akronym von ›garbage in, garbage out‹, eine Programmierer-weisheit, die inzwischen auch auf andere Gebiete übertragen wird.

Gilligan's Island

(dt. *Gilligans Insel*), Sitcom um sieben Schiffbrüchige der S.S. Minnow, die auf einer winzigen Insel im Pazifik festsitzen. Neben dem dußligen Matrosen Gilligan (Bob Denver) und dem Kapitän der Minnow, Skipper Jonas Grumby (Alan Hale Jr.) zählten fünf Passagiere zu den Gestrandeten: der reiche Snob Thurston Howell III (Jim Backus) und seine Frau Lovey (Natalie Schaefer), Ginger Grant (Tina Louise), ein Hollywood-Stern-chen, Professor Roy Hinkley (Russell Johnson), der immer neue Rettungspläne austüftelte, und die naive Mary Anne Summers (Dawn Wells). Warum diese weder sonderlich witzige noch originelle Serie das Publikum so begeisterte, blieb selbst den Produzenten ein Rätsel; die 98 zwischen 1964 und 1967 produzierten Folgen von *Gilligan's Island* waren jedenfalls ein phänomenaler Erfolg und werden bis heute laufend wiederholt.

The Gipper

Spitzname von Ronald Reagan nach dem Footballstar George Gipp, 1895–1920, den Reagan in dem 1940 entstandenen Film *Knute Rockne, All American* spielte. Gipp nimmt auf dem Totenbett seinen Mannschaftskameraden das Versprechen ab ›to win just one for the Gipper‹. Reagan wurde auch ›The Teflon-Man‹ genannt, weil nichts an ihm haften blieb, ›The Great Communicator‹ und, in Anspielung auf Harry →Houdini, ›The Great Rondini‹ wegen seiner Fähigkeit, sich aus kompromittierenden Situationen zu befreien. Weniger schmeichelhaft war der Spitzname ›Ramblin' Ron‹, der auf die häufigen Schnitzer in Reagans Reden anspielte.

Give-'em-Hell Harry

1948 entstandener Wahlkampfslogan von Harry S. Truman, 1884–1972, der auf eine Bemerkung Trumans zu seinem Vizepräsidenten zurückgeht, er werde seinen Opponenten Thomas E. Dewey und die hinter ihm stehenden Interessengruppen mit allen Mitteln bekämpfen: »I'm going to fight hard. I'm going to give 'em hell.« Truman wurde wegen seiner Steuerpolitik auch ›High-Tax Harry‹ genannt.

Gladstone Gander

Der sagenhafte Glückspilz aus dem von Carl Barks geschaffenen Entenhausen-Kosmos heißt in der deutschen Übersetzung von Dr. Erika Fuchs Gustav Gans.

Glam

Akronym von ›greying, leisured, affluent, married‹, eine Wortschöpfung der Werbebranche von →Madison Avenue zur Charakterisierung der golfspielenden Biedermänner des oberen Mittelstands.

Gleason, Jackie

1916–1987, schwergewichtiger Komiker, der als Schauspieler und Showmaster in *The Cavalcade of Stars*, *The Jackie Gleason Show* und *The Honeymooners* eine Institution im amerikanischen Fernsehen wurde. In Deutschland war Gleason nur in einigen Kinofilmen zu sehen, darunter auch als Minnesota Fats in *The Hustler* (dt. *Haie der Großstadt*).

GLF

Gay Liberation Front, Selbsthilfeorganisation, die nach den Protestdemonstrationen am 28. Juni 1969 gegen die ständigen Polizeirazzien in den New Yorker Schwulenkneipen auf der Christopher Street entstand.

Godfrey, Arthur

1903–1983, rothaariger Radio- und TV-Talkmaster, dessen Popularität Anfang der 50er Jahre im Fernsehen bei →CBS auf dem Höhepunkt war.

Goetz, Bernhard

ein New Yorker Weißer, der Berühmtheit erlangte, als er 1984 auf vier jugendliche Schwarze schoß, die ihn in der U-Bahn überfallen wollten. In einem Sensationsprozess wurde Goetz von der Anklage des versuchten vierfachen Mordes freigesprochen, aber wegen illegalen Waffenbesitzes verurteilt.

Goldberg, Reuben

1883–1970, Karikaturist, der mit Zeichnungen absurd komplizierter Maschinen zur Verrichtung simpelster Arbeiten bekannt wurde.

Golden Foghorn

Spitzname der Sängerin und Schauspielerin Ethel Merman, 1908–1984, deren lautstarke Stimme berüchtigt war.

Golden Girls

Wenige Fernsehserien haben quer durch alle Altersgruppen ein Publikum derart begeistert wie diese zwischen 1985 und 1992 entstandene Sitcom über eine Rentner-WG in Florida. Eigentlich hatten sich nur drei Frauen um die Sechzig den berühmten Bungalow am Stadtrand von Miami teilen wollen: Dorothy Zbornak (Bea Arthur), eine geschiedene Lehrerin, die verwitwete Rose Nylund (Betty White) und Blanche Deveraux (Rue McClanahan), eine in die Jahre gekommene Südstaaten-Circe. Doch dann war das Altersheim ›Shady Pines‹ abgebrannt, und Dorothys Mutter Sophia Petrillo (Estelle Getty) quartierte sich auf Dauer bei dem lebenslustigen Trio ein. Der Reiz von *Golden Girls* lag in den urkomischen Dialogen der trotz aller bizarren Überdrehtheit glaubhaften Charaktere: da war die resolute Dorothy, beim rituellen Käsekuchen in der Küche ganz Stimme der Vernunft; die unglaublich naive Rose, die mit den Histörchen aus ihrem Heimatdorf (»Bei uns in Sankt Olaf ...«) alle zum Wahnsinn trieb; Blanche, deren Männergeschichten für Gesprächsstoff sorgten, und die scharfzüngige Sophia, die ihre Ratschläge oft mit Jugenderlebnissen aus Sizilien illustrierte. Der sarkastische Humor der angegrauten Golden Girls trug der Serie insgesamt zehn →Emmys und den Spitznamen ›Miami Nice‹ ein. 1992 hatte Bea Arthur als Dorothy genug von der Serie, und Rose, Blanche und Sophia zogen von →NBC zu → CBS in das Hotel Golden Palace um.

Good evening, Mr. and Mrs. North America and all the ships at sea, let's go to press

Mit diesen Worten begrüßte der Sensationsjournalist Walter Winchell, 1897–1972, das Publikum seiner sonntäglichen Nachrichtenshows. Winchells Mischung aus Sex und Crime wurde in den 30er und 40er Jahren im Radio und von 1952–1955 im Fernsehen bei →ABC ausgestrahlt.

Good Housekeeping Seal of Approval

Die seit 1910 verliehene Produktauszeichnung des Magazins *Good Housekeeping* wird inzwischen vielfach auf andere Zusammenhänge übertragen: »Clinton's transition team bears the

Good Housekeeping Seal of Approval from the Democratic Party.« (*PBS*, 12.11.1992)

Good night, Mrs. Calabash, wherever you are

Mit diesem Satz beendete in den 40er und 50er Jahren Jimmy Durante, 1893–1980, seine Radio- und Fernsehshows. Erst 1966 löste der wegen seiner großen Nase auch als ›Schnozzle‹ oder ›Schnozzola‹ bekannte Sänger und Komiker das Rätsel, wer sich hinter der geheimnisvollen Mrs. Calabash verbarg: Durantes erste Frau, die 1943 starb.

Good to the last drop

Werbeslogan für Maxwell House-Kaffee, ein Produkt der General Foods Corporation. Angeblich soll Präsident Theodore Roosevelt diesen Satz gesagt haben, als er bei einem Besuch der Firma 1907 eine Tasse Maxwell House-Kaffee probierte.

Goofy

Tolpatschiger Freund von →Mickey Mouse aus Disney-Zeichentrickfilmen und -Comics. Der Hund Goofy tauchte zum erstenmal 1932 in dem Zeichentrickfilm *Mickey's Revue* auf und hat einen Neffen namens Gilbert; seine gluckernde Stimme stammt von Pinto Colvig.

G.O.P.

(auch GOP): Grand Old Party; Spitzname der Republikanischen Partei, deren Wappentier ein Elefant ist. »GOP contributor agrees to settle child-support case.« (*Dallas Morning News*, 28.10.1992)

Gotham City

von Washington Irving, 1783–1859, erfundener Spitzname für New York City. In Gotham City siedelte Bob Kane die Abenteuer →Batmans an.

GQ

neuer Name des seit 62 Jahren erscheinenden Monatsmagazins *Gentleman's Quarterly*.

Graceland

Elvis Presley, 1935–1977, nannte seine Villa in Memphis, Tennessee, nach der alten Bezeichnung für die Südstaaten. Heute ist Graceland, wo der →›King‹ von 1957 bis zu seinem Tod wohnte, eine Touristenattraktion.

Graham, Billy

*1918, Erweckungsprediger der Southern Baptists; wegen seiner Stakkatopredigten auch als ›Maschinengewehr Gottes‹ bekannt. Seine Missionstourneen, die er selbst als ›crusades‹ bezeichnet, führten ihn quer durch Europa und Asien. Graham begann seine Karriere 1949 und ist einer der wenigen ›Televangelists‹, die — bisher — von Sex- und Finanzskandalen verschont blieben.

Grand Slam

im Tennissport der Gewinn der offenen Meisterschaften von Großbritannien, Australien, Frankreich und den Vereinigten Staaten.

Grandma Duck

(dt. ›Oma Duck‹); die Schwester von →Scrooge McDuck aus Carl Barks' Enten-Universum heißt mit Vornamen Henrietta und lebt auf einer Farm in der Nähe von Entenhausen, die sie mit ihrem Knecht Gus Goose (dt. ›Franz Gans‹) betreibt.

Grandma Moses

Anna Mary Robertson Moses, 1860–1961, begann als Hobbymalerin; ihre der naiven Malerei zugeordneten Szenen aus dem ländlichen Leben erregten die Aufmerksamkeit der New Yorker Kunstwelt, als Grandma Moses bereits auf die 80 zuging.

Grauman's Chinese Theater

Auf dem Gehweg vor diesem berühmten Kino am Hollywood Boulevard in Los Angeles haben seit 1927 zahlreiche Stars ihre Hand- und Fußabdrücke in nassem Zement verewigt.

Grayston, Amanda

Erdenmutter von Mr. →Spock in der TV-Serie →*Star Trek*, gespielt von Jane Wyatt. Vor ihrer Heirat mit →Sarek war sie Lehrerin. Lebt auf dem Planeten →Vulcan.

The Great Surprise

Werbeslogan für Alabama.

The Great White Way

Beiname des Broadway in Manhattan, der als eine der ersten Straßen New Yorks vollkommen elektrisch erhellt war.

The Greatest Show on Earth

Werbeslogan des Ringling Brothers and Barnum & Bailey Circus. *The Greatest Show on Earth* (dt. *Die größte Schau der Welt*) nannte Cecil B. DeMille seinen Zirkusfilm von 1952, und auch eine zwischen 1963 und 1964 entstandene TV-Serie mit Jack Palance trug diesen Titel (dt. *Zirkusdirektor Johnny Slate*).

The Green Hornet

Fran Striker und George Trendle schufen diesen Helden einer zwischen 1936 und 1952 ausgestrahlten Radioserie. Hinter dem maskierten Kämpfer gegen das organisierte Verbrechen verbirgt sich der Zeitungsverleger Britt Reid, den Striker und Trendle als weitläufigen Verwandten des ebenfalls von ihnen erdachten Westernhelden →Lone Ranger alias John Reid konzipierten. The Green Hornet hat einen Diener namens Kato und fährt, ähnlich wie →Batman, ein für die Anforderungen der modernen Verbrecherjagd umgebautes Fahrzeug, das er Black Beauty nennt. Außer in zwei Kinoserials trat The Green Hornet auch in einem Comic-Heft von Jerry Robinson auf; 1966 wurde er von Van Williams in einer 26teiligen TV-Serie verkörpert.

Greyhound

1914 von dem schwedischen Einwanderer Carl Eric Wickman gegründetes Überlandbus-Unternehmen, dessen heutiger Name sich von den seit 1921 produzierten grauen, stromlinienförmigen Großraumbussen ableitet. Der erste Greyhound-Bus war ein Hupmobile mit sieben Sitzplätzen und transportierte Bergleute zwischen Hibbing und Alice, Minnesota. Durch den Preiskampf im inneramerikanischen Flugverkehr war Greyhound in den 80er Jahren gezwungen, sein Streckennetz zu halbieren. Heute verkehren 2.300 Greyhound-Busse in den Vereinigten Staaten.

The Grinch

miesepetriges Fabelwesen aus →Dr. Seuss' Kinderbuch *The Grinch Who Stole Christmas* und einem gleichnamigen Zeichentrickfilm.

Groundhog Day

der 2. Februar; der Überlieferung nach hält der Winter noch sechs Wochen an, wenn an diesem Tag das Waldmurmeltier (›groundhog‹) beim Verlassen seines Baus seinen Schatten sieht.

Der Groundhog Day wird in Punxsutawney, Pennsylvania, mit einer Parade begangen.

Guardian Angels

1979 von Curtis Sliwa in New York gegründete Selbstschutzorganisation, die durch ihre bloße Anwesenheit in der Untergrundbahn für Abschreckung sorgte. Ihre meist jugendlichen Mitglieder tragen rote Barrets, von denen ein Fuchsschwanz baumelt, und postieren sich inzwischen auch außerhalb der U-Bahn.

Guerilla Girls

eine Spaßguerilla-Truppe anonymer Künstlerinnen, die seit 1985 mit Plakataktionen gegen den Sexismus in der Kunstbranche protestieren.

The Guiding Light

von Irna Philips erdachte Seifenoper (dt. *Die Springfield Story*), die am 25.1.1937 als Radioserie begann, 1952 ins Fernsehen wechselte und auch heute noch fünf Tage in der Woche bei → CBS zu sehen ist. Ursprünglich drehte sich die Handlung um die deutsch-amerikanische Familie Bauer in der fiktiven Stadt Five Points; heute sind die Nachkommen von Bill und Bert Bauer in Springfield, irgendwo im Mittleren Westen angesiedelt.

Gunsmoke

Die erste für ein Erwachsenenpublikum produzierte Westernserie sollte auch die erfolgreichste bleiben: zwischen 1955 und 1975 brachte es *Gunsmoke* (dt. *Rauchende Colts*) auf 512 Folgen. Im Mittelpunkt der Serie, die 1952 zunächst im Radio begann, stand Matt Dillon (James Arness), der Marshal von Dodge City, Kansas. Dillon war Gesetzeshüter und Psychotherapeut in einem; im Laufe der Jahre kittete er mindestens so viele gebrochene Herzen wie er Revolverhelden tötete. Ihm zur Seite stand sein Deputy, bis 1964 Chester Goode (Dennis Weaver), danach Festus Haggen (Ken Kurtis) auf dem Maulesel Ruth, der im Deutschen mit einer an →Fuzzy erinnernden Fistelstimme synchronisiert wurde. Zum festen Personal von *Gunsmoke* gehörten ferner Doc Adams (Milburn Stone) sowie Kitty Russell (Amanda Blake), die als ›Miss Kitty‹ den Longbranch Saloon führte.

Gypsy Rose Lee

Bühnenname von Rose Louise Hovick, 1913–1970. Amerikas bekannteste Stripperin veröffentlichte 1957 ihre Autobiographie *Gypsy*, die Vorlage für ein erfolgreiches Broadway-Musical und den Kinofilm *Gypsy* von 1962 wurde. Gypsy Rose Lee schrieb in den 30er und 40er Jahren für Magazine wie *Harper's* und den *New Yorker* und trat zwischen 1937 und 1966 in zwölf Filmen auf.

Gyro Gearloose

Der von Carl Barks erdachte begnadete Erfinder aus Entenhausen heißt in der deutschen Übersetzung von Dr. Erika Fuchs ›Daniel Düsentrieb‹ (Motto: »Dem Ingeniör ist nichts zu schwör«), sein stummer Assistent ist ein Glühbirnen-Männchen namens Helper (dt. ›Helferlein‹).

Häagen-Dazs

Luxus-Eiscreme mit skandinavisch klingendem Fantasienamen, 1960 von dem polnischen Einwanderer Reuben Mattus erfunden. Teures Speiseeis aus natürlichen Zutaten und ohne Konservierungsstoffe war ein Statussymbol der Yuppie-Generation und verhalf Marken wie Häagen-Dazs, Frusen Glädjé, Alpen Zauber und Ben & Jerry's zu dreistelligen Millionenumsätzen.

Hagar the Horrible

(dt. Hägar der Schreckliche); seit 1973 erscheinender Zeitungsstrip von Chris Browne um den rauflustigen, verfressenen Wikinger Hagar, der unter dem Pantoffel seiner Frau Helga steht.

Haight-Ashbury

Straßenkreuzung und Bezirk in San Francisco, Hochburg der Hippie-Bewegung; wegen des Drogenkonsums auch Hashbury genannt.

Hail to the Chief

das traditionelle Lied des amerikanischen Präsidenten seit Martin Van Burens Amtseinführung am 4. März 1837. Die Melodie wird einem gewissen Mr. Sanderson zugeschrieben, der Text ist der *Boat Song* aus Sir Walter Scotts Versromanze *The Lady of the Lake*:

Hail to the Chief who in triumph advances!
Honored and blest be the ever-green Pine!
Long may the tree, in his banner that glances,

Flourish, the shelter and grace of our line!
Heaven send it happy dew,
Earth lend it sap anew,
Gayly to bourgeon and broadly to grow
While every Highland glen
Sends our shout back again
»Roderigh Vich Alpine dhu, ho! iero!«
Ours is no sapling, chance-sown by the fountain,
Blooming at Beltane, in winter to fade;
When the whirlwind has stripped every leaf on the mountain,
The more shall Clan Alpine exult in her shade.
Moored in the rifted rock,
Proof to the tempest's shock,
Firmer he roots him the ruder it blow;
Menteith and Breadalbane, then,
Echo his praise again,
»Roderigh Vich Alpine dhu, ho! iero!«

HAL 9000

heißt der mörderische Computer mit der melodiösen Stimme
an Bord des Raumschiffs Discovery aus Arthur C. Clarkes Ro-
man *2001: A Space Odyssey* (dt. *2001: Odyssee im Weltraum*),
der von Stanley Kubrick unter gleichem Titel 1968 verfilmt
wurde. HAL (dessen Name sich ergibt, wenn man die drei
Buchstaben der Computerfirma IBM jeweils um eine Stelle im
Alphabet zurückversetzt) rebelliert gegen seine menschlichen
Erfinder, wird jedoch von Astronaut David Bowman überlistet.
In der Fortsetzung von 1982 *2010: Odyssey Two* (dt. *2010 –
Das Jahr, in dem wir Kontakt aufnehmen*) unter der Regie von
Peter Hyams reaktiviert die Besatzung eines anderen Raum-
schiffs den Computer HAL, um das Schicksal der Discovery zu
klären.

Hall, Arsenio

schwarzer Komiker und Showmaster. *The Arsenio Hall Show*,
die seit 1989 läuft, folgt zwar auch dem altbewährten Talk-
showmuster, besitzt aber etwas mehr Frechheit als die Konkurrenz und hat damit ein jüngeres Publikum gewonnen. Halls
typische Bewegung: Kreisen mit der zur Faust geballten rech-
ten Hand.

Hallmark

Hersteller von Grußkarten und Geschenkartikeln mit Firmensitz in Kansas City, der seine Produkte über tausende von Franchiseunternehmen vertreibt. »The poems have the depth of a Hallmark card.« (*The Mighty 1190*, 24.9.1992)

Halloween

der 31. Oktober, an dem kostümierte Kinder mit der traditionellen Frage ›Trick or treat?‹ (etwa: ›Scherz oder Keks?‹) von Haus zu Haus ziehen und Süßigkeiten erbetteln – unter Androhung, einen Streich zu spielen, falls sie leer ausgehen.

Hamburger University

ironische Bezeichnung für die Ausbildung zum Bratklopswender bei McDonald's und anderen Imbißketten. Tatsächlich unterhält McDonald's in Illinois ein ›Hamburger University‹ genanntes Schulungszentrum, in dem man einen Abschluß in ›Hamburger Science‹ erwerben kann. Das Pendant bei Kentucky Fried Chicken heißt ›The College of Chicken Knowledge‹.

Hammer, Mike

Brutalo-Detektiv aus den Kriminalromanen von Mickey Spillane, *1918. Hammer, der zum erstenmal in dem Roman *I, The Jury* (1947; dt. *Ich, der Richter*) auftauchte und in zwei Fernsehserien (*Mickey Spillane's Mike Hammer*, 1957–1959 und 1984–1987, dt. *Mike Hammer*) von Darren McGavin und Stacy Keach verkörpert wurde, ist der Inbegriff des Macho: gewalttätig, zynisch und frauenverachtend.

Happy days are here again

Wahlkampfslogan von Franklin Delano Roosevelt aus dem Jahr 1932, nach einem populären Song von Milton Ager und Jack Yellen.

Hard Rock

Spitzname des Verwaltungsgebäudes der →ABC in New York.

Hardy, Andy

von Mickey Rooney gespielter jugendlicher Held aus 16 in deutschen Kinos nie gezeigten Filmen um die Bilderbuchfamilie Hardy in Carvel. 1942 erhielt MGM, das Studio der Hardy-Filme, einen Spezial-Oskar »for its achievement in representing the American Way of Life«. Zu den meist unter der Regie von George B. Seitz entstandenen Hardy-Filmen zählen: *A Family*

Affair (1937); *You're Only Young Once* (1938); *Judge Hardy's Children* (1938); *Love Finds Andy Hardy* (1938); *Out West with the Hardys* (1938); *The Hardys Ride High* (1939); *Andy Hardy Gets Spring Fever* (1939); *Judge Hardy and Son* (1939); *Andy Hardy Meets Debutante* (1940); *Andy Hardy's Private Secretary* (1941); *Life Begins for Andy Hardy* (1941); *The Courtship of Andy Hardy* (1942); *Andy Hardy's Double Life* (1942); *Andy Hardy's Blonde Trouble* (1944); *Love Laughs at Andy Hardy* (1946); *Andy Hardy Comes Home* (1958).

The Hardy Boys
Frank und Joe Hardy, zwei jugendliche Detektive einer Kinderbuchreihe, die unter dem Pseudonym Franklin W. Dixon wiederum aus der ›Schreibfabrik‹ von Edward Stratemeyer und seiner Tochter Harriet Adams (→*Bobbsey Twins*) stammte. Die Hardy Boys haben einen berühmten Privatdetektiv zum Vater, Fenton Hardy, der sie von Kindesbeinen an in der Kunst der Kriminalistik unterwiesen hat. Seit ihrem Debüt, 1927, in dem Roman *The Tower Treasure*, entdeckt jede amerikanische Generation die Hardy Boys von neuem. In Deutschland sind einige Titel der Reihe im Schneider Verlag erschienen (*Die Hardy Boys*). Zwischen 1977 und 1979 entstand eine Fernsehserie, in der das Bruderpaar von Shaun Cassidy und Parker Stevenson dargestellt wurde: *The Hardy Boys Mysteries*.

Harlem Globetrotters
1927 von Abe Saperstein gegründetes Basketballteam, das technisch perfekte Showelemente in seine Spiele einbaut.

Harlequin
ein auf Liebesromane spezialisierter Verlag im Besitz der kanadischen Torstar-Gruppe. Seit Gründung von Harlequin Enterprises Ltd. 1949 veröffentlichte der Verlag über 7.000 Herz-Schmerz-Epen, mal romantisch in Reihen wie *Harlequin Presents*, *Intrigue* und *Romance*, mal verkappt pornografisch (sogenannte ›bodice-rippers‹) unter dem Signet *Temptation*. Das britische Pendant zu Harlequin, der Verlag Mills & Boon, ist ein Tochterunternehmen von Torstar.

Harvey
ein fast zwei Meter großer Hase, der unsichtbare Freund von Elwood P. Dowd aus dem Theaterstück *Harvey* von Mary Chase, das von Henry Kostner 1950 mit James Stewart als Dowd verfilmt wurde (dt. *Mein Freund Harvey*).

Hatfields and McCoys

zwei Familienclans aus den Appalachen, deren um 1880 ausgebrochener Zwist mehrere Menschenleben kostete und selbst dreißig Jahre später noch nicht ganz beigelegt war. Warum sich die Hatfields und McCoys bekriegten, ist heute vergessen; ihre Namen leben aber als Bezeichnung für zwei unversöhnliche Parteien weiter.

Hays Code

Liste mit Tabuthemen für Kinofilme, die 1930 von Will H. Hays, 1878–1954, dem ersten Vorsitzenden der Motion Picture Association of America (MPAA), herausgegeben wurde. Nach Hays wurde die von den großen Hollywoodstudios 1922 gegründete MPAA auch Hays Office genannt. Zu den Tabuthemen gehörten unter anderem gemischtrassige Beziehungen und die offene Darstellung von Sex. Der Hays Code blieb bis Mitte der 60er Jahre in Kraft.

HBO

Home Box Office; ein Pay-TV-Sender wie Showtime, The Movie Channel (TMC), Disney und Cinemax, der rund um die Uhr und von keiner Werbung unterbrochen Kinofilme zeigt.

He who dies with the most toys wins

berühmte Kapitalismus-Definition des Verlegers Malcolm Forbes, 1919–1990. (→Capitalist Tool)

Hearst, Patty

*1954; die Erbin des Hearst-Zeitungsimperiums wurde am 4. Februar 1974 von der Terrorgruppe Symbionese Liberation Army (SLA) entführt, verscherzte sich jedoch die Sympathie der amerikanischen Öffentlichkeit, als sie einige Monate später als Terroristin Tanya auf einer Videoaufnahme bei einem Überfall auf die Hibernia Bank in San Francisco zu sehen war. Obwohl Patty Hearst während ihres Prozesses aussagte, die Angehörigen der SLA hätten sie einer Gehirnwäsche unterzogen und zur Teilnahme an ihren Terrorakten gezwungen, wurde sie zu sieben Jahren Gefängnis verurteilt und erst 1979 von Präsident Carter begnadigt.

Hef

Spitzname von Hugh Hefner, *1926, dem Gründer und Herausgeber des seit 1953 erscheinenden Monatsmagazins *Playboy*. Seit 1988 führt Hefners Tochter Christie das *Playboy*-Imperium.

Hell's Angels

Anfang der 50er Jahre in Kalifornien entstandene Rokkergruppe mit einem geflügelten Totenkopf als Abzeichen, deren Outfit − Tätowierungen, Lederjacken und -mützen, ärmellose Jeanswesten, lange Haare, Ohr- und Nasenringe für Männer −, die Subkultur und Mode bis in die 90er Jahre prägen. Das traditionelle Gefährt der Hell's Angels ist eine Harley-Davidson, liebevoll ›hog‹ genannt. Der berühmteste Hell's Angel, ihr Anführer Sonny Barger, protestierte immer wieder vehement gegen das kriminelle Image, das die Presse den Höllenengeln andichte. Also: Die seit Mitte der 60er Jahren auch in Westeuropa vertretenen Hell's Angels sind keine Drogendealer und Gewaltverbrecher, sondern friedliebende, hilfsbereite Motorradfreunde und vermöbeln höchstens Journalisten, die was anderes schreiben.

Hell's Kitchen

Bezirk auf der Lower West Side in Manhattan zwischen der 59. und 40. Straße mit vielen Restaurants, Drogendealern und Prostituierten.

Helmsley, Leona

*1921, Besitzerin einer Hotelkette und New Yorker Societygröße, die 1991 in einem spektakulären Steuerhinterziehungsprozeß zu einer Geldstrafe von 7,2 Millionen Dollar und vier Jahren Gefängnis verurteilt wurde.

Here's looking at you, kid

sagt Rick →Blaine (Humphrey Bogart) zu Ilsa Lund (Ingrid Bergman) in Michael Curtiz' Kultfilm *Casablanca*. In der deutschen Synchronisation wurde aus dem im Amerikanischen gar nicht so ungebräuchlichen Trinkspruch das bizarre »Ich schau dir in die Augen, Kleines«.

Hershey Bar

Markenname eines von Milton S. Hershey 1894 kreierten Schokoladenriegels, der während des Zweiten Weltkriegs zur Standardverpflegung der G.I. gehörte und dadurch auch in Europa bekannt wurde. Ursprünglich bestand ein Hershey Bar aus Milchschokolade, inzwischen gibt es ihn in mehreren Geschmacksrichtungen. Im Slang ist Hershey Bar ein Spottname für Schwarze sowie eine Bezeichnung für die kleinen goldenen Uniformstreifen, die in den 40er Jahren Angehörigen der amerikanischen Streitkräfte für sechs Monate Überseedienst verliehen wurden. Die Hershey Foods Corporation hat ihren Sitz in Hershey, Pennsylvania, einer Stadt, in der sich alles um die Schokolade dreht (›Chocolate Capital of the World‹). Hershey produziert auch Mr. Goodbar, einen Erdnuß-Schoko-Riegel, und Hershey Kisses, kleine, in Silberfolie verpackte Pralinen. »Taking a Hershey bar from under the glass, Rodney eased himself out from behind the counter ...« (Richard Price, *Clockers*.)

HG

neuer Name der Zeitschrift *House and Garden*.

Hickok, Wild Bill

1837–1876, eigentlich James Butler Hickok, eine legendäre Gestalt der amerikanischen Pionierzeit, die schon zu Lebzeiten die Phantasie der Groschenheftautoren an der Ostküste anregte. Wild Bill Hickok kämpfte auf Seiten der Unionsstaaten im amerikanischen Bürgerkrieg, arbeitete von 1869 bis 1871 als U.S. Marshal in Kansas, trat in *Buffalo Bill's Wild West Show* als Scharfschütze auf und wurde in Deadwood, Dakota Territory, während eines Pokerspiels von Jack McCall erschossen. Das Blatt, das Wild Bill Hickok zu diesem Zeitpunkt auf der Hand hielt, gilt seither als ›dead man's hand‹: zwei Asse und zwei Achten.

Hinckley Jr., John W.

*1957, versuchte am 30. März 1981 in Washington, Präsident Ronald Reagan zu erschießen. Obwohl Sicherheitsbeamte den Attentäter rasch überwältigten, konnte Hinckley fünf Schüsse abgeben, verletzte den Präsidenten und schoß Pressesprecher James Brady in den Kopf. Als Motiv gab Hickley an, daß er die Aufmerksamkeit der Schauspielerin Jodie Foster erregen wollte. Seit dem Attentat engagiert sich das Ehepaar Brady für eine Beschränkung des Waffenverkaufs, eine entsprechende Gesetzesvorlage, die trotz mehrerer Versuche bisher vom Kongreß nicht verabschiedet wurde, heißt ›Brady Bill‹.

His Master's Voice

Titel eines Gemäldes von Francis Barraud, 1856–1924, auf dem sein Hund Nipper ein Grammophon beäugt und offenbar Herrchens Stimme hört. Bild und Spruch sind seit 1900 das Warenzeichen von RCA Victor; seit 1992 taucht Nipper in Werbespots für RCA mit dem Welpen Chipper auf.

Hiss, Alger

*1904, war das prominenteste Opfer der Kommunistenjagd Senator Joseph McCarthys Anfang der 50er Jahre. Aufgrund der höchst zweifelhaften Aussagen von Whittaker Chambers, 1901–1961, vor dem berüchtigten Un-American Activities Committee wurde der zeitweise im amerikanischen Außenministerium und bei den Vereinten Nationen beschäftigte Hiss 1950 zu einer vierjährigen Gefängnisstrafe verurteilt. Eine wichtige Rolle spielte dabei der Fund der sogenannten Pumpkin Papers, vier 35mm-Filmrollen, die Chambers in einem ausgehöhlten Kürbis auf seiner Farm in der Nähe von Westminster, Maryland, versteckt hatte. Obwohl die Pumpkin Papers keinerlei relevantes Material enthielten, bezeichnete der junge republikanische Kongreßabgeordnete Richard M. Nixon sie als Beweis für den größten Landesverrat in der Geschichte der Vereinigten Staaten. Hiss wurde erst 1992 durch Aussagen russischer Historiker vollkommen rehabilitiert.

Hoffa, James

1913–?, Präsident der 1899 gegründeten International Brotherhood of Teamsters, die 1957 wegen ihrer Verbindungen zur Mafia aus dem →AFL-CIO ausgeschlossen wurde. Die über eine Million Mitglieder starke Teamsters-Gewerkschaft kontrollierte unter Hoffa nahezu den gesamten Warenversand in Amerika. Nachdem Attorney General Robert Kennedy Anfang der 60er Jahre zunächst vergeblich versucht hatte, die Macht der Teamster zu brechen, wurde Hoffa 1967 in einem Sensationsprozeß der Korruption für schuldig befunden und wanderte vier Jahre hinter Gitter. Erst nachdem Präsident Richard Nixon 1971 seine Strafe zur Bewährung aussetzte, trat Hoffa vom Vorsitz der Teamsters Union zurück. Sein mysteriöses Verschwinden aus einem Restaurant in Detroit 1975 wurde bis heute nicht aufgeklärt und sichert Hoffa einen festen Platz in jeder besseren Verschwörungstheorie. 1992 drehte Danny DeVito einen Kinofilm über das Leben des Gewerkschaftsbosses (*Hoffa*) mit Jack Nicholson in der Titelrolle.

Hoffman, Abbie

1936–1989, einer der Gründer der Youth International Party (→Yippie), der die vage Protestbewegung der 60er Jahre durch Aktionen wie die Nominierung eines Schweins als Präsidentschaftskandidat zu politisieren versuchte und bis in die 80er Jahre als Enfant terrible der politischen Linken in den USA wirkte.

Hollywood Ten

zehn Produzenten, Regisseure und Autoren, die sich 1947 weigerten, vor dem Un-American Activities Committee über ihre Verbindung zur kommunistischen Partei auszusagen. Alvah Bessie, Herbert Biberman, Lester Cole, Edward Dmytryk, Ring Lardner Jr., John Howard Lawson, Albert Maltz, Sam Ornitz, Adrian Scott und Dalton Trumbo mußten dafür mit schweren Karrierenachteilen bezahlen.

Hoosier

Spitzname der Bewohner Indianas.

Horton

ein Elefant, der in →Dr. Seuss' Kinderbuch *Horton the Elephant* mit bedingungsloser Treue auf ein Ei aufpaßt, das ihm ein leichtsinniger Vogel anvertraut hat.

Horton, Willie

schwarzer Strafgefangener, der während eines Urlaubs auf Ehrenwort eine weiße Frau vergewaltigte. Da Horton seine Haftstrafe in Massachusetts verbüßte, benutzte das Wahlkampfteam von Präsident George Bush den Fall Horton in unzähligen Werbespots, um die liberale Politik des demokratischen Präsidentschaftskandidaten und Gouverneurs von Massachusetts Michael Dukakis anzugreifen.

Houdini, Harry

1874 in Budapest unter dem Namen Eric Weiss geboren, berühmter Zauberer und Entfesselungskünstler. ›The Great Houdini‹, wie er auf Plakaten angekündigt wurde, ließ während seiner Bühnenshows Tiere und Menschen verschwinden und befreite sich aus scheinbar ausweglosen Situationen. Er starb nach einer Vorstellung 1926, als ihm jemand in den Magen schlug, ehe er die Bauchmuskeln anspannen konnte. Houdini ist in mehreren Hollywoodfilmen porträtiert worden (*Houdini*, 1953, *The Great Houdini*, 1976) und taucht auch in E.L. Doctorows brillantem Roman *Ragtime* auf.

H.O.V.

Abkürzung von ›high occupancy vehicle‹; in einigen Bundes-staaten dürfen besonders gekennzeichnete H.O.V.-Spuren nur von Autos mit zwei oder mehr Insassen befahren werden.

Howard Johnson's

1925 von Howard ›Buster‹ Johnson gegründete Eiscreme-Kette (Werbeslogan ›Famous Ice Cream – 28 Flavours‹), die zwischen 1930 und 1960 im Fast food- und Motelbereich expandierte. HoJo's, wie die Motels und Restaurants bald genannt wurden, waren Pioniere des Franchisegeschäfts: die über 1.000 Howard Johnson's sahen alle gleich aus und servierten alle das gleiche Essen zu den gleichen Preisen. Ihre leuchtend orangeroten Dä-cher mit der kirchturmartigen Kuppel waren auf dem Highway schon meilenweit im voraus zu sehen, und die meisten Reisen-den vertrauten der bewährten Uniformität und Sauberkeit eines Howard Johnson's mehr als einer selbständigen Raststätte. Doch in den 80er Jahren stimmte der Werbeslogan ›Howard Johnson's – the Taste of America‹ nicht mehr ganz; die HoJo's-Kette geriet in eine Krise und wechselte mehrfach den Besitzer und damit den Namen. Heute gibt es nur noch etwa zweihun-dert Howard Johnson's.

Howard the Duck

die 1974 von Steve Gerber erdachte Comic-Ente aus einem anderen Raum-Zeit-Kontinuum ist cool, zynisch und abgeklärt, eine Mischung zwischen Donald Duck und Philip Marlowe. 1986 wurde Howard in einem höchst faden Film von Willard Huyck (*Howard the Duck*, dt. *Howard – Ein tierischer Held*) zum Filmstar.

Howdy-Doody

Eine hölzerne Marionette in Cowboykluft mit Segelohren und Apfelbäckchen war der Star dieser zwischen 1947 und 1960 von →NBC ausgestrahlten Kindersendung. Ihr menschlicher Partner Buffalo Bob (Bob Smith) fragte am Anfang jeder Sen-dung die Mädchen und Jungen auf den Zuschauerbänken (die sogenannte Peanut Gallery): »Say, kids, what time is it?«, wor-auf die Kinder aus Leibeskräften schrien: »It's Howdy-Doody Time!« Zu den Figuren, die durch diese Kindersendung populär wurden, zählten der Indianerhäuptling Chief Thunderthud, der den Ausruf ›Cowabunga!‹ erfand, der Clown →Clarabell, Phinaes T. Bluster, der ehrpusselige Bürgermeister von Doodyville, und die Indianerin Princess Summer-Fall Winter-Spring.

Hubbard, L. Ron

1911–1986, arbeitete als Autor von Fantasy- und Science-Fiction-Geschichten, bis er Ende der 40er Jahre seine genialste Idee in die Praxis umsetzte und unter dem Namen Scientology eine neue Kirche gründete. Im Mittelpunkt von Scientology steht Dianetics (dt. Dianetik), eine halbgare Mischung aus Hypnose, Psychoanalyse und mythischen Elementen. Die Anhänger der auch nach Hubbards Tod aktiven Sekte, die im Ruf steht, ihre Gegner mit mafiaähnlichen Praktiken mundtot zu machen, können – nach Absolvierung kostspieliger Kurse – angeblich ihre bisher nicht genutzten Geisteskräfte mobilisieren; davon haben sie zweifellos reichlich.

Huckleberry Finn

Titelheld des klassischen Romans von Mark Twain (Samuel Langhorne Clemens, 1835–1910) *The Adventures of Huckleberry Finn* (1884; dt. *Die Abenteuer des Huckleberry Finn*), der auch schon in *The Adventures of Tom Sawyer* (1876; dt. *Die Abenteuer des Tom Sawyer*) auftaucht. Huck bewahrt seinen schwarzen Freund Nigger Jim vor der Sklaverei und entlarvt mit seinen durchtriebenen Gaunereien die verlogene Moral der Erwachsenenwelt.

Huey, Dewey and Louie

Die drei kleinen Neffen von →Donald Duck heißen in der deutschen Übersetzung von Dr. Erika Fuchs Tick, Trick und Track. Ursprünglich trugen die drei Enteriche recht bösartige Charakterzüge. Zu den freundlich-listigen Besserwissern wandelten sie sich erst Anfang der 50er Jahre in den Comics des Disney-Zeichners Carl Barks. Die wahren Eltern von Huey, Dewey und Louie, die ihren Onkel ›Unca Donald‹ nennen, sind umstritten: in einem Trickfilm von 1938 wird der Name der Mutter als Dumbella Duck angegeben, in einem Comicstrip von 1937 als Bella Duck. Wann schreitet endlich das Entenhausener Jugendamt ein? Huey, Dewey and Louie sind stolze Mitglieder der Junior Woodchucks und helfen sich mit ihrem Junior Woodchucks' Guidebook aus der Klemme; Tick, Trick und Track gehören dem Fähnlein Fieselschweif an und konsultieren in Krisensituationen ihr Schlaues Handbuch.

Hugo

Science Fiction-Literaturpreis, den die Teilnehmer der an wechselnden Orten stattfindenden World SF Convention seit 1953 jährlich in mehreren Kategorien vergeben; benannt ist der Preis nach Hugo Gernsback, der 1926 das erste englischsprachige SF-Magazin *Amazing Stories* herausgab.

Huntley, Chet

1911–1974, moderierte zusammen mit David Brinkley, *1920, zwischen 1956 und 1970 die populäre Nachrichtensendung *The Huntley-Brinkley Report* bei →NBC. Huntley war ganz der seriöse Journalist, Brinkley hatte immer etwas leicht Ironisches an sich.

I am not a crook

beteuerte der auch als ›Tricky Dicky‹ bekannte Richard M. Nixon am 18. November 1973 auf dem Höhepunkt der →Watergate-Affäre.

I cried all the way to the bank

Mit diesen Worten kommentierte der populäre Klavierspieler Liberace, 1919–1987, seine Reaktion auf das vernichtende Urteil der Kritik über seine seichte Unterhaltungsmusik.

I'd walk a mile for Camel

seit den 40er Jahren Werbeslogan für Camel-Zigaretten. Die deutsche Version hieß: ›Für Camel geh ich meilenweit‹.

I Dream of Jeannie

zwischen 1965 und 1970 entstandene TV-Serie (dt. *Bezaubernde Jeannie*) um den Astronauten Captain Tony Nelson (Larry Hagman), der nach seiner Bruchlandung am Strand einer Pazifikinsel eine grüne Flasche findet und den weiblichen Flaschengeist Jeannie (Barbara Eden) daraus entläßt. (Der Name ist ein Wortspiel mit ›genie‹, dem englischen Wort für ›Dschinn‹). Jeannie, nach über 2000 Jahren endlich befreit, sieht den Captain nun als ihren ›Master‹ (dt. ›Meister‹) an und folgt ihm nach Cocoa Beach, Florida. Dort setzt der eifersüchtige Flaschengeist seinen Meister dem Argwohn des Army-Psychologen Dr. Alfred Bellows (Hayden Rorke) aus, der mehr und mehr an Nelsons Geisteszustand zweifelt. Einzig der Astronautenkollege Captain Roger Healey (Bill Daily) glaubt an Jeannies Existenz, die mit Augenzwinkern und Kopfnicken Dinge und

Menschen herbeizaubern kann und durch ihre Unvertrautheit mit den Sitten und Gebräuchen des 20. Jahrhunderts für turbulente Verwicklungen sorgt. Am 2. Dezember 1969 durfte Jeannie ihren Meister schließlich heiraten.

I have a dream

Mit dieser Formel leitete Martin Luther King, 1929–1968, in einer Rede vom 28. August 1963 seine Vision von einem Amerika ohne Rassismus ein. King sprach vor über 250.000 Demonstranten für die Bürgerrechte der schwarzen Bevölkerung in Washington:

So even though we face the difficulties of today and tomorrow, I still have a dream. It is a dream deeply rooted in the American dream. I have a dream that one day this nation will rise up and live out the true meaning of its creed – ›We hold these truths to be self-evident that all men are created equal‹. I have a dream that one day on the red hills of Georgia sons of former slaves and the sons of former slave owners will be able to sit down together at the table of brotherhood. I have a dream that one day even the state of Mississippi – a state sweltering with the heat of injustice, sweltering with the heat of repression – will be transformed into an oasis of freedom and justice. I have a dream that my four little children will one day live in a nation where they will not be judged by the color of their skin but by the content of their character. I have a dream today.

I shall return

erklärte General Douglas MacArthur, 1880–1964, als er, nach erzwungenem Rückzug von den Philippinen, am 20. März 1942 in Australien ankam.

I think this is the beginning of a beautiful friendship

eine weitere berühmte Stelle aus dem Kultfilm *Casablanca* von Michael Curtiz. Rick →Blaine (Humphrey Bogart) sagt den Satz am Ende des Films zu Captain →Renault (Claude Rains). Die deutsche Synchronfassung übersetzt: »Ich glaube, dies ist der Beginn einer wunderbaren Freundschaft.«

I want to be alone

sagte Greta Garbo in dem 1932 entstandenen Hollywoodklassiker *Grand Hotel*; das Zitat wurde zum Motto ihres späteren Einsiedlerlebens.

Iceman

Spitzname von Richard Kuklinski, einem für die Mafia arbeitenden Profikiller, der seine Opfer einige Jahre auf Eis legte, ehe er sie auftaute und verschwinden ließ. 1987 wurde Kuklinski von einem FBI-Undercoveragenten überführt. Die Zahl seiner Opfer bleibt ungeklärt – der Iceman war immerhin 30 Jahre im Geschäft.

Idlewild

alter Name des New Yorker Flughafens John F. Kennedy International (kurz →JFK), der am 1. Juli 1948 unter dem offiziellen Namen New York International eröffnet, aber bis zur Umbenennung am 24. Dezember 1963 meist Idlewild genannt wurde.

If you can't stand the heat, get out of the kitchen

soll Präsident Harry S. Truman gesagt und damit seinen Verzicht auf eine zweite Amtszeit begründet haben.

Ihop

Abkürzung der Restaurantkette International House of Pancakes.

Ike

Spitzname von Dwight D. Eisenhower, 1890–1969. Der Wahlkampfslogan für den Kriegshelden und republikanischen Präsidentschaftskandidaten 1952 lautete ›I like Ike‹. Sein demokratischer Widersacher Adlai Stevenson, 1900–1965, ließ daraufhin ›I like Ike but I am going to vote for Stevenson‹ plakatieren.

In God We Trust

Staatsmotto der Vereinigten Staaten, seit 1864 auf allen amerikanischen Münzen und Banknoten zu lesen.

In your heart you know he's right

ein Slogan des ultrakonservativen Republikaners Barry Goldwater, *1909, im Präsidentschaftswahlkampf gegen Lyndon B. Johnson. →LBJ konterte mit: ›In your guts you know he's nuts‹.

Inauguration Day

Tag der Amtseinführung des amerikanischen Präsidenten; der 20. Januar des auf den →Election Day folgenden Jahres.

The Incredible Hulk

(dt; Der unglaubliche Hulk), ein von Stan Lee und Jack Kirby 1962 erfundener Comic-Held. Hulks Alter ego ist der Kernphysiker Dr. Bruce Banner, der einst der Strahlung einer ›Gammabombe‹ ausgesetzt war und sich seitdem in Streßzeiten in das grüne Ungetüm verwandelt. Als Hulk ist er nicht gerade der Hellste, setzt seine rohen Kräfte aber gegen Verbrecher ein und arbeitet zuweilen mit der Polizei zusammen. In der zwischen 1978 und 1982 entstandenen TV-Serie (*The Incredible Hulk*, dt. *Hulk*) wurde Dr. Banner, der sich nie an seine Eskapaden als grüner Riese erinnern kann, von Bill Bixby und Hulk von Bodybuilder Lou Ferrigno verkörpert.

Independence Day

der am 4. Juli begangene Nationalfeiertag der Vereinigten Staaten, oft auch ›Fourth of July‹ genannt, zur Erinnerung an die Verabschiedung der Declaration of Independence am 4. Juli 1776.

Indy

1. Kurzform für die Indianapolis 500, ein seit 1911 im Mai ausgetragenes Rennen auf dem Rundkurs des Indianapolis Motor Speedway.

2. Spitzname von Indiana Jones. Harrison Ford spielte den Abenteurer und Archäologen mit Schlapphut und Nilpferdpeitsche in der von Steven Spielberg und George Lucas konzipierten Indiana Jones-Trilogie: *Raiders of the Lost Ark* (1981; dt. *Jäger des verlorenen Schatzes*), *Indiana Jones and the Temple of Doom* (1984; dt. *Indiana Jones und der Tempel des Todes*) und *Indiana Jones and the Last Crusade* (1989; dt. *Indiana Jones und der letzte Kreuzzug*). In einer 1992 von George Lucas produzierten aufwendigen Fernsehserie (*The Adventures of Young Indiana Jones*, dt. *Abenteuer des jungen Indiana Jones*) wird Indy von Corey Carrier und Sean Flanery gespielt.

Injun Joe

der Bösewicht aus dem 1876 erschienen Klassiker von Mark Twain (Samuel Langhorne Clemens, 1835–1910) *The Adventures of Tom Sawyer* (dt. *Die Abenteuer des Tom Sawyer*).

Insurance City

Spitzname von Hartford, Connecticut, wo mehrere große Versicherungskonzerne wie Aetna und Travelers ihren Stammsitz haben.

Irangate

in Anspielung auf →Watergate geprägte Bezeichnung für den 1986 von amerikanischen Regierungsstellen entwickelten Plan, am Kongreß vorbei mit Geld aus Waffenlieferungen an den Iran die Verbände der Contras in Nicaragua zu unterstützen. Die Konsequenzen für Irangate mußten Lieutenant Colonel Oliver North sowie sein Vorgesetzter Admiral John Poindexter tragen. Sowohl Präsident Ronald Reagan wie sein Vize George Bush verschanzten sich hinter der Behauptung, nicht informiert gewesen zu sein, wobei sie die jetzt oft ironisch zitierte Redewendung »out of the loop« benutzten.

Iron Men

fünf Mafiosi, die während der 30er Jahre in Kansas City den gesamten Polizei- und Verwaltungsapparat bis hinauf zum Bürgermeister kontrollierten. Die Five Iron Men waren Jim Balestrere, Charley Binaggio, Charley ›Mad Dog‹ Gargotta, ›Fat Tony‹ Gizzo und Tano Lococo.

IRS

Internal Revenue Service, das gefürchtete amerikanische Finanzamt. »'Cause I do it up front with cash, the IRS is gonna say, Whoa, how you pay for this?« (Richard Price, *Clockers*.)

It Girl

Spitzname der Stummfilmschauspielerin Clara Bow, 1905–1965. Das ›It‹ steht für Bows Sexappeal und bezieht sich auf den 1927 nach Elinor Glyns Roman entstandenen Film *It*, in dem Bow eine Verkäuferin spielte, die ihren Boß heiraten will. Sexskandale, Gewichtsprobleme und das Aufkommen des Tonfilms beendeten Bows Kinokarriere 1933; ihr Spitzname wurde vielfach auf andere Sexsymbole übertragen.

It's fingerlickin' good

Werbeslogan von Kentucky Fried Chicken in den 70er Jahren.

Ivan the Terrible

Spitzname von Ivan Boesky, *1937, einem für seine skrupellose Taktik bei ›feindlichen Übernahmen‹ von Firmen berüchtigten

Wall-Street-Broker. 1986 wurde er wegen Insidertrading verhaftet, arbeitete jedoch eine Zeitlang als Informant für das amerikanische Justizministerium weiter. Boesky, der zu drei Jahren Gefängnis und einer Geldstrafe von 100 Millionen Dollar verurteilt wurde, war das Vorbild für Gordon Gecko (Michael Douglas) in Oliver Stones Kinofilm *Wall Street*.

Ivy League

metaphorische Bezeichnung für eine Reihe traditionsreicher und prestigeträchtiger Colleges und Universities im Nordosten der USA, in Anspielung auf ihre efeu-überwucherten Gebäude. Zur Ivy League gehören: Brown, Columbia, Cornell, Dartmouth, Harvard, Princeton, die University of Pennsylvania und Yale.

Iwo Jima

eine der Vulkan-Inseln im Pazifik, die während des Zweiten Weltkriegs der japanischen Luftwaffe als Basis diente. Am 23. Februar 1945 fotografierte Joe Rosenthal nach der Landung eines Marineinfanterieregiments das Hissen der amerikanischen Flagge auf dem Gipfel des erbittert umkämpften Mount Suribachi. Das Foto wurde zum Symbol der amerikanischen Kriegsanstrengungen und diente als Vorlage für ein in Washington D.C. errichtetes Bronzedenkmal. Tatsächlich war Rosenthals Aufnahme gestellt – die Marines hatten das Sternenbanner bereits einige Stunden zuvor aufgepflanzt.

Jack-In-The-Box

landesweit vertretene Fast-food-Kette.

Jacuzzi

Markenname von Whirlpools, nach den Erfindern Roy und Candido Jacuzzi. Jacuzzis sind der Inbegriff des kalifornischen Lifestyle.

James, Jesse

1847–1882, legendärer Western-Outlaw. Jesse kämpfte zusammen mit seinem Bruder Frank James im amerikanischen Bürgerkrieg auf Seiten der Konföderierten. Er führte fünfzehn Jahre lang eine auf Zugüberfälle und Bankeinbrüche spezialisierte Bande an und wurde von einem Angehörigen der eigenen Gang erschossen.

JAP

Abkürzung für Jewish American Princess, eine abwertende Bezeichnung für eine verhätschelte Tochter reicher jüdischer Eltern.

Jar Wars

ironische Bezeichnung, anspielend auf →*Star Wars*, für ein 1986 unter Präsident Ronald Reagan begonnenes Programm gegen Drogenmißbrauch, das von allen Regierungsangestellten Urinproben verlangte (jar = Glas, Gefäß).

J.C. Penney

von John Cash Penney gegründete Warenhauskette, die auch im Versandgeschäft tätig ist.

Jell-O

von der General Foods Corporation in vielen Geschmacksrichtungen hergestellter Wackelpudding; Werbeslogan: ›America's most famous dessert‹. Seit einigen Jahren sind sogenannte Jell-O shots ein beliebter Partygag; der Pudding wird dabei mit Wodka statt mit Wasser zubereitet.

Jeopardy!

seit 1964 auf →NBC ausgestrahlte Quizshow mit Art Fleming (ab 1984 Alex Trebek), in der die Kandidaten Fragen zu vorgegebenen Antworten formulieren müssen. Die deutsche Version von *Jeopardy!* läuft unter dem Titel *Riskant!* mit dem Moderator Hans-Jürgen Bäumler.

The Jetsons

65teilige Zeichentrickserie von 1962 (dt. *Die Jetsons*), das Science-Fiction-Pendant der *Flintstones* und wie diese von Joe Barbera und William Hanna erdacht und produziert. Ähnlich den Feuersteins boten auch die Jetsons ein satirisches Abbild des American Way of Life der 60er Jahre: während Vater George Jetson seine Brötchen bei Spacely Space Sprockets Incorporated verdiente und sich dort von seinem Chef Cosmo G. Spacely tyrannisieren lassen mußte, kümmerte sich seine Ehefrau Jane Jetson mit Unterstützung der Robot-Dienstmagd Mary ums traute Heim in den Skypad Apartments; Tochter Judy, ein kichernder Teenager, schwärmte für Beatnik-Barden, während Sohn Elroy mit futuristischen Experimentierkästen oder dem riesigen Familienhund Astro spielte. Durch zahlreiche Wiederholungen blieben die *Jetsons* so populär, daß 1990 von Universal unter dem Titel *The Jetsons: The Movie* eine Kinofassung der Space Opera produziert wurde.

JFK

1. John F. Kennedy, 1917–1963.
2. Der New Yorker Flughafen John F. Kennedy International. (→Idlewild)

Jif

Markenname einer Erdnußbuttersorte; Werbeslogan: ›Choosey mothers choose Jif‹.

Jiffy Bag

Markenname von wattierten Versandtaschen.

Jim Crow

Spottname für Schwarze nach dem Titel eines Minstrelsongs Anfang des 19. Jahrhunderts; inzwischen als Bezeichnung für rassistische Praktiken gebraucht: ›A Jim Crow lawyer‹.

Jiminy Cricket

(dt. Jiminy Grille), der mit Pinocchio befreundete Grashüpfer aus dem Walt Disney-Zeichentrickfilm von 1940; sein Song *When You Wish Upon a Star* wurde mit dem →Oscar ausgezeichnet.

Jimmy the Greek

Spitzname von James Snyder. Der Buchmacher der Nation schreibt in einer landesweit nachgedruckten Zeitungskolumne über alles, worauf man wetten kann: Präsidentschaftswahlen, Pferderennen, Boxkämpfe, Footballspiele und so weiter.

Joe Six-Pack

der amerikanische ›Otto Normalverbraucher‹, auch Joe Blow, John Q. Public oder John Doe genannt. Das Pendant zu ›Lieschen Müller‹ heißt Jane Doe.

John Birch Society

Antikommunistischer Geheimbund, 1958 von Robert Welch Jr., 1899–1985, gegründet. John Birch war ein Baptistenmissionar, der 1945 in China wegen seiner Tätigkeit für den amerikanischen Geheimdienst hingerichtet wurde. Die Mitglieder der stockkonservativen John Birch Society nennen sich Bircher oder Birchist.

Johnny Reb
ein Ausdruck für den durchschnittlichen Südstaaten-Soldaten während des amerikanischen Bürgerkriegs.

Johnson, Earvin ›Magic‹
*1959, Basketball-Superstar der Los Angeles Lakers. ›Magic‹ gab im Dezember 1991 bekannt, daß er HIV-positiv sei, und zog sich aus dem Profisport zurück. Ein Comebackversuch 1992 scheiterte an der Angst seiner Kollegen, sich durch eine Verletzung mit dem Virus zu infizieren.

Jolly Green Giant
Grüner Riese aus der Werbung für Green Giant-Dosengemüse; ihm zur Seite steht ein Helfer namens Little Green Sprout.

Jones, Casey
1863–1900, eigentlich John Luther Jones, legendärer Lokführer des Illinois Central ›Cannonball‹ Express. Jones starb bei dem Versuch, seinen Zug vor der Kollision mit einem entgegenkommenden Güterzug zu bewahren. Man fand seine Leiche mit einer Hand an der Bremse. Vielfach in Countrysongs besungen (*The Ballad of Casey Jones*).

Jonestown Massacre
der am 18. November 1978 von Reverend Jim Jones, 1933–1978, angeordnete Massenselbstmord seiner People's Temple-Sekte in Jonestown, Guyana. 914 Männer, Frauen und Kinder starben durch eine mit Zyankali versetzte Limonade (→Kool-Aid). Vorausgegangen war der Besuch einer Untersuchungskommission unter Leitung des Kongreßabgeordneten Leo Ryan, deren Angehörige auf Anweisung von Jones am 14. November 1978 erschossen wurden.

Jor-El
Vater von →Superman, verheiratet mit →Lara, der seinen Sohn kurz vor der Explosion seines Heimatplaneten →Krypton in einer Raumfähre zur Erde schickt. Marlon Brando spielte den Wissenschaftler in Richard Donners Kinoepos *Superman* von 1978.

Jorgensen, Christine
1923–1989, als George Jorgensen in New York City geborener Transsexueller, dessen Geschlechtsumwandlung 1951 in Schweden für internationale Schlagzeilen sorgte. Jorgensen trat

in den 50er Jahren als Kabarettistin auf und versuchte sich auch als Filmschauspielerin.

JPL

das zur NASA gehörende Jet Propulsion Laboratory in Pasadena, Kalifornien.

Jungle Jim

1934 von Alex Raymond erfundener Comic-Held, oft als ›Tarzan in Kleidern‹ beschrieben. Folglich spielte Johnny Weismuller, nachdem er für seine →Tarzan-Rolle zu alt geworden war, den Urwaldhelden in 16 billigen Abenteuerfilmen. Zu der Jungle-Jim-Reihe gehören: *Jungle Jim* (1948; dt. *Das Geheimnis von Zimbalu*), *The Lost Tribe* (1949; dt. *König der Dschungel*), *Captive Girl* (1950; dt. *Die Dschungelgöttin*), *Mark of the Gorilla* (1950; dt. *Diamantenjagd im Urwald*), *Pygmy Island* (1950; dt. *Dschungel Jim: Buschteufel im Dschungel*), *Fury of the Congo* (1951; dt. *Hölle am Kongo*), *Jungle Manhunt* (1951), *Jungle Jim in the Forbidden Land* (1952; dt. *Schrei aus dem Dschungel*), *Voodoo Tiger* (1952), *Savage Mutiny* (1953; dt. *Der Retter von Tulanga*), *Valley of the Headhunters* (1953; dt. *Die Gefangene der Kopfjäger*), *Killer Ape* (1953), *Jungle Man-Eaters* (1954; dt. *Urwald in Aufruhr*), *Cannibal Attack* (1954), *Jungle Moon Men* (1955; dt. *Die Herrscher des Dschungels*) und *Devil Goddess* (1955).

Just say NO

Slogan einer staatlichen Kampagne zur Bekämpfung des Rauschgiftmißbrauchs, Mitte der 80er Jahre unter Schirmherrschaft von Nancy Reagan gegründet. Der von vielen Betroffenen als zynisch empfundene Slogan wird oft in anderem Zusammenhang zitiert.

K

der Anfangsbuchstabe von Kilo als Abkürzung für 1000; »he owed me 10 K«.

K Mart

landesweit vertretene Warenhauskette, die zum Symbol für das einfache Amerika von →Joe Six-Pack und Jane Doe wurde. »If President Bush wants to know what the people think, all he needs to do is go to the nearest K Mart and talk to them.« (Ross Perot, *Larry King Live*.)

K ration

nach dem Physiologen Ancel B. Keys benannte Feldrationen der US Army im Zweiten Weltkrieg. K rations, die es als Breakfast, Dinner und Supper gab, konnten kalt oder warm gegessen werden.

The Katzenjammer Kids

1897 erfand der deutsche Einwanderer Rudolph Dirks, 1877–1968, für das *New York Journal* diesen Comicstrip um den blonden Hans und den dunkelhaarigen Fritz. Die Katzenjammer Kids hecken laufend üble Streiche aus und lassen auch sonst viel Ähnlichkeit mit Wilhelm Buschs *Max und Moritz* erkennen. Wegen gerichtlicher Auseinandersetzungen um das Copyright und der durch den Ersten Weltkrieg bedingten deutschfeindlichen Stimmung erschien die Serie auch unter dem Titel *The Captain and the Kids*.

K.C.

Knights of Columbus; 1882 gegründeter katholischer Männerbund, der sich für wohltätige Zwecke engagiert.

Keeping Up with the Joneses

Titel eines 1913 von Arthur R. Momand erdachten Zeitungsstrips über eine Familie, die um jeden Preis mit der scheinbaren Wohlhabenheit ihrer Nachbarn mithalten will und Opfer eines eskalierenden Konsumterrors wird. Der Titel ging als Redewendung in die Umgangssprache ein.

Kelly Services

wie Adia, Dunhill, Norell, First Word, Olsten, Snelling und Talent Tree ein landesweit vertretenes Unternehmen, das auf Verleih von Zeitarbeitskräften spezialisiert ist. »... as though he'd called in sick and I were the equally qualified temporary sent by some Kelly Services of love.« (Michael Chabon, *Ocean Avenue.*)

Kent State

Bei einer friedlichen Kundgebung gegen den Vietnamkrieg von Studenten der Kent State University in Kent, Ohio, eröffneten Angehörige der Nationalgarde am 4. Mai 1970 das Feuer auf die Demonstranten, töteten vier Studenten und verletzten neun weitere. Kent State wurde zum Symbol für staatliche Willkürmaßnahmen.

Kettle, Ma and Pa

Hinterwäldler-Ehepaar (gespielt von Marjorie Main und Percy Kilbridge) aus zehn Hollywood-Komödien, die zwischen 1947 und 1957 entstanden: *The Egg and I* (1947; dt. *Das Ei und ich*), *Ma and Pa Kettle* (1949), *Ma and Pa Kettle Go To Town* (1950), *Ma and Pa Kettle Back on the Farm* (1951), *Ma and Pa Kettle at the Fair* (1952), *Ma and Pa Kettle on Vacation* (1953), *Ma and Pa Kettle at Home* (1954), *Ma and Pa Kettle at Waikiki* (1955), *Ma and Pa Kettle in the Ozarks* (1956), *The Kettles on Old MacDonald's Farm* (1957; mit Parker Fennelly als Pa Kettle).

Kewpie Doll

Markenname nach dem römischen Liebesgott Cupido für eine mollige Puppe mit großen Babyaugen, die seit 1908 im Handel ist.

Key, Francis Scott

Der Rechtsanwalt aus Georgetown, D.C., schrieb als Geisel an Bord der britischen H.M.S. Surprise in der Nacht vom 13. auf den 14. September 1814 das Gedicht *The Star-Spangled Banner*, dessen Text 1931 zur offiziellen Nationalhymne der Vereinigten Staaten avancierte. Die früher unter dem Titel *Anacreon in Heaven* bekannte Melodie von *The Star-Spangled Banner* wird dem britischen Komponisten John Stafford Smith zugeschrieben.

The Star-Spangled Banner

O say, can you see, by the dawn's early light,
What so proudly we hail'd at the twilight's last gleaming?
Whose broad stripes and bright stars, thro' the perilous fight,
O'er the ramparts we watch'd, were so gallantly streaming?
And the rockets' red glare, the bombs bursting in air,
Gave proof thro' the night that our flag was still there.
O say, does that star-spangled banner yet wave
O'er the land of the free and the home of the brave?

On the shore dimly seen thro' the mists of the deep,
Where the foe's haughty host in dread silence reposes,
What is that which the breeze, o'er the towering steep,
As it fitfully blows, half conceals, half discloses?
Now it catches the gleam of the morning's first beam,
In full glory reflected, now shines on the stream:

T'is the star-spangled banner: O, long may it wave
O'er the land of the free and the home of the brave!

And where is that band who so vauntingly swore
That the havoc of war and the battle's confusion,
A home and a country should leave us no more?
Their blood has wash'd out out their foul footsteps' pollution.
No refuge could save the hireling and slave
From the terror of flight or the gloom of the grave:
And the star-spangled banner in triumph doth wave
O'er the land of the free and the home of the brave.

O thus be it ever when free-men shall stand
Between their lov'd home and the war's desolation;
Blest with vict'ry and peace, may the heav'n-rescued land
Praise the Pow'r that hath made and preserv'd us a nation!
Then conquer we must, when our cause it is just,
And this be our motto: »In God is our trust!«
And the star-spangled banner in triumph shall wave
O'er the land of the free and the home of the brave!

Keystone Kops

Komikertruppe unter Leitung von Ford Sterling, die als tölpel-
hafte Polizisten zwischen 1912 und 1920 in zahlreichen
Stummfilmen der Keystone Studios auftraten.

Kildare, Dr. James

Halbgott in Weiß aus einem Romanzyklus von Max Brand, der
die Vorlage abgab für eine Reihe von Arzt-Melodramen der
MGM-Studios zwischen 1938 und 1947. Kildare arbeitete als
Assistenzarzt im Blair Hospital, wo ihm der väterliche Dr.
Leonard Gillespie mit Rat und Tat zur Seite stand. 1961 wurde
Dr. Kildare für eine erfolgreiche, auch in Deutschland gezeigte
Seifenoper (*Dr. Kildare*) reaktiviert, in deren 200 Folgen Rich-
ard Chamberlain die Titelrolle spielte und Raymond Massey
den bärbeißigen Dr. Gillespie.

Kilroy was here

Wo immer während des Zweiten Weltkriegs amerikanische
Truppen waren, tauchte bald das Graffiti ›Kilroy was here‹ auf.
Wer der Erfinder des allgegenwärtigen Kilroy war, blieb bis
heute ungeklärt.

The King

Elvis Aron Presley, 1935–1977.

King Kong

Der größte Leinwand-Lover aller Zeiten gab sein Debüt in Merian C. Coopers und Ernest B. Schoedsacks 1932 entstandenem Film *King Kong* (dt. *King Kong und die weiße Frau*), an dessen Drehbuch Edgar Wallace beteiligt war.

Der Riesengorilla King Kong wird von den Eingeborenen der mit noch diversen anderen Urviechern bevölkerten Südseeinsel Skull Island als Gottheit verehrt. Als der amerikanische Regisseur Carl Denham an Bord der ›Venture‹ mit einem Filmteam zu Dreharbeiten auf die Insel kommt, entführen die Eingeborenen die Hauptdarstellerin Ann Darrow, um sie King Kong als Menschenopfer darzubringen. In einer dramatischen Rettungsaktion gelingt es John Driscoll, dem Steuermann der Venture, Darrow zu retten, und Denham kann King Kong per Schiff nach New York verfrachten, wo er ihn entgegen allen Warnungen als achtes Weltwunder ausstellen will. Verstört durch das Blitzlichtgewitter der Pressefotografen und die Anwesenheit Darrows unter den Zuschauern, sprengt Kong seine Ketten, verschleppt die Schauspielerin und klettert mit ihr aufs Empire State Building. Hoch oben auf der Kuppel des damals höchsten Gebäudes der Welt verteidigt er sich gegen ein Geschwader von Doppeldeckern, bis ihn schließlich die MG-Garbe eines der Flugzeuge – mit den Regisseuren Schoedsack und Cooper als Besatzung – tödlich verwundet. Nach einem tränenverschleierten Blick auf Ann Darrow stürzt er in die Tiefe.

Der Mythos des prähistorischen Monsters in der fortschrittsgläubigen Metropole fand zahlreiche Fortsetzungen. Noch im Jahr der Erstaufführung von *King Kong* drehte Schoedsack *The Son of Kong*, eine eilig zusammengestoppelte Persiflage, die in Deutschland nie in die Kinos kam, und 1949 *Mighty Joe Young* (dt. *Panik um King Kong*). In den 70er Jahren verhalfen japanische Regisseure King Kong zu einem Comeback und ließen ihn mal als Affen aus Fleisch und Blut, mal als Roboter gegen Godzilla & Co. kämpfen. 1976 fabrizierte John Guillermin ein enttäuschendes Remake (*King Kong*) und ließ zehn Jahre später eine Fortsetzung folgen (*King Kong Lives*, dt. *King Kong lebt*), die, entgegen ihrem Titel, eine Totgeburt war.

King of Swing
Benny Goodman, 1909–1986.

King, Rodney
ein schwarzer Autofahrer, der am 3. März 1991 zu schnell durch ein Wohngebiet in Los Angeles fuhr, von Polizisten gestoppt wurde und sich der Festnahme widersetzte. Daraufhin prügelten vier Polizisten mit Schlagstöcken auf King ein, weitere 19 Beamte sahen tatenlos zu. Ein Videoamateur filmte zufällig die brutale Mißhandlung. Als über ein Jahr später ein Geschworenengericht, in dem kein einziger Schwarzer saß, die vier Polizisten freisprach, kam es in Los Angeles zu den schlimmsten Rassenunruhen in der Geschichte der Stadt. ›No justice, no peace!‹ hieß die Parole der aufgebrachten Demonstranten. Doch was als Protest gegen Rassismus begann, verwandelte sich rasch in eine Orgie von Haß, Mord und Zerstörung. Am Ende der Ausschreitungen in Los Angeles standen 58 Tote, 2116 Verletzte, 7496 Verhaftungen, über 5000 zerstörte Gebäude und ein Sachschaden in Milliardenhöhe. In einer Neuauflage des Prozesses Anfang 1993 wurden zwei der vier Polizisten wegen übertriebener Gewaltanwendung verurteilt.

Kingfish
1. Spitzname von Huey P. Long, 1893–1935, der während seiner Amtszeit als Gouverneur und Senator von Louisiana (1928–1935) den Bundesstaat wie ein absoluter Herrscher regierte.
2. Titel des Oberhaupts der ›Mystic Knights of the Sea Lodge‹ in der Radioserie →Amos 'n' Andy.

Kirk, Captain James T.
Kommandant des Raumschiffs →Enterprise aus der TV-Serie →Star Trek. Kirk, den William Shatner, *1931, spielt, stammt aus Riverside in Iowa. Er ist zu Beginn der Serie 34 Jahre alt und damit der jüngste Kapitän in der Geschichte der Sternenflotte. Das ›T.‹ steht für Tiberius, von seinen Freunden wird er ›Jim‹ genannt. Shatners ebenso verzweifelte wie langfristig erfolglose Diätbemühungen führten zum Sport des ›Kirk Watching‹. Am Leibesumfang des Serienstars können →Trekkies erkennen, wann die Folge abgedreht wurde. Kirk eröffnet jede Episode mit einem Logbucheintrag: »Computer-Logbuch der

Enterprise, Sternzeit 8031 Punkt 3, Captain Kirk ...«. Meist darf
er auch den berühmtesten *Star Trek*-Spruch sagen: →»Beam me
up, Scotty«, und natürlich bestimmt Kirk von seinem
Fernsehsessel auf der Brücke der Enterprise auch, wohin die
Reise gehen soll: »Ahead warp factor five, Mr. Sulu« (»Gehen
Sie auf Warp Fünf, Mr. Sulu«). In den seit Ende der 70er Jahre
entstanden *Star Trek*-Kinofilmen ist Kirk zum Admiral avanciert.

Kiwanis

1915 gegründete Vereinigung von Geschäftsleuten, die sich
wohltätigen Zwecken verschrieben hat. Die landesweit vertretenen Kiwanis Clubs sind ähnlich wie die Rotary oder Lions
Clubs organisiert. Vergleichbare Einrichtungen sind der Loyal
Order of the Moose (L.O.O.M.) oder der Benevolent and Pro-
tective Order of the Elk (B.P.O.E.).

KKK

Abkürzung des Ku Klux Klan, einer 1866 in Pulaski, Tennessee,
gegründeten rassistischen Geheimgesellschaft, die mit terrori-
stischen Methoden für die Vorherrschaft der Weißen in den
Vereinigten Staaten kämpft. Der Führer der ›Klansmen‹ genannten Angehörigen des Ku Klux Klan trägt den Titel Imperial
Wizard.

Klaatu

pazifistischer Außerirdischer aus Robert Wises Science-Fiction-
Film *The Day the Earth Stood Still* (1951; dt. *Der Tag, an dem die
Erde stillstand*). Klaatu (Michael Rennie) besucht die Erde in
Begleitung eines gesichtslosen silbernen Roboters namens
Gort, um die Menschheit vor den Gefahren eines Atomkriegs
zu warnen. Als ihn die Menschen angreifen und beinahe töten,
vernichtet sein Roboter um ein Haar die Erde. Im letzten Moment kann Helen Benson (Patricia Neal) Gort mit dem berühmt
gewordenen Satz »Klaatu barada nikto!« davon abhalten.

Klein, Calvin

*1942, New Yorker Modedesigner, bekannt für seinen Freizeit-
look und das Parfüm ›Obsession‹. Werbeslogan für seine Calvins genannten Jeans: ›Nothing comes between me and my
Calvins‹.

Klingons

(dt. ›Klingonen‹); die feisten Feinde der Föderation aus der TV-Serie →*Star Trek*, bärtige Aliens mit einer Art Hornpanzer auf der Stirn. Hinter den Klingonen der 60er Jahre waren unschwer die bösen, bösen Russen erkennbar. In →*Star Trek: The Next Generation* gehört, den geänderten Umständen angemessen, ein Klingone zur Crew der →Enterprise.

Kojak

(dt. *Einsatz in Manhattan*), zwischen 1974 und 1978 entstandene TV-Serie um Lieutenant Theo Kojak (Telly Savalas), einen Kriminalpolizisten im 13th Precinct von Manhattan. Markenzeichen des glatzköpfigen Kojak waren die Lollipops, die er ständig im Mundwinkel hatte, seine zynische Ader und der Spruch »Who loves ya, baby«, den die deutsche Synchronisation mit »Entzückend, Baby« wiedergab. 1990 kehrte der inzwischen 65jährige Savalas, zum Inspector befördert, für eine Reihe von Fernsehfilmen in sein altes Revier zurück.

Kool-Aid

Warenzeichen einer Limonade der General Foods Corporation; Werbeslogan: ›Kids love Kool-Aid‹.

Koresh, David

1959–1993, geboren als Vernon Howell, Anführer der Branch Davidian-Sekte. Als am Morgen des 28. Februar 1993 Agenten des U.S. Bureau of Alcohol, Tobacco and Firearms (ATF) den Mount Carmel genannten Gebäudekomplex der Sekte in der Nähe der texanischen Stadt Waco nach illegalen Waffen durchsuchen wollten, empfing sie ein Kugelhagel, in dem vier AFT-Agenten starben und 16 verwundet wurden. 51 Tage lang verschanzten sich die Branch Davidians in ihrem aus mehreren Holzhäusern bestehenden ›compound‹ gegen die Einheiten des FBI und ATF. Koresh ließ während dieser Zeit einige Sektenangehörige frei, zögerte die Verhandlungen jedoch immer wieder hinaus und gab mehrere religiöse Statements an die Presse, in denen er sich als ›Prophet‹ und ›Lamm Gottes‹ bezeichnete. Als das FBI am 19. April durch den Einsatz von CS-Gas den Druck auf Koresh verstärkte, steckten zwei Angehörige der Sekte, vermutlich auf Befehl von Koresh, den Gebäudekomplex in Brand. Von den Eingeschlossenen – laut Koresh waren es 95, darunter 17 Kinder – überlebten nur neun den Feuersturm; auch David Koresh starb in den Flammen.

Kowalski, Stanley

Brutaler Macho aus Tennessee Williams' in New Orleans ange-
siedeltem Drama *A Streetcar Named Desire* (dt. *Endstation
Sehnsucht*). Kowalski ist mit Stella verheiratet und vergewaltigt
seine Schwägerin Blanche DuBois, eine verwelkte Südstaaten-
Schönheit, die der längst vergangenen Plantagen-Herrlichkeit
nachtrauert und schließlich in der Klapsmühle landet.

Krazy Kat

Comicstrip mit surrealen Elementen, 1913 erdacht von George
Herriman, 1880–1944. Es geht um die Katze Krazy Kat, den
Polizisten Offisa Bull Pupp, einen Hund, und Ignatz Mouse,
mit dem Krazy Kat eine unerwiderte Liebe verbindet – Ignatz
wirft Krazy Kat immer Ziegelsteine hinterher. Das Trio war
auch in zahlreichen seit 1917 entstandenen Trickfilmen zu sehen.

Kriss Kringle

ein anderer Name für den Weihnachtsmann (Santa Claus), nach
dem deutschen Wort ›Christkindl‹.

Krueger, Freddy

Narbengesicht aus der *Nightmare on Elm Street*-Filmreihe (dt.
Nightmare – Mörderische Träume). Freddy, gespielt von Robert
Englund, stets mit Schlapphut und in graurot gestreiftem Pull-
over, tötet seine jugendlichen Opfer in ihren Träumen, nicht
ohne vorher einige zynische Sprüche abzulassen; dies erhob
Freddy in den Status einer Kultfigur. ›Are you ready for Fred-
dy?‹, der Werbeslogan für *Nightmare on Elm Street 4: The Dream
Master*, ging in die Umgangssprache ein.

Krypton

Heimatplanet von →Superman. Das bei der Explosion von
Krypton entstandene grüne Element Kryptonite (dt. ›Krypto-
nit‹) ist die Schwachstelle des Stählernen: es entzieht ihm seine
Superkräfte.

Kukla, Fran & Ollie

populäre Kindersendung, die von 1947 bis 1976 in verschie-
denen Networks lief. Bis auf die Schauspielerin und Sängerin
Fran Allison gehörten alle Akteure der Show zu der von Burr
Tillstrom geschaffenen Marionettenfamilie der Kuklapolitan
Players: der knollennasige Gnom Kukla; sein Freund Oliver J.

Dragon, genannt Ollie, ein Drache mit nur einem Zahn und zahlreichen grotesken Verwandten; der Postbote Fletcher Rabbit, die blasierte Opernsängerin Ophelia Oglepuss sowie Colonel Crackie, ein Südstaatenkavalier alter Schule.

Kunta Kinte
Held aus Alex Haleys autobiographischem Roman *Roots* und der daraus entstandenen Fernsehserie gleichen Titels. Kunta Kinte ist ein westafrikanischer Häuptlingssohn aus dem 18. Jahrhundert, der als Sklave nach Amerika verkauft wird, immer wieder zu fliehen versucht und schließlich Stammvater eines weitverzweigten afroamerikanischen Familienclans wird.

La Guardia
hauptsächlich für Inlandsflüge genutzter Flughafen in New York City, benannt nach Fiorello Henry La Guardia, 1882–1947. Der liberale La Guardia war zwischen 1933 und 1945 Bürgermeister von New York City.

L.A. Law
Sex & Crime im Yuppie-Milieu von Los Angeles stehen im Mittelpunkt dieser seit 1986 von Steven Bochco und Terry Louise Fisher produzierten TV-Serie, die unter ihrem Originaltitel auch auf deutsch zu sehen ist. Die Großkanzlei McKenzie, Brackman, Chaney & Kuzak, die durch den Tod und das Ausscheiden einiger Partner mehrfach den Namen wechselt, beschäftigt ein Heer von Anwälten, deren Triumphe im Gerichtssaal und Tobereien durch die Betten minuziös nachgezeichnet werden. Bei 17 ständigen Personen und einer Vielzahl von Handlungssträngen fällt es nicht leicht, das Gewirr der Wer-haßt-oder-liebt-wen-Beziehungen zu verfolgen.

Labor Day
der erste Montag im September; seit 1894 ein arbeitsfreier offizieller Feiertag.

Lady Bird
Spitzname von Claudia Alta Taylor Johnson, *1912, der Ehefrau von →LBJ.

Lady Day
Spitzname der Jazzsängerin Billie Holiday, 1915–1959, die auch First Lady of Blues genannt wurde.

Lake Wobegon

fiktive Kleinstadt im Nordosten der USA »where all the women are beautiful and all the children above average«. Erdacht hat den idyllischen Ort mit dem sprechenden Namen (›woebegone‹ = kläglich, jämmerlich) der Schriftsteller Garrison Keillor, der in jeder Folge seiner wöchentlichen Rundfunksendung American Radio Company einen nostalgischen Bericht über das Leben in dem Provinzstädtchen gibt.

Landers, Ann

Pseudonym der Kummerkastentante Esther Pauline Friedman, *1918, deren Zwillingsschwester Pauline Esther Friedman die Ratgeberspalte →Dear Abby schreibt. Seit dem 16. Oktober 1955 erscheint *Dear Ann Landers* in der *Chicago Sun-Times*; inzwischen wird die Kolumne von über tausend Zeitungen landesweit nachgedruckt. Die echten Briefe von verzweifelten Lesern sind mal trivialer, mal ernster Natur, die Themenpalette reicht von Benimmfragen über Kochrezepte bis zu erschütternden Schilderungen von Kindesmißbrauch — für Voyeure des wahren Lebens ein Fest. Die Ratschläge und Kommentare von Ann Landers, deren makellose Haifischzähne den Leser auf dem Foto in der Kolumne anblecken, sind meist von konservativem Common sense geprägt. Wer Trost und Rat braucht, schreibt an Ann Landers, P.O. Box 11562, Chicago, Illinois 60611–0562 . Dort lassen sich auch die Landers'schen Broschüren zu allen Lebensfragen bestellen, etwa *How to Make Friends and Stop Being Lonely*. Was will man mehr für 4 Dollar und 15 Cents?

LAPD

Abkürzung von Los Angeles Police Department, analog NYPD usw.

Larry King Live

Die populäre politische Radiotalkshow von Larry King, *1941, wird seit zwei Jahren auch weltweit über →CNN ausgestrahlt.

Lassie

Die treue Collie-Dame aus dem Kinderbuch des britischen Autors Eric Knight *Lassie Come Home* (1940; dt. *Lassie kehrt zurück*) wurde durch eine Reihe von Hollywoodfilmen, eine Radio- und drei Fernsehserien zum berühmtesten Hund der Welt. Die Launen der einzelnen Drehbuchautoren versorgten Lassie mit einer Vielzahl von Herrchen; am bekanntesten wurde der rothaarige Waisenjunge Tommy (Jon Provost) aus der ersten, 186teiligen TV-Serie *Lassie*. Lassies Geheimnis: ihrem Namen zum Trotz war sie eigentlich ein ›Laddie‹, denn im Film und Fernsehen wurde sie von dem Collierüden Pal und seinen männlichen Nachkommen verkörpert. Die stattliche Liste der Lassie-Filme umfaßt *Lassie Come Home* (1943; dt. *Heimweh*), *Son of Lassie* (1945), *Courage of Lassie* (1946), *The Hills of Home* (1948; dt. *Lassies Heimat*), *The Sun Comes Up* (1949), *The Magic of Lassie* (1978, ein Musical). Lassie-Fernsehserien: *Lassie* (1955–1971; dt. *Lassie*), *Lassie's Rescue Rangers* (1973–1975, Zeichentrick), *The New Lassie* (1989–1991).

Laszlo, Victor
tschechoslowakischer Held im Widerstand gegen die Nazis aus Michael Curtiz' Kultfilm *Casablanca*, wo er mit Ilsa Lund (Ingrid Bergman) verheiratet ist. Paul Henreid, *1907, spielte die Rolle.

Laurel and Hardy
Der schlacksige Brite Stan Laurel (bürgerlich Arthur Stanley Jefferson), 1890–1965, und der Amerikaner Oliver Norvell Hardy, 1892–1957, taten sich auf Anregung des Produzenten Hal Roach zum später berühmtesten Komikerduo der Welt zusammen: Stan als naiv-genialischer Einfaltspinsel, Ollie als aufgeblasener Wichtigtuer. Dick und Doof, wie die deutschen Synchronstudios Laurel and Hardy nannten, traten zwischen 1926 und 1952 in über hundert Filmen auf, und in fast allen ist Hardys berühmter Satz zu hören: »This is another fine mess you've gotten us into!« (dt. »Da hast du ja wieder was Schönes angerichtet!«).

Lauren, Ralph
*1939 als Ralph Lifshitz in der Bronx. Seine Mode, nach Laurens Bekunden am Stil des englischen Landadels orientiert, gilt in Europa eher als typisch ›amerikanischer‹ Freizeitlook. Lauren begann 1967 als Krawattendesigner und herrscht heute über eine landesweit vertretene Edelboutiqen-Kette; seine Modelle sind inzwischen auch in Deutschland erhältlich.

La-Z-Boy

Markenname von bequemen Fernsehsesseln mit verstellbaren Rückenlehnen und ausklappbaren Fußbänken.

LBJ

Spitzname von Präsident Lyndon Baines Johnson, 1908–1973. Während der Protestdemonstrationen gegen den Vietnamkrieg in den 60er Jahren war der Slogan zu hören: »Hey, hey, LBJ, how many kids have you killed today?«

Leatherstocking

(dt. ›Lederstrumpf‹), Spitzname des Waldläufers Natty Bumppo, einer Romangestalt von James Fenimore Cooper, 1789–1851. Bumppo verkörpert die Idealgestalt des amerikanischen Frontierman, sein indianischer Freund ist Chingachgook, der letzte Mohikaner. Die Lederstrumpf-Saga umfaßt die fünf Romane: *The Pioneers, or The Sources of the Susquehanna* (1823; dt. *Die Ansiedler oder Die Quellen des Susquehanna*, *The Last of the Mohicans* (1826; *Der letzte Mohikaner*), *The Prairie* (1827; *Die Prärie*), *The Pathfinder, or The Inland Sea* (1840; *Der Pfadfinder oder Das Binnenmeer*) und *The Deerslayer, or The First War Path* (1841; *Der Wildtöter oder Der erste Kriegspfad*.

Leave it to Beaver

Die zwischen 1957 und 1963 entstandene TV-Serie (234 Folgen dt. *Mein lieber Biber*) um den Jungen Theodore ›Beaver‹ Cleaver (Jerry Mathers), seine Eltern Ward (Hugh Beaumont) und June (Barbara Billingsley) und seinen fünf Jahre älteren Bruder Wally (Tony Dow) präsentierte die Welt aus Kindersicht; Beavers großer Charme lag in seiner Naivität und Unschuld. Für die erste vor den Fernsehschirmen aufgewachsene Generation Amerikaner verbinden sich mit dieser Serie Erinnerungen an die eigene Kindheit, die sich durch unzählige Wiederholungssendungen verfestigt haben. Und so sind selbst die Namen der kleineren Parts bis heute unvergessen: etwa Beavers Freunde Larry Mondello (Rusty Stevens), Gilbert Bates (Stephen Talbot) und Whitey Whitney (Stanley Fafara) oder Wallys fieser Kumpel Eddie Haskell (Ken Osmond). Nostalgisches Interesse verhalf der Serie 22 Jahre später zu einem Comeback: Jerry Mathers spielte den erwachsenen Beaver zwischen 1985 und 1989 in 104 Folgen von *The New Leave it to Beaver*.

Lee, Lorelei

raffgierige Schönheit auf der Suche nach einem reichen Ehemann aus dem Roman *Gentlemen Prefer Blondes* (1925; dt. *Blondinen bevorzugt*) und der Fortsetzung *But Gentlemen Marry Brunettes* (1928; dt. *Gentlemen heiraten Brünette*) von Anita Loos. Die Musical-Adaption von Leo Robin und Jule Styne wurde 1953 von Howard Hawks verfilmt (*Gentlemen Prefer Blondes*, dt. *Blondinen bevorzugt*); Marilyn Monroe als Lorelei Lee singt darin das berühmte *Diamonds are a Girl's Best Friend*. Richard Sales Verfilmung des zweiten Teils (1955; *Gentlemen Marry Brunettes*, dt. *So liebt man in Paris*) fällt dagegen stark ab.

Let's Make a Deal

Gameshow mit Monty Hall zwischen 1963 und 1986. Die Teilnehmer mußten sich zwischen mehreren Schatztruhen, Geschenkpaketen usw. entscheiden, wobei sie immer Gefahr liefen, am Ende eine Niete zu erwischen – einen sogenannten Zonk. Die deutsche Version von *Let's Make a Deal* mit Jörg Draeger läuft unter dem Titel *Geh aufs Ganze!* auf Sat 1.

Letterman, David

Was bringt Millionen Amerikaner dazu, Abend für Abend kurz nach Mitternacht NBC einzuschalten und sich von einem unverschämt grinsenden Talkshow-Moderator beleidigen zu lassen? Das Geheimnis muß in der Person David Lettermans liegen, der seit dem 2. Februar 1982 die Talkshow *Late Night With David Letterman* moderiert. Letterman, *1947, ein großgewachsener Strahlemann mit Lockenkopf, unterscheidet sich von seinen Kollegen Jay Leno oder Arsenio →Hall nicht durch die Auswahl der Gäste, sondern durch die Art, wie er seine Gäste behandelt: er läßt sie ins Leere laufen. Der sadistische Reiz von *Late Night* liegt in Lettermans Gestik und trockenen Kommentaren, mit denen er die hohlen Phrasen der eingeladenen VIPs enttarnt, und seinen surrealen Dialogen mit Paul Shaffer, der die Band der Letterman-Show leitet und immer wie auf einem Drogentrip wirkt. »Foucault, like David Letterman, made smirky glibness an art form.« (Camille Paglia, *Sex, Art, and American Culture*.)

Levittown

Schlafstadt mit über 17.000 Einfamilienhäusern nach identischem Grundriß, die der Bauunternehmer William J. Levitt zwischen 1947 und 1951 auf Long Island errichtete. Seine 08/15–Häuser boten billigen Wohnraum für die jungen Familien der aus dem Krieg heimkehrenden GIs, die dafür lange Anfahrtswege zu ihren Arbeitsplätzen in Kauf nahmen. Der Name von Levittown wurde zum Synonym für die seelenlosen Suburbs, in denen die meisten Amerikaner ihr Dasein fristen. Tatsächlich straft das heutige Levittown düstere Prophezeiungen vom Untergang des Individuums Lügen – fast alle Häuser erhielten durch Umbaumaßnahmen eine persönliche Note.

Life is short. Play hard.

Werbeslogan für Reebok-Sportschuhe.

Life Savers

Markenname von bunten Bonbons in verschiedenen Geschmacksrichtungen der Planters Lifesavers Corporation. Die Bonbons erhielten ihren Namen, weil sie durch ein Loch in der Mitte Ähnlichkeit mit Rettungsringen haben.

Lifestyles of the Rich and Famous

Pseudo-dokumentarische Serie, seit 1984 auf verschiedenen Kabelsendern, über Villen, Jachten und Urlaubsorte der oberen Zehntausend. Durch die Sendung führt der britische Klatschkolumnist Robin Leach, *1941, der mit atemloser Wonne die Domizile von Malcolm Forbes, Hugh Hefner, Donald und Ivana Trump oder Papst Johannes Paul II. vorführt. Am Ende jeder Folge wünscht Leach seinen Zuschauern »champagne wishes and caviar dreams«.

Li'l Abner

von Al Capp, 1909–1980, gezeichneter Comicstrip über den tumben Bauernburschen Li'l Abner Yokum und seine Eltern, die pfeiferauchende Mammy Pansey und den verfressenen Pappy Lucifer. Die Yokums wohnen in Dogpatch, einem Kaff in den Ozark Mountains, und reden in breitem Hillbilly-Dialekt (»Dawgone! This here letter is fum New Yawk«). Al Capp nutzte den Zeitungsstrip, der von 1934 bis 1977 erschien, zu einer genialen Gesellschaftssatire und schuf ein Heer von Figuren mit meist sprechenden Namen, etwa die Sexbombe Appasionata von Climax; den skrupellosen Kapitalisten General Bullmoose; Lena the Hyena, die häßlichste Frau der Welt; Joe Btfsplk, ›the World's Worst Jinx‹, der immer mit einer kleinen Gewitterwolke über dem Kopf herumläuft; das Kigmy (kick me), ein Tier, das nichts lieber hat, als sich in den Hintern treten zu lassen, oder das Shmoo, das alle Wünsche erfüllen kann und sich sogar gern auffressen läßt, wenn man hungrig ist. Auch Li'l Abner liest gern Comics: Held dieses Strips im Strip ist der blindlings um sich ballernde Polizist Fearless Fosdick, eine Parodie auf →Dick Tracy.

Der rote Faden der Comic-Handlung waren jedoch in den ersten 20 Jahren die verzweifelten Bemühungen der bezaubernden Daisy Mae, das Herz von Li'l Abner zu gewinnen, der buchstäblich zu dumm zum Küssen war.

1946 erfand Capp für seinen Comicstrip den Sadie Hawkins Day, an dem die heiratswütigen Jungmaiden von Dogpatch Junggesellen jagen − wer sich fangen läßt, muß heiraten. Die Idee kam bei der Leserschaft so gut an, daß an vielen Universitäten der erste auf den 11. November folgende Samstag zum offiziellen Sadie Hawkins Day erklärt wurde. Auch eine andere Erfindung Capps wurde Wirklichkeit: Im Comic brauten die Figuren Hairless Joe und sein indianischer Freund Lonesome Polecat einen geheimnisvollen Trank namens Kickapoo Joy Juice; eine Limonadenfirma sicherte sich die Bezeichnung als Markennamen und vermarktete das Getränk mit großem Erfolg. Als Daisy Mae und Li'l Abner 1952 schließlich heirateten, berichtete die Presse darüber wie über eine Königshochzeit.

In späteren Jahren drückte Capp in seinem Strip seine zunehmend konservativen politischen Ansichten aus und erfand Figuren wie Joanie Phonie, eine Parodie auf die Sängerin Joan Baez, und die Studentenorganisation SWINE (Students Wildly Indignant about Nearly Everything). Nach *Li'l Abner* entstand ein gleichnamiger Kinofilm von 1940 und ein Musical von Johnny Mercer und Gene de Paul, das 1959 verfilmt wurde. Der Charme des Comicstrips ließ sich jedoch nicht in andere Medien übersetzen.

Li'l Bad Wolf

Disney-Comicfigur (dt. ›der kleine böse Wolf‹), dessen Vater Zeke (The Big Bad Wolf, ›der große böse Wolf‹) die drei Schweinchen auffressen möchte, von seinem Sohn aber stets ausgetrickst wird.

Limbaugh, Rush

*1950, propagiert seit 1988 in seiner landesweit ausgestrahlten Radiotalkshow *The Rush Limbaugh Show* (seit Herbst 1992 auch im Fernsehen) ein Sammelsurium neokonservativer Ansichten und prägte darin Neologismen wie ›Feminazis‹ für Feministinnen. Die Fan-Gemeinde des massigen Limbaugh geht in die Millionen und bescherte seinem 1992 erschienenen Sachbuch *The Way Things Ought to Be* monatelang Platz Eins auf der *New York Times*-Bestsellerliste.

Lindy

Spitzname von Charles A. Lindbergh, 1902–1974, auch ›The Lone Eagle‹ genannt. Lindbergh überquerte 1927 in seinem Eindecker Spirit of St. Louis als erster im Alleinflug den Atlantik. Ende der 20er Jahre wurde auch ein Jitterbug-Tanz ›Lindy‹ genannt. Im März 1932 hielt die Entführung des eineinhalbjährigen Sohns von Lindbergh die Welt in Atem (Lindbergh Kidnapping). Nach einer landesweiten Fahndung wurde zwei Monate später die Leiche des Babys entdeckt und schließlich der aus Deutschland eingewanderte Bruno Hauptmann als Entführer verhaftet. Obwohl Zweifel an Hauptmanns Täterschaft bestanden, wurde er in einem Sensationsprozeß 1935 zum Tode verurteilt und ein Jahr später auf dem elektrischen Stuhl hingerichtet.

Little Annie Fanny

von Harvey Kurtzman und Will Elder 1962 für das *Playboy Magazine* erdachte vollbusige Comic-Heldin, eine Satire auf → Little Orphan Annie.

Little Egypt

Pseudonym der Tänzerin Catherine Devine, die 1893 auf der Weltausstellung in Chicago mit ihrer Bauchtanznummmer für eine Sensation sorgte. Ihre Lebensgeschichte wurde 1951 von Frederick de Cordova verfilmt (*Little Egypt*).

Little Mo

Spitzname des Tennisstars Maureen Connolly, 1934–1969, die als erste Frau den →Grand Slam schaffte.

Little Nemo in Slumberland

von Winsor McCay 1905 erdachter Comicstrip um den kleinen Jungen Nemo, der im Traum surrealistische Abenteuer im

Schlummerland erlebt. Begleitet wird Nemo dabei meist von einem kleinen irischen Gnom namens Flip. McCays vom Jugendstil beeinflußte Zeichnungen gelten als Meisterwerke der Comic-Kunst.

Little Orphan Annie

armes Waisenkind aus Harold Grays gleichnamigem Comicstrip, der zwischen dem 5. August 1924 und dem 10. Mai 1968 landesweit in amerikanischen Zeitungen erschien. Die clevere Annie, von Gray stets mit großen, ausdruckslosen Kulleraugen und in einem roten Kleidchen gezeichnet, zieht mit ihrem Hund Sandy kreuz und quer durch Amerika, betätigt sich als Amateurdetektivin und mildtätiger Engel und nimmt dabei fast mythische Züge an. Ihr Lieblingsausruf: »Leapin' Lizards!« Zu Annies Freunden zählen Daddy Warbucks, ein hemdsärmeliger Milliardär; Punjab, ein Sikh mit Zauberkräften; der unsterbliche Mr. Am, der seit Anbeginn der Zeit auf der Welt ist, und The Asp, ein mysteriöser Burmese. Gray benutzte den immer surrealer wirkenden Comicstrip als Sprachrohr für seine bisweilen reaktionär anmutenden Ansichten, etwa wenn er opportunistischen Gewerkschaftsbossen, die ihre Arbeiter zum Streik aufhetzten, durch Annie das Handwerk legen ließ. Die Gestalt des Waisenkinds wurde 1977 von Charles Strouse und Martin Charnin für das erfolgreiche Broadway-Musical *Annie* aufgegriffen, das wiederum die Vorlage von John Hustons gleichnamigem Film von 1982 war.

Lizard King

Spitzname des Doors-Sängers Jim Morrison, 1943–1971.

L.L. Bean

Auf Mode für ›Outdoors‹ spezialisiertes Versandhaus.

Lolita

Kosename der zwölfjährigen Dolores Haze aus Vladimir Nabokovs 1955 erschienenem Roman *Lolita*. Der 37jährige Hauslehrer Humbert Humbert verliebt sich in Lolita und heiratet ihre Mutter Charlotte Haze, um in der Nähe des ›Nymphchens‹ zu sein. Nach dem Tod von Lolitas Mutter beginnt er mit seiner Stieftochter eine Odyssee durch Amerika, bis Lolita ihm schließlich von dem Filmregisseur Quilty ausgespannt wird. Als Humbert Lolita drei Jahre später ausfindig machen kann, ist sie mit einem armen Schlucker namens R. Schiller verheiratet und schwanger. Daraufhin macht Humbert sich auf die Suche nach Quilty und tötet ihn. In der Verfilmung von Stanley Kubrick (1961) spielte James Mason Humbert und Sue Lyon Lolita. Gilbert Sorrentino verschaffte Lolita ein Comeback in seinem 1971 erschienenen Roman *Imaginative Qualities of Actual Things* (dt. *Nehmen wir an, daß es wirklich stimmt*).

The Lone Ranger

alias John Reid, ein ehemaliger Texas Ranger, der zusammen mit seinem indianischen Freund Tonto im Wilden Westen für Recht und Gesetz kämpft. Fran Striker und George Trendle erfanden den unbestechlichen Cowboy mit der Augenmaske für eine populäre Radioserie (1933–1954), doch auch als Roman-, Comic-, Kino- und Fernsehheld genoß der einsame Reiter die kultische Verehrung seines kindlichen Publikums. Am Anfang der Legende geriet der junge Britt Reid zusammen mit seinem Bruder und vier anderen Texas Rangers in einen Hinterhalt von Butch Cavendishs Verbrecherbande. Cavendish und seine Banditen glaubten, alle Rangers getötet zu haben, doch dank der Hilfe des Indianers Tonto überlebte Reid und führte unter seiner neuen Identität als Lone Ranger einen Rachefeldzug gegen Cavendish und alles zwielichtige Gesindel westlich der Rockies. Jeweils eingeleitet von Hufgetrappel und Rossinis Wilhelm-Tell-Ouvertüre, bestand der Lone Ranger in unzähligen Folgen Abenteuer um Abenteuer. Einem Broterwerb brauchte er nicht nachzugehen, da er eine Silbermine besaß, die ein verläßlicher Alter für ihn ausbeutete. Aus dem Silber dieser Mine goß der Lone Ranger seine Kugeln, mit denen er seine Gegner nie tötete, sondern stets nur kampfunfähig schoß. Silver hieß auch sein weißer Hengst, den er mit den oft zitierten Worten »Hi-yo, Silver, away!« antrieb. Tonto, der auf einem Pferd namens Scout ritt, nannte seinen Freund ›kemo sabe‹ (»You kemo sabe. It mean trusty scout«).

In der Fernsehserie *The Lone Ranger* (182 Folgen zwischen 1949 und 1957) spielten Clayton Moore und John Hart den Lone Ranger und der Mohawk-Indianer Jay Silverheels Tonto. Die Lone Ranger-Kinofilme heißen *The Lone Ranger* (1956), *The Lone Ranger and the Lost City of Gold* (1958; dt. *Der Held mit der Maske*), *The Legend of the Lone Ranger* (1981). Die Comic-Adaptionen der Lone Ranger-Abenteuer erschienen in Deutschland unter Titeln wie *Der Einsame Reiter, Der maskierte*

Ranger und *Der Präriewolf.* »So what's on your mind, kemo sabe?« (Der Finanzmagnat Gordon Gecko zu dem jungen Broker Bud Fox in Oliver Stones Kinofilm *Wall Street.*)

The Lone Wolf

alias Michael Lanyard, ein eleganter Juwelendieb aus einer Reihe von Kriminalromanen, die Louis Joseph Vance seit 1914 schrieb. Populär wurde der einsame Wolf durch mehrere Stummfilme mit Henry Walthall und Jack Holt in der Titelrolle sowie durch eine 15teilige Filmreihe, die zwischen 1935 und 1949 von Columbia Pictures produziert wurde und in der die Rolle des smarten Gangsters von Melvyn Douglas, Francis Lederer, Warren William, Gerald Mohr und Ron Randall gespielt wurde. In den Filmen reiste der Lone Wolf meist in Begleitung eines Butlers namens Jamison (Eric Blore).

Lou Gehrig's disease

populäre Bezeichnung für Muskelatrophie, nach dem daran erkrankten Baseballspieler Henry Louis Gehrig, 1903–1941.

The Love Boat

dt. *Love Boat*; zwischen 1977 und 1986 schipperte in dieser TV-Serie die Pacific Princess unter dem Befehl von Captain Merrill Stubing (Gavin MacLeod) durch exotische Gewässer und bot auf ihren Reisen dieselbe Mischung aus Drama und Komik wie das deutsche *Traumschiff.*

L.P.G.A.

Abkürzung der seit 1947 bestehenden Ladies Professional Golf Association.

LS/MFT

populärer Werbeslogan von Lucky Strike aus den 40er Jahren. Die Abkürzung steht für ›Lucky Strike / Means Fine Tobacco‹.

Lucchese

eine der fünf großen Mafia-Familien in New York.

Lucky Luciano

Spitzname des Mafia-Dons Savatore Luciano, 1896–1962. ›Lucky‹ war Luciano, weil er ein Attentat überlebte, bei dem ihm ein Killer die Kehle aufschlitzte.

Mace

Markenname eines Tränengas-Sprays, das von der amerikanischen Polizei benutzt wird und auch im Handel frei erhältlich ist. Mace enthält CS-Gas.

Machines should work. People should think

Populärer Werbeslogan von IBM, dem größten Büromaschinenhersteller der Welt, der im Börsenslang auch Big Blue genannt wird.

Macy's

Von Rowland Hussey Macy gegründete Kaufhauskette mit Hauptsitz in New York, die am vierten Donnerstag im November die landesweit übertragene Macy's Thanksgiving Day Parade sponsert.

MADD

Abkürzung der Mothers Against Drunk Driving, einer Organisation, die sich ähnlich wie SADD (Students Against Drunk Driving) dem Kampf gegen Alkohol im Straßenverkehr verschrieben hat und Informationsveranstaltungen in Schulen und Universitäten durchführt.

Madge

Maniküre in den Werbespots für das Geschirrspülmittel Palmolive, gespielt von Jane Miner. In Deutschland wurde Madge in Tilly umgetauft.

Madison Avenue

Straße in Manhattan, die symbolisch für die amerikanische Werbebranche steht. Tatsächlich sind die meisten großen Werbeagenturen inzwischen von der Madison Avenue weggezogen.

Magica de Spell

die Hexe aus Carl Barks' →Donald Duck-Comics, heißt in der Übersetzung von Dr. Erika Fuchs Gundel Gaukelei. Magica de Spell wohnt am Vesuv und versucht mit allen Zaubertricks, → Scrooge McDuck um seinen ›lucky dime‹ (Glückstaler) zu bringen.

Magnum P.I.

erfolgreiche Krimiserie von →CBS (1980–1988; dt. *Magnum*) über den Gelegenheitsdetektiv Thomas Magnum (Tom Selleck), der sich in dem Domizil des steinreichen Schriftstellers Robin Masters auf Hawaii um die Sicherheit kümmert und dafür im Gästehaus des Anwesens wohnen darf. Masters selbst war in der Serie nie zu sehen; er wurde durch seinen britischen Diener Jonathan Quayle Higgins III (John Hillerman) vertreten und meldete sich nur gelegentlich telefonisch (in der Originalversion stammte Masters' Stimme von Orson Welles). Der pedantische, nie um eine sarkastische Bemerkung verlegene Higgins ist das genaue Gegenteil des kalifornischen Playboys Magnum, und der ständige Kleinkrieg zwischen den beiden liefert zahllose Gags für die Serie. Magnum lebt zwar inmitten unglaublichen Reichtums auf Oahu und fährt einen von Masters geliehenen roten Ferrari, steckt aber ständig in Geldschwierigkeiten und ist daher gezwungen, als P.I. (private investigator, Privatdetektiv) zu arbeiten. Die meisten Fälle löst er mit Hilfe zweier Freunde aus seiner Militärzeit, dem schwarzen Hubschrauberpiloten T.C. (Roger E. Mosley) und Rick (Larry Manetti), dem Manager des King Kamehameha Beach Club. Im Verlauf der Serie wurde immer deutlicher, daß sich hinter dem geheimnisvollen Robin Masters der Diener Higgins verbarg, doch um die Möglichkeit einer Fortsetzung offenzuhalten, blieb diese Frage auch noch in der letzten *Magnum*-Folge ungeklärt.

Magoo, Quincy

von Robert Cannon und John Hubley erfundene Zeichentrickfigur, die seit 1949 in einer Reihe von Kurzfilmen wie *Ragtime Bear*, *Barefaced Flatfood* und *Spellbound Hound* auftrat. Mr. Magoo ist ein cholerischer, kurzsichtiger Schussel, der sich einen Hamster namens Hamlet hält. 1964 entstand die 26teilige Fernsehserie *Famous Adventures of Mr. Magoo* (dt. *Mr. Magoo*), in der Magoo in die Rollen berühmter fiktiver Gestalten wie Frankenstein, Dr. Jekyll und Mr. Hyde und Dr. Watson schlüpfte. Zur Zeit bereitet Steven Spielberg eine Kinofassung von Magoos Abenteuern unter dem Arbeitstitel *Who's Magoo* vor.

The Man of a Thousand Faces

Spitzname des Schauspielers Lon Chaney, 1883–1930, dessen legendäre Verwandlungskunst in Filmen wie *The Hunchback of Notre Dame* (1923) und *The Phantom of the Opera* (1925) beeindruckte. Joseph Pevneys phantasievolle Verfilmung von

Chaneys Lebensgeschichte mit James Cagney in der Titelrolle übernahm den Spitznamen als Titel (1957; dt. *Der Mann mit den 1000 Gesichtern*).

The Man on the Wedding Cake

Spitzname von Thomas E. Dewey, 1902–1971, der 1948 als republikanischer Präsidentschaftskandidat gegen Harry S. Truman antrat und überraschend verlor. Der Spitzname implizierte, daß Dewey kein Rückgrat habe und eine Marionette in den Händen einflußreicher Interessengruppen sei.

A man's gotta do what a man's gotta do

sagt John Wayne in dem Western *Stagecoach* von John Ford (1939; dt. *Höllenfahrt nach Santa Fé*). Der Satz ging in die Umgangssprache ein und wird häufig im ironischen Sinn zitiert.

Mandrake the Magician

dt. Mandra der Zauberer; Held des gleichnamigen Comicstrips von Lee Falk und Phil Davis, der von 1934 bis in die 70er Jahre erschien. Der Bühnenzauberer Mandrake erlernte seine magischen Fähigkeiten in einem tibetanischen Kloster und kämpft zusammen mit seinem schwarzen Diener Lothar, einem mit Löwenfell und Fez bekleideten afrikanischen Prinzen, weltweit gegen das Verbrechen. Mit seinen hypnotischen und telepathischen Fähigkeiten gelingt es ihm, seine Gegner durch eine Vielzahl von Illusionen zu verwirren. In einem Kinoserial von 1939 spielte Warren Hull den Magier; Coe Norton übernahm die Rolle in einer kurzlebigen TV-Serie (1954; *Mandrake*).

Manhattan Project

Tarnname der von J. Robert Oppenheimer Anfang der 40er Jahre geleiteten Forschungsanstrengungen zur Entwicklung einer Atombombe. Die Arbeiten geschahen in verschiedenen geheimen Laboratorien. Am 16. Juli 1945 wurde der erste nukleare Sprengkörper in der Wüste von Alamogordo in New Mexico gezündet.

Manischewitz

Markenname von koscheren Nahrungsmitteln.

Manson Family

Name einer Kommune unter Führung von Charles Manson, *1934, die Ende der 60er Jahre in der Nähe von Los Angeles entstand. Anfang August 1969 drangen Manson und drei

Frauen der ›Family‹ in zwei Villen in Beverly Hills ein und ermordeten sechs Menschen auf bestialische Weise, darunter die mit Roman Polanski verheiratete Schauspielerin Sharon Tate und den Supermarkt-Krösus Leo La Bianca. Charles Manson, Patricia Krenwinkel, Susan Atkins und Leslie Van Houten erhielten lebenslange Freiheitsstrafen; die ›Manson Family‹ wurde zum Synonym für psychopathische Killer im Drogenrausch.

Marie Celeste
Segelschiff, das am 7. November 1872 unter dem Kommando von Captain Benjamin Briggs von New York nach Genua auslief und am 4. Dezember von der britischen Brigg Dei Gratia völlig intakt, aber ohne Rettungsboot im Atlantik verlassen aufgefunden wurde. Von der elfköpfigen Besatzung der Mary Celeste fehlt bis heute jede Spur.

Marlboro Country
Seit Ende der 50er Jahre beschwört die Reklame für Marlboro-Zigaretten von Philip Morris den mythischen amerikanischen Westen mit seiner Konnotation von Weite, Individualismus und Naturverbundenheit. ›Come to Marlboro Country‹ und ›Come to where the flavour is ... come to Marlboro Country‹. Der Marlboro Man aus den Werbespots, Plakaten und Zeitungsanzeigen ist ein schweigsamer, braungebrannter Cowboy, den eine Aura unerschütterlichen Selbstvertrauens umgibt.

Marlowe, Philip
Privatdetektiv aus sieben Kriminalromanen und einigen Erzählungen von Raymond Chandler, 1888–1959. Der in Kalifornien lebende Marlowe ist der Prototyp des Schnüfflers: ein cooler, aufrechter Einzelgänger, zynisch, doch im Grunde ein Moralist, inmitten eines Sumpfs aus Korruption und Verbrechen. Ebenso wie Dashiell Hammetts Sam →Spade war Marlowe Vorbild für mehrere Generationen von Krimihelden.
Die Marlowe-Romane heißen *The Big Sleep* (1939; dt. *Der große Schlaf*), *Farewell, My Lovely* (1939; *Lebwohl, mein Liebling*), *The High Window* (1942; *Das hohe Fenster*), *The Lady in the Lake* (1943; *Die Tote im See*), *The Little Sister* (1949; *Die kleine Schwester*), *The Long Goodbye* (1953; *Der lange Abschied*) und *Playback* (1959; dt. Originaltitel).
Die Marlowe-Verfilmungen: *Murder My Sweet* (1944; Dick

Powell als Marlowe), *The Big Sleep* (1946; Humphrey Bogart, dt. *Tote schlafen fest*), *The Lady in the Lake* (1946; Robert Montgomery, *Die Dame im See*), *The Brasher Doubloon* (1947; George Montgomery), *Marlowe* (1969; James Garner), *The Long Goodbye* (1973; Elliot Gould, *Der Tod kennt keine Wiederkehr*), *Farewell, My Lovely* (1975; Robert Mitchum, *Fahr zur Hölle, Liebling*) und *The Big Sleep* (1978; Robert Mitchum, *Tote schlafen besser*).

Marmaduke
riesiger, sabbernder Dobermann aus einem Zeitungsstrip von Brad Anderson.

Married ... with Children
dt. *Eine schrecklich nette Familie*; das traute Heim als Vorhof der Hölle ist das Thema dieser satirischen Sitcom, die sich seit 1987 um den Schuhverkäufer Al Bundy (Ed O'Neill), seine faule, mannstolle Frau Peggy (Katey Sagal) und ihre Kinder Kelly (Christina Applegate) und Bud (David Faustino) dreht. Kelly ist eine Sexbombe mit dem Verstand einer Zehnjährigen; Bud ein pubertierender Schleimer; und selbst Hund Buck, der zuweilen laut denkt, bleibt nur bei den Bundys, weil er besser zu fressen bekommt als sein Herrchen. Was die Bundys zusammenhält, ist Haßliebe und die gemeinsame Veranlagung zum Schmarotzerdasein. Dies bekommt vor allem das biedere Banker-Ehepaar Steve und Marcy Rhoades (David Garrison und Amanda Bearse) von nebenan zu spüren, dem die Bundys so lange zusetzen, bis die beiden sich scheiden lassen. Seit 1991 ist Marcy mit dem schmierigen Jefferson D'Arcy (Ted McGinley) verheiratet, einem heruntergekommenen Gigolo. Der krachlederne Humor von *Married ... with Children* ist gewiß nicht jedermanns Sache, doch genau das richtige Gegengift zu der schmalzigen Prüderie anderer Familienserien. »There he is in all his scruffy immensity, hand in belt like an oversized Al Bundy.« (*Los Angeles Times* über Norman Mailer, 5. Mai 1992)

Marx Brothers
›Je suis Marxiste, tendence Groucho‹ stand als Graffiti 1968 an einer Mauer in Paris – beredtes Zeugnis für die weltweite Bekanntheit der jüdischen Komikertruppe, bestehend aus Chico (Leonard Marx, 1886–1961), Groucho (Julius Marx, 1890–1977), Gummo (Milton Marx, 1893–1977), Harpo (Adolph Marx, 1888–1964) und Zeppo (Herbert Marx, 1901–1979).

Gummo schied schon zu den Vaudeville-Zeiten der Marx Brothers aus, der eher ernsthafte Zeppo 1933. Chico sprach mit starkem italienischem Akzent und spielte Klavier; Groucho, der die meisten Pointen hatte, rauchte stets Zigarre, trug eine dicke Hornbrille und einen aufgemalten schwarzen Schnurrbart; der kleptomanische Harpo war stumm und kommunizierte mit einer Harfe, Hupe oder anderen Musikinstrumenten.

Groucho moderierte zwischen 1947 und 1961 die im Radio und Fernsehen ausgestrahlte Quizshow *You Bet Your Life*, deren Kandidaten ihm als Zielscheibe für seine sarkastischen Witzeleien dienten. Die Zahl der Groucho-Witze ist Legion, sie würden ein eigenes Buch füllen; hier eine Auswahl: »Don't point that beard at me. It might go off.« »I have been around so long I can remember Doris Day before she was a virgin.« »One morning I shot an elephant in my pajamas. How he got into my pajamas I'll never know.« »I could dance with you till the cows come home. On second thought, I'll dance with the cows and you come home.« »Please accept my resignation. I don't want to belong to any club that will accept me as member.« »A man is as old as the woman he feels.« »Military intelligence is a contradiction in terms.« »I never forget a face, but in your case I'll be glad to make an exception.« »I worked my way up from nothing to a state of extreme poverty.« »I bet your father spent the first year of your life throwing rocks at the stork.« »You've got the brain of a four-year-old boy, and I bet he was glad to get rid of it.«

Die Marx-Brothers-Filme: *The Cocoanuts* (1929); *Animal Crackers* (1929); *Monkey Business* (1930; dt. *Die Marx Brothers auf See*); *Horse Feathers* (1932; *Blühender Blödsinn*); *Duck Soup* (1933; *Die Marx Brothers im Krieg*); *A Night at the Opera* (1935; *Skandal in der Oper*); *A Day at the Races* (1937; *Die Marx Brothers: Das große Rennen*); *Room Service* (1938); *A Day at the Circus* (1939; *Die Marx Brothers im Zirkus*); *Go West* (1940; *Die Marx Brothers: Go West*); *The Big Store* (1941; *Die Marx Brothers im Kaufhaus*); *A Night in Casablanca* (1946; *Die Marx Brothers in: Eine Nacht in Casablanca*); *Love Happy* (1950).

Mary Jane

Slangausdruck für Marihuana.

Mary Janes
Markenname von Damensandalen aus Leder.

M*A*S*H
Ein autobiographischer Roman von Richard Hooker − Pseudonym des Arztes Richard Hornberger − über ein Mobile
Army Surgical Hospital bildete die Vorlage für Robert Altmans
Kinofilm von 1970, nach dem wiederum zwischen 1972 und
1983 eine Fernsehserie bei →CBS entstand. Obwohl *M*A*S*H*
zur Zeit des Koreakriegs spielt, liegt es nahe, die pazifistische
und antimilitaristische Aussage der Serie auf Vietnam zu bezie-
hen. Die respektlose Sitcom traf damit den Nerv eines kriegs-
müden amerikanischen Publikums.
Alle in dem Kriegslazarett arbeitenden Ärzte sind zum Mili-
tärdienst eingezogen worden, so daß die Atmosphäre in den
provisorischen Zeltunterkünften des 4077th M*A*S*H wenig
Anlaß zu Hurrapatriotismus bietet.
Im Mittelpunkt der Serie stehen Captain Benjamin Franklin
Pierce, genannt Hawkeye (Alan Alda) und sein Freund Captain
John McIntyre, genannt Trapper John (Wayne Rogers), der
1975 von Captain B.J. Hunnicut (Mike Farrell) abgelöst wurde.
Hawkeye und Trapper John sind mindestens so sehr an Kran-
kenschwestern und selbstgebrautem Gin interessiert wie an ih-
rer Arbeit. Ihr Gegenspieler ist der arrogante Paragraphenreiter
Major Frank Burns (Larry Linville), den seine Kollegen stets
auflaufen lassen. Das M*A*S*H-Team wird von Henry Blake
(McLean Stevenson) befehligt, einem sympathischen, leicht
vertrottelten Colonel mit einer Vorliebe für alte Westernfilme,
der seinen Leuten freie Hand läßt, solange ihre Arbeit im OP-
Zelt nicht beeinträchtigt wird. 1975 endet Blakes Dienstzeit in
Korea, doch das Flugzeug, das ihn nach Hause bringen soll,
wird abgeschossen. Blakes Assistent, der schüchterne Corporal
Walter O'Reilly, genannt Radar (Gary Burghoff), erhält einen
neuen Vorgesetzten, Colonel Sherman Potter (Harry Morgan).
Zum festen M*A*S*H-Personal gehören ferner Major Margaret
Houlihan, genannt Hot Lips (Loretta Swit), die ein Heer von
Krankenschwestern befehligt; der Feldgeistliche Father Francis
Mulcahy (William Christopher) sowie Corporal Maxwell
Klinger (Jamie Farr), der versucht, untauglich geschrieben zu
werden, indem er sich als Tunte verkleidet. Die letzte, zweiein-
halbstündige Folge von *M*A*S*H*, in der die Akteure nach

Kriegsende zurück in die USA gehen, brach 1983 alle Zuschauerrekorde und war ein würdiger Ausklang für die Serie, die durch ihre Kombination von Witz und inhaltlicher Tiefe zu einem Meilenstein der Fernsehgeschichte wurde.

Mason, Perry

Der Rechtsanwalt mit detektivischem Spürsinn agiert seit 1933 in mehr als achtzig Romanen von Erle Stanley Gardner, 1889–1970. Seine Mandanten erweisen sich stets als Unschuldslämmer. Die wahren Täter überführt Mason mit Hilfe von Della Street, seiner Sekretärin, und Paul Drake, der ihm als Mann fürs Grobe dient, meist erst in letzter Minute durch ein dramatisches Verhör im Gerichtssaal. Nach einer Reihe von Kinofilmen mit Warren William in den 30er Jahren spielte Raymond Burr den Anwalt zwischen 1957 und 1966 in einer populären TV-Serie, die auch in Deutschland unter ihrem Originaltitel *Perry Mason* ausgestrahlt wurde. Einer Neuauflage des Courtroom-Dramas (*The New Perry Mason*, 1973–1974) mit Monte Markham in der Titelrolle war weniger Erfolg beschieden; doch die Nostalgiewelle der 80er Jahre brachte achtzehn Perry-Mason-Spielfilme hervor, in denen der über 65jährige Burr zu seiner alten Rolle zurückkehrte.

Masters Tournament

jährliches Golfturnier mit internationaler Beteiligung auf dem Augusta National Golf Course in Georgia.

Max Headroom

26teilige Science-Fiction-Serie von Peter Wagg um den Fernsehjournalisten Edison Carter (Matt Frewer), der bei einer Recherche zu einer heißen Story schwer verletzt und für tot gehalten wird. Ein junger Hacker namens Bryce Lynch (Chris Young) programmiert daraufhin eine Computersimulation von Carters Persönlichkeit, die ihren Namen nach dem letzten Bild erhält, das Carters Kamera übermittelte – eine Schranke in einem Parkhaus, auf der die maximale Durchfahrtshöhe, abgekürzt MAX HEADROOM, angegeben ist. ›Max‹ hat zwar einige Macken – er stottert zum Beispiel –, kann sich aber in den digitalisierten Datennetzen der Zukunft nach Belieben bewegen. Zusammen mit dem genesenen Edison Carter, seinem Kollegen aus Fleisch und Blut, bildet er ein Reportageteam und avanciert so zum ersten Cyberspace-Star. Ehe der quirlige

Computerclown Max Headroom 1987 seine eigene Fernsehserie erhielt, war er Anfang der 80er Jahre in Werbespots von → Coca-Cola zu sehen.

May the force be with you!

dt. »Möge die Macht mit dir sein«; ritueller Segen der Jedi-Ritter aus George Lucas' →Star Wars-Filmen.

Maytag

Hersteller von Waschmaschinen und Trocknern, dessen Werbeslogan ›Millions of women have their hearts set on a new Maytag‹ (ähnlich wie das deutsche ›Bauknecht weiß, was Frauen wünschen‹) Feministinnen in Rage brachte.

McDonald's

Die Geschichte vom Aufstieg des kleinen Drive-in-Restaurants aus Kalifornien zur größten Schnellfreßkette der Welt ist Legende: Richard und Maurice McDonald eröffneten ihre erste Hamburgerbude 1940 in San Bernadino und begannen Ende der 40er Jahre, ihre Drive-in-Filialen nach einem völlig neuen Konzept zu rationalisieren. Einweggeschirr und eine aufs Minimum reduzierte Speisekarte machten Köche, Tellerwäscher und Bedienungen überflüssig; alle Arbeiten konnten von Küchenhilfen zu minimaler Entlohnung verrichtet werden. Dies war die Geburtsstunde des Fast-food-Konzepts.

1954 verkauften die McDonald-Brüder ihre auf inzwischen dreizehn ›Restaurants‹ angewachsene Kette für knapp 3 Millionen Dollar an Ray A. Kroc, 1902–1984, der die Fließbandtechnik weiter perfektionierte und zahlreiche Franchise-Lizenzen vergab. Kroc erfand die beiden goldenen Bögen, die heute als Markenzeichen von McDonald's zu einem M kombiniert sind (Werbeslogan: ›Look for the golden arches ...‹), und wachte persönlich darüber, daß in den tausenden Filialen die Hamburgers, Cheeseburgers und Fritten immer genau gleich schmeckten.

Mitte der 60er Jahre wurde die bis dahin ausschließlich auf Drive-in-Kunden ausgerichtete McDonald's-Kette in ›Restaurants‹ mit Sitzgelegenheiten umgewandelt, und 1966 tauchte auch zum erstenmal die Werbefigur Ronald McDonald auf. Ronald McDonald ist ein rothaariger Clown, unter dessen Namen McDonald's eine Stiftung für Familien mit krebskranken Kindern einrichtete. McDonald's, umgangssprachlich auch

McDucks genannt, ist nicht nur das größte Fast-food-Unternehmen, sondern auch der größte Grundbesitzer der Welt und geriet in den letzten Jahren zunehmend ins Kreuzfeuer der Kritik von Umweltschutzgruppen.

MCP
Abkürzung von ›male chauvinist pig‹.

Meanwhile, back at the ranch ...
Redensart, die auf die Zwischentitel bei Stummfilm-Western anspielend, ironisch die Gleichzeitigkeit zweier Geschehnisse ausdrückt.

Meet the Press
seit 1947 wöchentlich auf →NBC ausgestrahlte Diskussionssendung, in der ein Panel von Journalisten Politiker oder ausländische Diplomaten befragt. Zur Zeit wird *Meet the Press* von Garrick Utley moderiert und läuft Sonntag nachmittags.

Miami Vice
zwischen 1984 und 1989 produzierte TV-Serie von Michael Mann um zwei coole Undercoveragenten des Drogendezernats von Miami, Detective James Crockett, genannt ›Sonny‹ (Don Johnson) und seinen schwarzen Partner Detective Ricardo Tubbs (Philip Michael Thomas). Um mit den smarten Drogendealern mitzuhalten, fuhren Crockett und Tubbs im Ferrari Testarossa vor, hüllten sich in Edles von Versace und Armani und reichten Spesenabrechnungen ein, die das sorgenzerfurchte Gesicht ihres Vorgesetzten Lieutenant Martin Castillo (Edward James Olmos) erklärten. So geriet *Miami Vice* zu einer Mischung aus Videoclip, Modenschau und Krimi, deren eigentliche Hauptdarsteller Designerkleidung und Luxuskarossen waren.

Die pulsierende Synthesizermusik von Jan Hammer, in die aktuelle Hits integriert wurden, eine von →MTV übernommene Schnittechnik und ein bis dahin auf amerikanischen Bildschirmen nicht gekanntes Maß an Gewaltdarstellungen verhalfen der Serie zu weltweiter Popularität. Don Johnson, der zusammen mit dem Alligator Elvis auf einem Segelboot hauste, wurde als Macho mit Drei-Tage-Bart zum Männlichkeitsidol der 80er Jahre. Um die Aura der Einsamkeit zu wahren, die Sonny Crockett umgab, und gleichzeitig seinen Sexappeal zu unterstreichen, ließen die Drehbuchautoren seine zahlreichen Affären in der Regel mit dem gewaltsamen Ableben der Freundinnen enden. Crockett blieb nur die Rache an ihren Mördern und ein trauerumflorter Blick über den Hafen Miamis.

Mickey Mouse

Als Walt Disney 1928 für seinen Trickfilm *Steamboat Willie* die Figur einer Maus mit großen runden Ohren und einer schwarzen Stupsnase erfand, ahnte niemand, daß er damit die amerikanische Ikone schlechthin geschaffen hatte. Zwar war Mickey Mouse (dt. ›Micky Maus‹), der ursprünglich Mortimer Mouse hieß und von Disney persönlich mit einer quiekenden Fistelstimme synchronisiert wurde, auf Anhieb ein Erfolg, doch nichts deutete darauf hin, daß die Maus einmal zusammen mit →Coca-Cola und →McDonald's zum Symbol für die USA würde.

Seit 1930 erscheint der Zeitungsstrip *Mickey Mouse*, in dem der Titelheld zusammen mit seiner Freundin Minnie Mouse, den Neffen Ferdy und Morty, dem Hund Pluto und seinem tolpatschigen Kumpel →Goofy auftritt. Mickeys glanzvollste Filmrolle ist zweifellos der Zauberlehrling in dem Zeichentrickfilm *Fantasia* (1940). Vollends unsterblich wurde Mickey durch seine allgegenwärtige Präsenz in →Disneyland und den anderen Vergnügungsparks der Disney-Gruppe sowie durch die Kindersendung *Mickey Mouse Club*, die seit den 50er Jahren läuft und deren junge Moderatoren Mouseketeers heißen.

In Deutschland erscheinen Mickey & Co seit 1951 in dem wöchentlichen Comic-Heft *Micky Maus* des Ehapa Verlags, der ›größten Jugendzeitschrift der Welt‹. Die meisten der heute darin abgedruckten Comicstrips werden in Italien gezeichnet; ähnlich wie →Donald Duck ist der Comic-Mickey in Europa populärer als in USA.

Umgangssprachlich wird die Beifügung ›Mickey Mouse‹ abwertend gebraucht, etwa in Formulierungen wie ›It's a Mickey Mouse business‹ oder ›What kind of Mickey Mouse plan is this?‹

Miranda card

ein kleines vorgedrucktes Papierkärtchen, das einen Festgenommenen über seine Rechte informiert. Seit dem 1966 gefällten Urteil des Obersten Gerichtshofs im Prozeß Ernesto A. Miranda versus Arizona müssen amerikanische Polizisten bei

der Verhaftung einen Text verlesen (›to read someone his Miranda‹; auch: ›to Mirandize‹), der von Staat zu Staat leicht va-
riiert, jedoch immer diese vier Elemente enthält: ›You have the
right to remain silent. Anything you say can be used against
you. You have the right to have a lawyer present while you
are being questioned. If you cannot afford a lawyer, the court
will provide one for you.‹

Miss Lilian
Spitzname von Lilian Carter, 1898–1983, der resoluten Mutter
von Präsident Jimmy Carter. Im Alter von 68 Jahren verpflich-
tete sie sich beim Peace Corps, der von John F. Kennedy gegründeten Hilfsorganisation, und arbeitete in Indien.

Miss Manners
Pseudonym der Zeitungskolumnistin Judith Martin, die in ihren Ratgeberspalten und Büchern über alle Fragen der Etikette
schreibt.

Mission: Impossible
zwischen 1966 und 1973 entstandene TV-Serie von Bruce Gel-
ler (171 Folgen, dt. *Kobra, übernehmen Sie!*). Die Agenten der
I.M.F. (Impossible Missions Force) werden von höchsten Regierungsstellen mit kniffligen Geheimaufträgen betraut; meist
soll eine kommunistische Machtübernahme in einer kleinen Ba-
nanenrepublik verhindert werden. Jede Folge beginnt damit,
daß der Leiter des Kobra-Teams eine Nachricht auf Tonband
erhält, in der ihm die Problematik des Auftrags auseinander-
gesetzt wird. Die Botschaft endet mit den Worten »This tape
will self-destruct in five seconds«, worauf das Tonbandgerät in
Rauch und Flammen aufgeht. In der ersten Staffel hieß der
Agentenführer Daniel Briggs und wurde von Steven Hill gespielt; weil sich Hill als orthodoxer Jude aber weigerte, an
Samstagen zu arbeiten, wurde er 1967 durch Peter Graves er-
setzt, der als James Phelps in der Serie auftrat. Phelps Agenten
Willie Armitage (Peter Lupus), Cinnamon Carter (Barbara Bain),
Rollin Hand (Martin Landau) und Barney Collier (Greg Morris)
kämpfen mit jeder Menge technischem Schnickschnack gegen
Neonazis und Kommunisten in Ländern mit Fantasienamen wie
Svardia, Santales oder Logosia. Das Revolutionäre an *Mission:
Impossible* war die enorme Handlungsdichte und schnelle
Schnittechnik – Eigenschaften, die bei einer Neuauflage der

Serie zwischen 1988 und 1990 mit dem ergrauten Peter Graves in Vergessenheit gerieten.

Mister Ed

TV-Serie zwischen 1961 und 1965 (143 Folgen; dt. Originaltitel) um das sprechende Pferd Mr. Ed, das seinen Besitzer, den Architekten Wilbur Pope (Alan Young), in allerlei Schwierigkeiten bringt. Mr. Ed wurde von Bamboo Harvester gespielt, einem Palomino-Hengst, der 1979 im Alter von 33 Jahren starb.

Mitty, Walter

Gestalt aus der 1939 veröffentlichten Erzählung *The Secret Life of Walter Mitty* von James Thurber, 1894–1961. Mitty liest die Korrekturen für einen Groschenheftverlag und träumt sich aus seinem stumpfsinnigen Alltag in immer neue Heldenrollen. Ein Walter Mitty im übertragenen Sinn ist ein willensschwacher Eskapist.

Mix, Tom

1880–1940, trat als Schauspieler mit seinem Pferd Tony in über 400 Billigwestern auf und spielte die Cowboyrolle auch im wirklichen Leben — er trug stets einen weißen Anzug und Reitstiefel. Vor seiner 1909 begonnenen Filmkarriere hatte er nach eigenen Angaben als Marshal gearbeitet. Die Abenteuer des ›King of the Cowboys‹ erschienen als Comicstrips und Heftromane auch in Deutschland.

Model T

1908 von Henry Ford entwickeltes Automobil, das ab 1913 in Highland Park, Michigan, am Fließband gebaut wurde. Dies war die Geburtsstunde für das Automobil als Massenverkehrsmittel: die revolutionäre Fließbandmontage ermöglichte es Ford, den Preis des Model T auf 500 Dollar zu senken. Mitte der 20er Jahre waren über 15 Millionen des umgangssprachlich ›Tin Lizzie‹ genannten Wagens verkauft.

Monopoly

Das Brettspiel um Lust und Frust des Kapitalistendaseins wurde 1930, mitten in der Weltwirtschaftskrise, von Charles B. Darrow erfunden, der die Felder nach existierenden Straßen aus Atlantic City benannte. 1935 kaufte die Spielefirma Parker Brothers die Rechte an Monopoly und vertreibt seither das

Spiel weltweit. Sinn des Spiels ist es, möglichst viele der von der Mediterranean Avenue bis zum Boardwalk immer teurer werdenden Straßen zu besitzen, Häuser und Hotels darauf zu errichten, durch das Kassieren von Mieten ein Vermögen anzusammeln und die Mitspieler in den Bankrott zu treiben.

Die vierzig Monopoly-Felder der amerikanischen Version und ihre deutschen Entsprechungen heißen:

Collect $ 200.00 Salary as You Pass Go: Los – Ziehen Sie im Vorübergehen DM 4000.— Gehalt ein
Mediterranean Avenue: Badstraße
Community Chest: Gemeinschafts-Feld
Baltic Avenue: Turmstraße
Income Tax: Einkommensteuer
Reading Railroad: Südbahnhof
Oriental Avenue: Chausseestraße
Chance: Ereignis-Feld
Vermont Avenue: Elisenstraße
Connecticut Avenue: Poststraße
In Jail, or Just Visiting: Im Gefängnis – Nur zum Besuch
St. Charles Place: Seestraße
Electric Company: Elektrizitätswerk
States Avenue: Hafenstraße
Virginia Avenue: Neue Straße
Pennsylvania Railroad: Westbahnhof
St. James Place: Münchner Straße
Community Chest: Gemeinschafts-Feld
Tennessee Avenue: Wiener Straße
New York Avenue: Berliner Straße
Free Parking: Frei Parken
Kentucky Avenue: Theaterstraße
Chance: Ereignis-Feld
Indiana Avenue: Museumstraße
Illinois Avenue: Opernplatz
B & O Railroad: Nordbahnhof
Atlantic Avenue: Lessingstraße
Ventnor Avenue: Schillerstraße
Water Works: Wasserwerk
Marvin Gardens: Goethestraße
Go to Jail: Gehen Sie in das Gefängnis
Pacific Avenue: Rathausplatz
North Carolina Avenue: Hauptstraße
Community Chest: Gemeinschaftsfeld
Pennsylvania Avenue: Bahnhofstraße

Short Line: Hauptbahnhof
Chance : Ereignis-Feld
Park Place: Parkstraße
Luxury Tax: Zusatzsteuer
Boardwalk: Schloßallee

Moonie

Spitzname von Angehörigen der Unification Church, die der Südkoreaner Reverend Sun Myung Moon 1954 gründete.

Moonwalk

durch Michael Jackson popularisierter Breakdance-Schritt, bei dem der Tänzer vorwärts zu gehen scheint, sich aber tatsächlich rückwärts bewegt.

More Stars than in Heaven

Werbeslogan der 1924 gegründeten Produktionsgesellschaft Metro-Goldwyn-Mayer.

Motown

1. Spitzname von Detroit im →Auto State Michigan; hier haben Chrysler, Ford und General Motors ihren Firmensitz.

2. ›Motown‹ nannte Berry Gordon seine 1959 in Detroit entstandene Plattenfirma, die viele schwarze Sänger und Gruppen unter Vertrag hatte (Stevie Wonder, die Jackson 5, die Supremes) und den typischen Motown-Sound der 60er Jahre schuf. Inzwischen ist das Motown-Label nach Los Angeles umgezogen; das alte Plattenstudio am West Grand Boulevard ist heute ein Museum.

Mount Rushmore

liegt in den Black Hills von Dakota. In sein Felsgestein meißelte der Bildhauer Gutzon Borglum, 1867–1941, während der 20er Jahre die Köpfe von vier amerikanischen Präsidenten. Die 20 Meter hohen Konterfeis von George Washington, Abraham Lincoln, Thomas Jefferson und Theodore Roosevelt sind eine Touristenattraktion und dienten häufig als Filmkulisse, unter anderem für die akrobatischen Kletterkünste von Cary Grant und Eva Marie Saint in Hitchcocks *North by Northwest* (1959; dt. *Der unsichtbare Dritte*). Borglum nahm 1936 am Stone Mountain eine zweite Mammutskulptur mit Helden aus dem amerikanischen Bürgerkrieg in Angriff, starb aber, ehe er die Arbeit beenden konnte.

Mr. Bojangles

Spitzname des legendären schwarzen Steptänzers Bill Robinson, 1878–1949.

Mr. Clean

Haushaltsreiniger von Proctor & Gamble. Auf dem Etikett der Flasche ist ein glatzköpfiger Muskelprotz mit verschränkten Armen und einem Ohrring im linken Ohr abgebildet, der heute eher Assoziationen an einen Skinhead hervorruft. Für den deutschen Markt wurde Mr. Clean genial mit ›Meister Proper‹ übersetzt. Ein ›Mister Clean‹ im übertragenen Sinn ist ein skrupulöser Saubermann mit blütenweißer Weste.

Mr. Moto

von John P. Marquand 1935 in dem Roman *Ming Yellow* erdachter japanischer Detektiv. Mr. Moto, ein Meister der Verkleidung, der seine Gegenspieler durch seine vermeintliche Ängstlichkeit täuscht, wurde brillant von Peter Lorre in einer achtteiligen Filmreihe von Twentieth Century Fox gespielt. Ein Comeback des cleveren Schnüfflers mit Henry Silva in der Titelrolle (1965; *The Return of Mr. Moto*) erreichte nicht das Niveau der alten Filme. Die sechs Mr. Moto-Romane: *Ming Yellow* (1935; dt. *Guter Rat, Mr. Moto*); *Thank You, Mr. Moto* (1936; *Besten Dank, Mr. Moto*); *Mr. Moto is So Sorry* (1938; *Kein Mitleid, Mr. Moto*); *Mr. Moto Takes a Hand* (1940; *Ihr Zug, Mr. Moto*); *Last Laugh, Mr. Moto* (1942; *Gut gelacht, Mr. Moto*); *Stopover Tokyo* (1957; *Zwischenspiel in Tokio*). Die Mr. Moto-Filme waren: *Think Fast, Mr. Moto* (1937); *Thank You, Mr. Moto* (1937); *Mr. Moto's Gamble* (1938); *Mr. Moto Takes a Chance* (1938); *Mysterious Mr. Moto* (1938), *Mr. Moto's Last Warning* (1939); *Mr. Moto in Danger Island* (1939); *Mr. Moto Takes a Vacation* (1939).

Mr. Potato Head

eine Puppe in Form einer großen Kartoffel, die nur aus einem Gesicht und kleinen Ärmchen und Beinchen besteht. Nase, Mund, Augen und Ohren des von Hasbro Incorporated produzierten Kartoffelmännchens lassen sich an beliebigen Stellen des Knollengesichts befestigen, so daß Mr. Potato Head oft wie eine Gestalt aus einem kubistischen Gemälde wirkt.

Mr. Rogers' Neighborhood

seit 1963 auf →PBS ausgestrahlte Kindersendung mit Fred Rogers, *1928, einem studierten protestantischen Theologen. Der Ablauf ist immer gleich: Mr. Rogers kommt von der Arbeit nach Hause, schlüpft in Turnschuhe und eine Strickjacke, singt ein fröhliches Liedchen oder erzählt in gemächlichem Ton Geschichten, die sich meist um die verborgenen Emotionen der Erwachsenen drehen. *Mr. Rogers' Neighborhood* ist eine Oase der Ruhe im hektischen amerikanischen Kinderprogramm, doch die Betulichkeit der Sendung provozierte auch Satiren. Eddie Murphy schrieb für einen seiner Auftritte bei →*Saturday Night Live* den Sketch *Mr. Robinson's Neighborhood*, in dem es von Prostituierten, Drogendealern und Slumlords wimmelte.

Mr. Television

Spitzname von Milton Berle, *1908 als Mendel Berlinger in New York City. Berle, eine lebende Legende des amerikanischen Showbusineß, trat bereits als Fünfjähriger in Stummfilmen auf und machte eine mäßig erfolgreiche Karriere als Filmschauspieler und Radiosprecher, bis er Ende der 40er Jahre im Medium Fernsehen zu Star-Ehren kam. Von 1948–1959 moderierte er bei →NBC die *Milton Berle Show*, eine Sendung im damals üblichen Vaudeville-Stil mit Sängern, Akrobaten und Komikern, die Berle Gelegenheit zu Slapstick-Einlagen gab. Mögen seine Witze im Rückblick auch reichlich banal erscheinen, zu seinen Glanzzeiten war Berle so populär, daß ihm → NBC einen Vertrag über 30 Jahre anbot. Uncle Miltie, wie er wegen seiner etwas betulichen Art auch genannt wird, trat noch bis in die 80er Jahre als Gaststar in verschiedenen Unterhaltungssendungen auf.

Mrs. O'Leary's cow

verursachte der Legende nach den Großbrand von Chicago am 8. Oktober 1871, als sie in ihrem Stall in der DeKoven Street eine Laterne umstieß.

MTV

Video Killed the Radio Star, mit diesem programmatischen Titel der Buggles eröffnete der Musiksender MTV 1981 sein Programm, das rund um die Uhr Videoclips bietet. MTV war Fernsehen der 80er Jahre: frech, witzig und vor allem wahnsinnig schnell. Die Kombination aus schnellen Schnitten, ausgefallenen Bildern, aggressiver Musik und Zeichentrickelementen revolutionierte den Fernsehstil und wurde nicht nur von → *Miami Vice* kopiert. MTV war das ideale Medium für die beiden Megastars der 80er, Madonna und Michael Jackson, denn es transportiert keine Aussagen, sondern Posen und Attitüden. Heute ist MTV ein Dudelsender unter vielen, die Einschaltquoten gehen bereits seit Mitte der 80er deutlich zurück.

Muppets

nannte Jim Henson, 1936–1990, die von ihm erfundenen Stofftiere, weil sie halb Marionetten und halb Puppen sind. Am Anfang stand Kermit the Frog (Kermit der Frosch), der sein Debüt 1957 in der *Tonight Show* gab. Regelmäßig treten die Muppets seit 1969 in der Kindersendung →*Sesame Street* (dt. *Sesamstraße*) auf, wo sie so populär wurden, daß sie von 1976 bis 1980 ihre eigene Serie erhielten, *The Muppet Show* (dt. *Die Muppet-Show*).

Zu den beliebtesten Figuren dieser Serie zählen die mollige Miss Piggy, ein liebestolles Schwein mit Starambitionen; Fozzie Bear (Fozzie Bär), ein leicht vertrottelter Komiker; Gonzo, der jede Show mit einem Fanfarenstoß zu eröffnen versucht, was immer mißlingt; der Pianist Rowlf, ein zotteliger Hund, sowie die riesige Showband Dr. Zoot & the Electric Mayhem mit dem Hippie-Gitarristen Floyd und dem Drummer Animal, der seinem Namen alle Ehre macht. In jeder Folge tritt ein menschlicher Gast aus dem Showbusineß auf, den die Muppets in mehreren Nummern verulken; dazwischen gibt es in sich geschlossene Teile, etwa die →*Star Trek*-Satire *Pigs in Space* (dt. *Schweine im Weltall*) oder die absurden Rezepte eines schwedischen Kochs, der immer »Smörrebröd, Smörrebröd, römtöm-töm-töm« vor sich hin singt. Die heimlichen Stars der Muppet Show waren jedoch Statler und Waldorf, zwei alte Nörgler, die in einer Loge sitzen und die Akteure mit zynischen Zwischenrufen beleidigen oder ein sarkastisches Schlußwort sprechen:

STATLER: Also du kannst sagen, was du willst, mir hat die Show gefallen.

WALDORF: Mag sein, aber dir hat ja auch der letzte Krieg gefallen.

Muppie

Abwandlung von →Yuppie: ›middleaged urban professional person‹.

Murphy Brown

seit 1988 von →CBS ausgestrahlte Sitcom (dt. Originaltitel) um die Fernsehjournalistin Murphy Brown (Candice Bergen), die für ein in Washington produziertes Wochenmagazin namens F.Y.I. arbeitet und als engagierte Reporterin oft mit ihren Studiobossen im Clinch liegt. 1992 packten die Drehbuchautoren ein heißes Eisen an: Murphy wird nach einem kurzen Intermezzo mit ihrem Ex-Mann schwanger, entscheidet sich gegen eine Abtreibung und ist so mit den Problemen alleinerziehender Mütter konfrontiert. Die beliebte TV-Serie wurde zum Gesprächsthema Nummer Eins, als sich der damalige Vizepräsident Dan Quayle – die Republikaner hatten die ›family values‹ zum Wahlkampfthema gemacht – während des Wahlkampfs zu der Äußerung hinreißen ließ, seine Vorstellung einer Familie sei nicht die von Murphy Brown. Die Macher der Serie ließen sich diese Publicity natürlich nicht entgehen und legten Murphy in der ersten Sendung der Herbststaffel 1992 eine flammende Attacke gegen Quayles Kritik in den Mund.

Murphy's Law

›Anything that can go wrong, will go wrong‹. Warum diese Weisheit nach einem Mr. Murphy benannt ist, liegt im Dunkeln.

Murray, Arthur

1895–1991, vermarktete seit 1919 seine Tanz-Diagramme per Postversand, gründete in den 20er Jahren die Arthur Murray Dance Studios und baute im Franchising-System eine Tanzschulen-Kette auf, die heute über 225 Filialen hat. Zusammen mit seiner Frau Kathryn moderierte er zwischen 1950 und 1960 in verschiedenen Networks seine Unterhaltungsshow *The Arthur Murray Party*, in der sich alles ums Tanzen drehte – ein genialer Werbetrick für seine Schulen. Am Ende jeder Sendung tanzte Arthur mit seiner Frau einen Wiener Walzer, und Kathryn verabschiedete sich mit den Worten: »Till then, to put a little fun in your life, try dancing.« Wie Fred Astaire ist Arthur Murray heute zum Inbegriff des scheinbar mühelosen, eleganten Tanzens geworden. »The sidewalk began to look like some weird Arthur Murray dance diagram.« (Stephen King, *Needful Things.*)

Mutt and Jeff

Der Comicstrip von Bud Fisher, 1885–1954, um den baumlangen Pechvogel Mutt und den kleinen, Zylinder tragenden Jeff erschien von 1907 bis 1957. Mutt, Prototyp des ›fall guy‹, ist ein Vorläufer von →Donald Duck. Die Comicserie war so populär, daß James Joyce in *Finnegan's Wake* auf die beiden Figuren als ›Mute and Jute‹ anspielt.

Muzak

Markenname von Kassetten mit Berieselungsmusik, wie sie in Kaufhäusern, Aufzügen, Wartezimmern usw. zu hören ist. Muzak Business Music Services bietet Geräuschteppiche für alle Gelegenheiten.

MVP

Abkürzung von ›most valuable player‹, oft auch auf Bereiche außerhalb des Sports übertragen: »Hillary is Clintons MVP«. (*CNN*, 12.8.1992)

Mylanta

Markenname eines Arzneimittels gegen Magenbeschwerden. »When they got to the office, Rocco dug out some Mylanta and a plastic spoon and then stood in the doorway of the coffee machine nook, watching Strike shake up the bottle.« (Richard Price, *Clockers*.)

N.A.

Abkürzung der Narcotics Anonymous, einer Selbsthilfeorganisation nach dem Vorbild der Alcoholics Anonymous (→ AA).

NAACP

Abkürzung der 1909 gegründeten National Association for the Advancement of Colored People, einer wichtigen Organisation im Kampf um die Gleichberechtigung der schwarzen Bevölkerung; heute eine einflußreiche politische Lobby mit Sitz in Baltimore.

Nader, Ralph

*1934, enthüllte als Rechtsanwalt in seinem 1965 veröffentlichten Buch *Unsafe at Any Speed* die eklatanten Sicherheitsmängel amerikanischer Autos, insbesondere des von General Motors produzierten Chevrolet Corvair, und löste damit ein Umdenken im Automobilbau aus. Nader gründete mehrere Verbraucherschutzorganisationen, führte zusammen mit einem Team von Rechtsanwälten (Naderites) zahllose Musterprozesse gegen Produzenten von Babynahrung, Unkrautvertilgungsmitteln, Spielzeugen usw. und setzte so die strenge amerikanische Gesetzgebung zur Produkthaftung durch.

Namath, Joe

*1943, der legendäre Football-Quarterback der New York Jets und Los Angeles Rams, ist für seine sexuellen Eskapaden ebenso berühmt wie für seine Leistungen auf dem Spielfeld. Nach dem Ende seiner Aktivenkarriere 1978 war er in einigen Kinofilmen und Fernsehserien zu sehen; heute arbeitet er als Sportkommentator.

Nancy Drew

18jährige Detektivin aus einer umfangreichen Kinderbuchreihe, die unter dem Pseudonym Carolyn Keene, in der ›Schreibfabrik‹ von Edward Stratemeyer und seiner Tochter Harriet Adams verfaßt wurde. Nancy Drew ist das weibliche Pendant zu den →Hardy Boys; sie lebt zusammen mit ihrem verwitweten Vater, dem Rechtsanwalt Carson Drew, in River Heights. Bonita Granville spielte die Nancy Drew in vier B-Movies, die Ende der 30er Jahre gedreht wurden, und Pamela Sue Martin 1977 in einer 48teiligen Fernsehserie mit dem Titel *The Nancy Drew Mysteries*.

National Enquirer

1926 gegründetes Wochenblatt, das wie seine Konkurrenten *Globe*, *National Examiner* und *Sun* hauptsächlich Skandalgeschichten aus der Welt des Showbiz veröffentlicht. Der für seinen Scheckbuchjournalismus berüchtigte *National Enquirer* hat eine Auflage von über vier Millionen Exemplaren und erscheint in Lantana, Florida.

National League

Die amerikanische Baseball-Profiliga setzt sich aus der → American League (AL) und der National League (NL) zusammen. In der 1876 gegründeten und in zwei ›Divisions‹ unterteilten National League spielen zur Zeit zwölf Mannschaften.

Mannschaft	Name des Stadions

National League East

Chicago Cubs	Wrigley Field
Montreal Expos	Olympic Stadium
New York Mets	Shea Stadium
Philadelphia Phillies	Veterans Stadium
Pittsburgh Pirates	Three Rivers Stadium
St. Louis Cardinals	Busch Stadium

National League West:

Atlanta Braves	Atlanta-Fulton Stadium
Cincinnati Reds	Riverfront Stadium
Houston Astros	Astrodome
Los Angeles Dodgers	Dodger Stadium
San Diego Padres	Jack Murphy Stadium
San Francisco Giants	Candlestick Park

Die beiden Ersten jeder Division tragen eine Endrunde von maximal sieben Spielen aus; Ende Oktober tritt der Gewinner der National League in der ebenfalls auf sieben Spiele angelegten World Series gegen den Gewinner der American League an.

Nautilus

Markenname von Fitneßgeräten, die von Arthur Jones entwickelt wurden und auch in Deutschland erhältlich sind. »... even though you hear now about the fellow who earns a hundred thousand dollars with the fitness truck that comes right to the people's home. The truck has Nautilus, and a sound system you wouldn't expect.« (Ethan Canin, *Emperor of the Air.*)

NBA

1. National Boxing Association.
2. National Basketball Association, die 1949 aus der National Basketball League und der Basketball Association of America hervorgegangene Profiliga. Zwischen 1961 bis 1976 spielten die Teams der →ABA in Konkurrenz zur älteren NBA. Die NBA ist unterteilt in die Eastern Conference und die Western Conference, die jeweils aus zwei ›Divisions‹ bestehen. Derzeit spielen 27 Mannschaften in der NBA:

EASTERN CONFERENCE

Atlantic Division

Boston Celtics
Philadelphia 76ers
New York Knicks
Washington Bullets
New Jersey Nets
Miami Heat

Central Division

Chicago Bulls
Detroit Pistons
Milwaukee Bucks
Atlanta Hawks
Indiana Pacers
Cleveland Cavaliers
Charlotte Hornets

WESTERN CONFERENCE

Midwest Division

San Antonio Spurs
Utah Jazz
Houston Rockets
Orlando Magics
Minnesota Timberwolves
Dallas Mavericks
Denver Nuggets

Pacific Division

Portland Trail Blazers
Los Angeles Lakers
Phoenix Suns
Golden State Warriors
Seattle SuperSonics
Los Angeles Clippers
Sacramento Kings

Die Meisterschaft der NBA wird durch ein Playoff-Verfahren entschieden, bei dem die jeweils acht besten Mannschaften der Eastern und der Western Conference erst untereinander die Conference Finals austragen und die beiden Sieger dann gegeneinander antreten.

NBC

Die 1926 gegründete National Broadcasting Corporation, eines der ursprünglich drei großen TV-Networks, begann 1939 mit der Ausstrahlung eines Fernsehprogramms.

NEA

National Endowment for the Arts; die einzige staatliche Kunststiftung der USA verfügt über ein Budget, das knapp unter dem Kulturetat der Stadt München liegt. Dennoch wurde die NEA wegen ihrer Unterstützung von Künstlern wie Robert Mapplethorpe in den letzten Jahren heftig von religiös-fundamentalistischen Rechtsradikalen attackiert. Zusammen mit der National Endowment for the Humanities (NEH), die Projektmittel und Stipendien für Geisteswissenschaftler vergibt, bildet die NEA die National Foundation on the Arts and the Humanities.

Nebula

SF-Literaturpreis, den die Mitglieder der Science Fiction Writers of America (SFWA) jährlich in mehreren Kategorien vergeben.

Neiman-Marcus

auf elegante Designerkleidung spezialisierte Kaufhauskette mit Stammsitz in Chicago.

Neuman, Alfred E.

sommersprossiger Mickermann aus der Satirezeitschrift *Mad*. Der Comic-Zeichner Will Elder erfand diesen unverschämt grinsenden Antihelden mit dem Ohrfeigengesicht und der Zahnlücke 1955. Die deutsche Ausgabe des ›verrücktesten Magazins der Welt‹ übersetzt Neumans Motto ›What me worry‹ mit ›Na und ...‹.

NFL

Die heutige National Football League entstand am 10. Mai 1970 durch den Zusammenschluß zweier bisher unabhängiger Football-Profi-Ligen, der American Football League (AFL) und der alten National Football League. Die 28 Mannschaften in der neuen NFL sind unterteilt in die National Football Conference (NFC) und die American Football Conference (AFC), die sich wiederum jeweils aus einer Eastern, Central und Western Division zusammensetzen.

AMERICAN FOOTBALL CONFERENCE

Mannschaft	Name des Stadions
Eastern Division	
Buffalo Bills	Rich Stadium
Indianapolis Colts	Hoosier Dome
Miami Dolphins	Joe Robbie Stadium
New England Patriots	Sullivan Stadium
New York Jets	Giants Stadium
Central Division	
Cincinnati Bengals	Riverfront Stadium
Cleveland Browns	Municipal Stadium
Houston Oilers	Astrodome
Pittsburgh Steelers	Three Rivers Stadium

Western Division

Denver Broncos	Mile High Stadium
Kansas City Chiefs	Arrowhead Stadium
Los Angeles Raiders	Memorial Coliseum
San Diego Chargers	Jack Murphy Stadium
Seattle Seahawks	Kingdome

NATIONAL FOOTBALL CONFERENCE

Eastern Division

Dallas Cowboys	Texas Stadium
New York Giants	Giants Stadium
Philadelphia Eagles	Veterans Stadium
Phoenix Cardinals	Sun Devil Stadium
Washington Redskins	R.F. Kennedy Stadium

Central Division

Chicago Bears	Soldier Field
Detroit Lions	Pontiac Silverdome
Green Bay Packers	Lambeau Field
	Milwaukee Stadium
Minnesota Vikings	Hubert H. Humphrey Metrodome
Tampa Bay Buccaneers	Tampa Stadium

Western Division

Atlanta Falcons	Atlanta-Fulton Stadium
Los Angeles Rams	Anaheim Stadium
New Orleans Saints	Louisiana Superdome
San Francisco 49ers	Candlestick Park

Die beiden Gruppenersten der American und der National Conference spielen Ende Januar im →Super Bowl gegeneinander.

NHL

Die 1917 gegründete National Hockey League umfaßt kanadische und amerikanische Mannschaften und ist in die Prince of Wales Conference und die Clarence Campbell Conference unterteilt, die sich wiederum in die Adams und die Patrick Division einerseits und die Norris und Smythe Division anderererseits gliedern. Die Meisterschaft der NHL, der Stanley Cup, wird unter den jeweils acht besten Mannschaften der Wales Conference und der Campbell Conference im Playoff-Verfahren ausgetragen. Derzeit gehören 21 Teams zur NHL:

WALES CONFERENCE

Adams Division	Patrick Division
Boston Bruins	New Jersey Devils
Buffalo Sabers	New York Islanders
Hartford Whalers	New New York Rangers
Montreal Canadiens	Philadelphia Flyers
Quebec Nordiques	Pittsburgh Penguins
	Washington Capitals

CAMPBELL CONFERENCE

Norris Division	Smythe Division
Chicago Black Hawks	Calgary Flames
Detroit Red Wings	Edmonton Oilers
Minnesota North Stars	Los Angeles Kings
St. Louis Blues	Vancouver Canucks
Toronto Maple Leafs	Winnipeg Jets

Nice guys finish last
berühmte Devise von Leo Durocher, der zwischen 1938 und 1948 die Brooklyn Dodgers managte und lieber mit schmutzigen Tricks gewann als fair verlor.

Nick Fury
von Jack Kirby erdachter Comic-Held, der als Sergeant im Zweiten Weltkrieg und – mittlerweile zum Colonel befördert und zum Führer eines Agentenrings avanciert – auch in der Gegenwart Abenteuer im Stil von James Bond erlebt. Nach einer Verletzung trägt er eine schwarze Klappe über dem linken Auge.

Nielsen ratings
die Einschaltquoten des amerikanischen Fernsehens. Die A.C. Nielsen Company erfaßt die Fernsehgewohnheiten von 1.700 nach repräsentativen Gesichtspunkten ausgewählten Testhaushalten. Die so ermittelten Prozentzahlen entscheiden über das Wohl und Wehe von TV-Serien und den Preis der darin enthaltenen Werbeminuten.

Nimby

Akronym aus ›not in my backyard‹, einem Schlagwort aus der Kernkraftdiskussion.

900 Numbers

Im Gegensatz zu den →800 Numbers, die für Anrufer kostenfrei sind, bestimmt bei den 900er-Telefonnummern der Anbieter den Preis pro Minute oder Anruf. 900 Numbers reichen von Dial-a-Joke und Dial-an-Insult über esoterische Lebensberatung bis zu Telefonsex. Auch die ›party lines‹ gehören dazu, Konferenzschaltungen, deren Teilnehmer sich coram publico über Gott und die Welt unterhalten oder in ein elektronisches Séparée zurückziehen können, um sich intimer auszutauschen.

Nineteenth hole

Golfplätze verfügen in der Regel über Achtzehnloch-Kurse; das neunzehnte Loch ist die Bar das Clubhauses.

No Sweat

Ein ›24–hour anti-perspirant time-release deodorant‹ von Revlon. Andere bekannte Deos sind: Almay, Arrid (›Don't be half-safe. Be completely safe‹), Ban (›America's # 1 Roll-On‹), Dry Idea, Etiquet (›The safe-and-sure deodorant‹), Hush (›Hush takes the odor out of perspiration‹), Lady's Choice, Mitchum (›So effective you could even skip a day‹) Neet (›Keeps you sweet as an angel‹), Mum (›Mum is the word‹), Quest (›A winner with women‹), Right Guard (›You work hard, you need Right Guard‹), Secret, Soft Dri, Suave und Sure (›Raise your hand if you're sure‹).

The Nose

Spitzname der Schauspielerin Barbra Streisand, *1942.

NOW

Abkürzung für National Organization for Women, einen kämpferischen Verband amerikanischer Feministinnen.

Now is the time for all good men to come to the aid of the party

beliebter Satz zum Ausprobieren des Schriftbilds von Schreibmaschinen.

NPR

National Public Radio, ein Verbund kommerzfreier Rundfunksender mit Hauptsitz in Washington, deren vergleichsweise niveauvolles Programm von zahlreichen Lokalsendern übernommen wird. Das TV-Pendant zu NPR ist →PBS, der Public Broadcasting Service.

NRA

National Rifle Association, der 1871 gegründete Zentralverband der amerikanischen Sportschützen, Jäger und Waffenbesitzer. Die NRA hat mehr als 3 Millionen Mitglieder, beschäftigt in ihrer Washingtoner Hauptgeschäftsstelle über 400 Angestellte und setzt sich als eine der einflußreichsten politischen Lobbys für den unbeschränkten Waffenverkauf ein.

Nuts!

erwiderte General Anthony McAuliffe, als ihn die Deutschen im Dezember 1944 während der Ardennenoffensive zur Kapitulation aufforderten.

O

Symbol für ›hug‹ am Ende eines Briefs oder in Graffiti.

O.A.

Abkürzung der Overeaters Anonymous, einer Selbsthilfeorganisation nach dem Vorbild der Alcoholics Anonymous (→ AA).

Oakley, Annie

1860–1926; legendäre Kunstschützin aus *Buffalo Bill's Wild West Show*, die 1891 auch in Deutschland auftrat und dort Kaiser Wilhelm II. eine Zigarette aus dem Mund schoß. Irving Berlin machte Annie Oakley zur Titelheldin seines 1946 uraufgeführten Musicals *Annie Get Your Gun*. Bereits zu Lebzeiten Oakleys war ›Annie Oakley‹ im Slang ein Ausdruck für eine Freikarte, wohl weil Oakley während ihrer Nummer Löcher in Spielkarten schoß und Freikarten für Baseballspiele früher gelocht waren. In der Westernserie *Annie Oakley* spielte Gail Davis zwischen 1953 und 1956 die Scharfschützin. »Who the fuck's the shooter here, Annie Oakley?« (Richard Price, *Clockers*.)

166

OD

1. ›overdose‹, sowohl als Verb wie als Substantiv gebräuchlich. »One OD'd on the line at Tommy's waiting for a burger.« (Thomas Pynchon, *Vineland*.)

2. ›olive drab‹, die Farbe der Arbeitsuniformen der US Army.

3. Abkürzung auf Kontoauszügen für ›overdraft‹ oder ›overdrawn‹.

4. ›Officer of the day‹.

The Odd Couple

90teilige TV-Serie (1970–1975; dt. *Männerwirtschaft*) um zwei geschiedene Zeitungsleute, die sich ein Apartment in New York teilen, dort aber wie Hund und Katz zusammenleben. Während der Sportreporter Oscar Madison (Jack Klugman) ein Chaot ist, der nächtelang Poker spielt und unter ›Kochen‹ das Öffnen einer Büchse versteht, ist der Pressefotograf Felix Unger (Tony Randall) ein penibler Sauberkeitsfanatiker, der ständig an seinem Mitbewohner herumnörgelt. In der letzten Folge von *The Odd Couple* heiratet Felix reumütig seine Exfrau Gloria, und Oscar feiert seine wiedergewonnene Junggesellenfreiheit.

Die Idee zu dem ungleichen Paar stammte aus Neil Simons gleichnamigem Theaterstück von 1965, das 1968 von Gene Saks mit Walter Matthau und Jack Lemmon verfilmt wurde (dt. *Ein seltsames Paar*). Zwischen 1982 und 1983 versuchte → ABC die anhaltende Popularität der Serie durch ein Remake mit schwarzen Schauspielern auszuschlachten (*The New Odd Couple*), das sich jedoch nicht durchsetzen konnte.

O'Hara, Scarlett

Die Romangestalt der unbeugsamen Südstaaten-Schönen aus Margaret Mitchells *Gone With the Wind* von 1936 (dt. *Vom Winde verweht*) ist der Großmutter der Autorin, Annie Fitzgerald Stephens (1844–1934), nachempfunden. Scarlett verliert die beiden Lieben ihres Lebens, Ashley Wilkes und Rhett Butler (→›Frankly, my dear‹); ihr bleibt am Ende nur die ererbte Plantage Tara. David O. Selznick produzierte den Monumentalfilm gleichen Titels mit Vivien Leigh als schnippischer, lebenslustiger Scarlett. Eine 1991 erschienene Roman-Fortsetzung von Alexandra Ripley trug den Titel *Scarlett* und wurde zu einem internationalen Bestseller.

OJ
   entspricht als Abkürzung für ›orange juice‹ dem deutschen ›O-Saft‹.

OJT
   Abkürzung für ›on-the-job training‹.

Old Faithful
   ein Geysir im Yellowstone National Park, Wyoming, der durchschnittlich alle 65 Minuten eine etwa 45 Meter hohe Wasserfontäne ausstößt.

Old Hickory
   Spitzname von Präsident Andrew Jackson, 1767–1845. Als General hatte er 1812 im Krieg gegen Großbritannien seinen Leuten einen Gewaltmarsch über 500 Meilen abverlangt und galt daher als ›tough as hickory‹.

One small step for man, one giant leap for mankind
   Mit diesen Worten hüpfte Neil Armstrong, *1930, nach dem Apollo–11–Flug am 21. Juli 1969 von der Leiter der Landefähre Eagle und betrat als erster Mensch den Mond. Ghostwriter dieser einprägsamen Formulierung soll Norman Mailer gewesen sein. Als vier Monate später der Kommandant des Apollo–12–Unternehmens, Charles Conrad, seinen Fuß auf den Mond setzte, hörte man auf der Erde seinen Ausruf: »Whoopee! Man, that may have been a small one for Neil, but that's a long one for me!«

The only law west of the Pecos
   Spitzname von Roy Bean, 1825–1903, der sich nach einem abenteuerlichen Leben als Spieler, Söldner und Viehdieb 1874 in der Kleinstadt Vinegaroon in Texas niedergelassen und dort einen Saloon eröffnet hatte. Als ihn die Einwohner zum Friedensrichter wählten, benannte er die Stadt nach der britischen Schauspielerin Lily Langtry in ›Langtry‹ um und hielt in seiner Kneipe Gericht. Beans kuriose Rechtsprechung – viele Fälle löste er mit seinem Colt – trugen ihm den Spitznamen ein, als einziger westlich des Pecos River für eine wie auch immer geartete Gerechtigkeit zu sorgen.

Oomph Girl
   Spitzname der Schauspielerin Ann Sheridan, 1915–1967; das ›oomph!‹ steht für die Wirkung ihres Sexappeals.

The opera isn't over until the fat lady sings
in die Umgangssprache eingegangene Sentenz des Sportjournalisten Dan Cook mit der Bedeutung, man solle die Rechnung
nicht ohne den Wirt machen.

The Oprah Winfrey Show
Talkshow mit der pummeligen Schwarzen Oprah Winfrey,
*1935, die seit 1986 bei →ABC im Tagesfernsehen läuft. Im
Unterschied zu →Donahue oder Sally Jessy Raphael, die sie in
der Zuschauergunst bald überrundete, ist Oprah emotionaler
und weniger didaktisch. Ihre fast exhibitionistisch offene Art –
Oprah plaudert über ihr Trauma als sexuell mißbrauchtes Kind
ebenso ungeniert wie über ihre gescheiterten Diätpläne – setzte viele bis dahin unangerührte TV-Tabus außer Kraft und
machte Oprah Winfrey zum reichsten Talkshow-Star aller Zeiten.

Oral Roberts
*1918, Prediger, der seit Ende der 40er Jahre mit seiner Zelt-
mission durch die USA tingelte (›The World's Largest Gospel
Tent‹) und ab 1954 im Fernsehen auftrat. Ein besonderer Wer-
beclou von Oral Roberts war seine Ankündigung 1986, der
Herr werde ihn zu sich holen, falls seine Fernsehgemeinde nicht
binnen zehn Tagen 8 Millionen Dollar spende. Die Spenden
erreichten nicht ganz das gesteckte Ziel, aber der Herr gab sich
wohl auch mit weniger zufrieden; jedenfalls weilt Oral Roberts
noch unter uns.

Original Colonies
die 13 britischen Kolonien, die vor dem amerikanischen Unab-
hängigkeitskrieg bestanden: Connecticut, Delaware, Georgia,
Maryland, Massachusetts, New Hampshire, New Jersey, New
York, North Carolina, Pennsylvania, Rhode Island, South Car-
olina und Virginia. Auf der amerikanischen Stars-and-Stripes-
Flagge werden sie durch die sechs weißen und sieben roten
Querstreifen symbolisiert.

Oscar
Die seit 1929 jährlich von den Mitgliedern der American
Academy of Motion Picture Arts and Sciences vergebene Aus-
zeichnung für herausragende Leistungen auf dem Gebiet der
Filmkunst heißt eigentlich Academy Award of Merit for Dis-
tinctive Achievements. Auf dem Sockel der von Cederic Gib-

bons entworfenen vergoldeten Statuette steht die Inschrift ›Academy First Award To ...‹. Ihren Spitznamen erhielt sie angeblich wegen der Bemerkung einer Sekretärin der Academy namens Margaret Herrick, die beim Anblick des ersten Entwurfs meinte, der glatzköpfige Muskelmann erinnere sie an ihren Onkel Oscar. Der Drehbuchautor Frances Marion äußerte sich bereits 1928 hellsichtig zum Oscar: »The statuette is a perfect symbol of the picture business – a powerful athletic body clutching a gleaming sword, with half of his head, the part that holds his brain, completely sliced off.«

Mehrere verarmte Academy-Award-Gewinner mußten ihren Preis versteigern lassen. Den Traum von einem Original-Oscar kann man sich ab 70.000 Dollar erfüllen. Der wertvollste Oscar dürfte jedoch unverkäuflich bleiben: 1938 erhielt Walt Disney für den Zeichentrickfilm *Snow White and the Seven Dwarfs* einen Sonderpreis: einen mit 34 Zentimetern normalgroßen Oscar für Schneewittchen und je einen Zwerg-Oscar für Bashful, Doc, Dopey, Grumpy, Happy, Sleepy und Sneezy.

Oswald, Lee Harvey

1939–1963; der mutmaßliche Attentäter von Präsident John F. Kennedy wurde am 24. November 1963, zwei Tage nach dem Attentat, von Jack →Ruby erschossen, während er in Polizeigewahrsam war.

Our Gang

hieß eine aus Kindern bestehende Komikertruppe, die seit Anfang der 20er bis Mitte der 40er Jahre in zahlreichen Kurzfilmen des Produzenten Hal Roach auftrat. Es gab mehrere Generationen von ›Our Gang‹; zur Originalbesetzung gehörten Joe Cobb, Jackie Condon, Mickey Daniels, Allen Hoskins alias Farina, Mary Kornman und Ernie Morrison, genannt ›Sunshine Sammy‹. In den 30er Jahren wurden sie von Spanky Macfarland, Darla Hood und Buckwheat Thomas abgelöst. Die Fernsehfassungen der Slapsticknummern von ›Our Gang‹ wurden unter dem Titel *The Little Rascals* (dt. *Die kleinen Strolche*) gesendet.

Oval Office

Das Büro, in dem der Präsident im Weißen Haus (→1600 Pennsylvania Avenue) Besucher empfängt, wurde 1935 auf Veranlassung von Franklin D. Roosevelt gebaut.

PA

prosecuting attorney. »I say, ›Hey, you say that, we'll have to go to trial, because the PA ain't gonna negotiate that.‹« (Richard Price, *Clockers*.)

PAC

Abkürzung von ›political action committee‹; Interessenverbände, die durch Wahlkampfspenden Einfluß auf Kandidaten für politische Ämter nehmen.

Palooka, Joe

blonder Boxer mit beschränktem Verstand aus Ham Fishers gleichnamigem Comicstrip von 1928. Stuart Erwin und Joe Kirkwood spielten Palooka in einer Reihe wenig erfolgreicher Kinofilme aus den 30er und 40er Jahren. Ein ›Palooka‹ im übertragenen Sinn ist ein abgehalfterter Sportler oder ein zu sinnloser Gewalt neigender, leicht manipulierbarer Dummkopf.

Parks, Rosa

*1913, schwarze Bürgerrechtlerin aus Montgomery, Alabama, die sich im Januar 1956 während einer Busfahrt weigerte, ihren Sitzplatz in dem für Weiße vorbehaltenen Teil des Busses aufzugeben. Als sie dafür vor Gericht zu einer Geldstrafe verurteilt wurde und schließlich im Gefängnis landete, löste dies den Montgomery Bus Boycott aus. Im April 1956 erklärte der oberste Gerichtshof die Rassentrennung in öffentlichen Verkehrsmitteln für verfassungswidrig.

The Partridge Family

harmlose Sitcom um eine singende Familie (1970–1974; dt. *Die Partridge Familie*); Shirley Jones spielte die verwitwete Shirley Partridge, die mit ihren Kindern Keith (David Cassidy), Laurie (Susan Dey), Christopher (Jeremy Gelbwaks, später Brian Foster) und Tracy (Suzanne Crough) einen Überraschungshit landet und nun kreuz und quer durch die USA tingelt. Die Songs der Partridge Family (*I Think I Love You*) wurden durch die TV-Serie tatsächlich zu Hits und machten David Cassidy zum Teeniestar.

PBS

das 1967 auf Beschluß des Kongresses eingerichtete Public Broadcasting System, ein Verbund öffentlich subventionierter, nahezu reklamefreier ›Kultursender‹. Von den rund 1500 amerikanischen Fernsehsendern gehören etwa ein Fünftel dem PBS an.

PD
public defender; Pflichtverteidiger. »Rodney's PD entered a not-guilty plea.« (Richard Price, *Clockers*.)

Peck's Bad Boy
die amerikanische Version des Enfant terrible, nach dem Titel des 1883 erschienenen Romans *Peck's Bad Boy and His Pa* von George W. Peck, 1840–1916. Der ständig üble Streiche aus-heckende ›Bad Boy‹ heißt mit Vornamen Hennery.

Pee-Wee's Playhouse
populäre Kindersendung zwischen 1986 und 1991 auf →CBS mit Pee-wee Herman, gespielt von Paul Reubens. Pee-Wee Herman ist durch seine kindlich-anarchische Komik am ehesten mit Hape Kerkeling zu vergleichen, und wie dieser wurde er zu einer Kultfigur unter Jugendlichen.

Reubens steckte immer in einem viel zu kleinen Anzug, trug Fliege und sprach mit hoher Kinderstimme. Nachdem Reubens 1991 in einem Pornokino in Florida wegen Exhibitionismus verhaftet wurde, war seine Karriere im Kinderfernsehen zu En-de.

Penn & Teller
erfolgreiches Zaubererteam, das häufig in Unterhaltungsshows auftritt; Penn Jillette ist groß und dick, Teller, der keinen Vor-namen hat, ist klein und bleibt meist stumm.

Peoria, Illinois
wie Dubuque, Iowa und Duluth, Minnesota das amerikanische Krähwinkel. ›Will it play in Peoria?‹ war Richard Nixons Ma-xime für politisches Handeln. Die kanadische Version des Arschs der Welt heißt Medicine Hat, Alberta, oder Moose Jaw, Saskatchewan. (→Podunk)

The Perpetual Virgin
Spitzname der Schauspielerin Doris Day, *1924, die selbst mit 40 noch auf ihren Kleinmädchen-Charme setzte, was Groucho Marx zu der Bemerkung veranlaßte: »I have been around so long I can remember Doris Day before she was a virgin.«

Peyton Place

514teilige TV-Serie (1964–1968; dt. Originaltitel) um die Bewohner einer Kleinstadt in Neuengland. *Peyton Place* basierte auf dem gleichnamigen Bestseller von Grace Metalious (dt. *Die Leute von Peyton Place*), der 1957 von Mark Robson verfilmt wurde (dt. *Glut unter der Asche*). Die Fernsehserie arbeitete zwar mit allen Tricks einer Soap Opera – dunkle Familiengeheimnisse, erwünschte und unerwünschte Schwangerschaften, Hochzeiten und Scheidungen, Mord –, doch im Vergleich zu → *Dallas* oder →*Dynasty* drehte sich das Karussell der Leidenschaften in *Peyton Place* mit betulicher Langsamkeit. Die an der Serie beteiligten Darsteller würden ein eigenes Lexikon füllen; in Erinnerung blieben Mia Farrow als Allison Mackenzie und Ryan O'Neal, der spätere Star von *Love Story*, als Rodney Harrington.

PG

Die Altersfreigabe von Kinofilmen unterscheidet zwischen G (›general audience‹, keine Altersbeschränkung); PG (›parental guidance advised‹); PG–13 (›parental guidance advised‹, besonders für Kinder unter 13); R (›restricted‹, Zutritt für unter 17jährige nur in Begleitung eines Erwachsenen) und X oder NC–17 (›no children under 17 admitted‹, Zutritt für unter 17jährige verboten). ›X-rated‹ – inzwischen Synonym für alles Obszöne und Vulgäre – bedeutet für einen Kinofilm außerhalb des Pornogenres in der Regel das Todesurteil, da die landesweit vertretenen Kinoketten höchstens Filme mit der Altersfreigabe R zeigen.

PH

auch P.H., Abkürzung für ›Purple Heart‹, ein von den amerikanischen Streitkräften verliehenes Verwundetenabzeichen. Das Purple Heart hat die Form eines silbernen Herzens mit dem Portrait George Washingtons und wird an einem lila Band mit weißen Rändern getragen.

The Phantom

von Lee Falk und Ray Moore 1936 erdachter Comic-Held, der mit schwarzer Augenmaske und enganliegendem Trikot weltweit für Recht und Ordnung sorgt. Hinter diesem scheinbar unsterblichen Herrn des Dschungels von Bengali, einer fiktiven Insel vor der ostafrikanischen Küste, verbirgt sich in Wahrheit eine bis ins 17. Jahrhundert zurückgehende Ahnenreihe von Vätern und Söhnen, die sich jeweils ihre geheime zweite Identität als ›Ghost Who Walks‹ (dt. ›*der wandelnde Geist*‹) weiterreichen. Das Phantom, dessen Abenteuer seit 1952 auch in Deutschland erscheinen, residiert in der Skull Cave (Totenkopfhöhle) im Urwald von Bengali, reitet auf dem Hengst Hero (früher Thunder) und ist mit Diana Palmer liiert, die er 1980 heiratete. Neben dem Comicstrip war das Phantom auch Held eines Kinoserials der 40er Jahre mit Tom Tyler in der Titelrolle.

Phaser

Handfeuerwaffe aus →*Star Trek*; kann sowohl lethal als auch betäubend wirken. Mit Phasern ist auch die U.S.S. →Enterprise ausgerüstet. Der Neologismus aus ›Photon‹ und ›Laser‹ tauchte jedoch schon vor *Star Trek* in der Science Fiction-Literatur auf.

Pillsbury Dough Boy

Das Kuchenteig-Männchen mit Kochmütze aus der Werbung für Backmischungen von Pillsbury ist auch in deutschen Werbespots zu sehen. In den amerikanischen Commercials hieß der Pummel ursprünglich Poppin Fresh und hatte eine Freundin namens Poppy.

Pinkerton Detective Agency

von Allen Pinkerton, 1819–1884, gegründete Privatdetektei; Motto: ›We Never Sleep‹. Die Bezeichnung ›Private eye‹ für einen Privatdetektiv leitet sich von dem offenen Auge her, das sich Pinkerton als Symbol immerwährender Wachsamkeit für seine Detektei wählte.

Pittsburgh of the South

Spitzname von Birmingham, Alabama

Play it again, Sam

wird zwar immer mit *Casablanca* assoziiert, doch in Michael Curtiz' Kultfilm fällt dieser Satz kein einziges Mal. Dennoch wählte Woody Allen »Play It Again, Sam« als Titel seines Theaterstücks vom verklemmten Cineasten, dem der Geist Bogeys bei seinen Flirtversuchen hilft (verfilmt von Herbert Ross, dt. *Mach's noch einmal, Sam*). Der Filmdialog in *Casablanca*, der ›Play it again, Sam‹ am nächsten kommt, entspinnt sich beim Wiedersehen von Ilsa Lund (Ingrid Bergman) mit Rick →Blai-

nes Klavierspieler →Sam (Dooley Wilson) in Rick's Café Américain:

Ilsa Lund: Play it once, Sam. For old times' sake.
Sam: I don't know what you mean, Miss Ilsa.
Ilsa Lund: Play it, Sam. Play *As Time Goes By*.
Sam: Oh, I can't remember it, Miss Ilsa. I'm a little rusty on it.
Ilsa Lund: I'll hum it for you. Da-di-da-di-da-dam-da-di-da-di-da-dam.
Sam (beginnt die Melodie zu spielen)
Ilsa Lund: Sing it, Sam.
Sam: You must remember this
a kiss is just a kiss,
a sigh is just a sigh.
The fundamental things apply
as time goes by.
And when two lovers woo,
they still say I love you,
on that you can rely,
no matter what the future brings,
as time goes by.
Moonlight and love songs
never are out of date.
Hearts full of passion,
jealousy and hate.
Woman needs man,
and man must have his mate.
That no one can deny.
It's still the same old story,
a fight for love and glory,
a case of do or die.
The world will always welcome lovers,
as time goes by.

Tatsächlich war *As Time Goes By* ein Schlager von Herman Hup-
feld, der bereits 1931 von Frances Williams gesungen wurde.

Play-Doh
Markenname von Knetmasse.

Playmate of the Month
›Titel‹ für das Aktmodell, das monatlich auf den ausklappbaren
Mittelseiten (›centerfold‹) des *Playboy* zu betrachten ist. Erstes
Playmate in der Nummer Eins des *Playboy* vom Dezember
1953 war Marilyn Monroe.

Pledge of Allegiance

von Francis Bellamy 1892 verfaßter Text, der teilweise auch heute noch in amerikanischen Klassenzimmern täglich rezitiert wird:

»I pledge allegiance to the flag of the United States of America and the Republic for which it stands – one nation under God, indivisible, with liberty and justice for all.«

PO

probation officer, Bewährungshelfer. »Strike believed in going to see your PO looking a little bummy.« (Richard Price, *Clockers*.)

Podunk

die provinzielle amerikanische Kleinstadt schlechthin, nach zwei Orten dieses Namens im südlichen Teil Neuenglands. (→ Peoria)

Pogo

Comicstrip von Walt Kelly, 1913–1973, um ein Opossum im Okefenokee Sumpf in Georgia. Der Antagonist des ruhigen, freundlichen Titelhelden Pogo ist Albert, ein verfressener, Zigarre rauchender Alligator. Von 1948 bis zu seinem Tod bevölkerte Kelly den Okefenokee Sumpf mit über 150 Tieren, die alle große Redegewandtheit und eine jeweils typische Sprechweise besaßen; zu den wichtigsten Figuren aus *Pogo* zählen die Eule Dr. Howland Owl, ein schrulliger Erfinder; die närrische Schildkröte Churchy La Femme; der Hund Beauregard Bugleboy; das miesepetrige Stachelschwein Porkypine; der Eiferer Deacon Mushrat, der immer in Frakturbuchstaben spricht; der Geier Sarcophagus MacAbre, dessen Sprechblasen Todesanzeigen gleichen; und der Bär P. T. Bridgeport, eine Anspielung auf den Zirkusmogul P.T. Barnum, dessen Sprechblasen folglich wie Zirkusplakate gestaltet waren.

Pogo war stets mehr als ein simpler Tiercomic. Die politische Satire Kellys fand ihren Ausdruck in Figuren wie dem Luchs Simple J. Malarkey (Senator Joseph McCarthy) oder einer Hyäne mit den Gesichtszügen von Nixons Vizepräsident Spiro T. Agnew, die immer von ›lawnorder‹ (law and order) sprach. Aus *Pogo* stammt auch der Satz ›We have met the enemy and he is us‹, der sich auf die Umweltzerstörung bezieht und zu einem Motto der Grünen-Bewegung wurde.

Pogo-Stick

Markenname eines beliebten Spielzeugs aus den 50er Jahren: ein stabiler Holz- oder Metallstock mit einer Fußstütze und einer Feder am unteren Ende, auf dem man herumhüpfen kann.

Pollyanna

stets optimistisches Waisenkind aus den Romanen *Pollyanna* (1913; dt. *Pollyanna macht alle fröhlich*) und *Pollyanna Grows Up* (1915; dt. *Pollyanna wächst heran*) von Eleanor Hodgman Porter, 1868–1920. ›Pollyanna‹ bezeichnet im übertragenen Sinn einen Tölpel, der alles durch eine rosarote Brille sieht.

Ponzi, Charles A.

1882–1949, ein Trickbetrüger italienischer Abstammung, der Anfang der 20er Jahre Investoren enorm hohe Zinsen garantierte und die versprochenen Erträge zunächst auch ausschüttete – freilich aus dem Kapital neuer Investoren. Ponzis Schwindel flog zwar recht schnell auf, doch der Ausdruck ›a Ponzi scheme‹ ging als Bezeichnung für ähnliche betrügerische Schneeballsysteme in die Umgangssprache ein.

Popeye

ein Pfeife schmauchender Matrose, der zu Superkräften kommt, wenn er eine Dose Spinat ißt. Erdacht wurde dieser Comic-Held von Elzie Crisler Segar, 1884–1938, und erstmals tauchte er 1929 in dem Zeitungsstrip *The Thimble Theatre* auf. Popeyes große Liebe gilt der spillerigen Olive Oyl, um deren Gunst er mit seinem arglistigen Widersacher Bluto im Wettstreit liegt. Außerdem muß sich Popeye der finsteren Pläne erwehren, die von der mörderischen Meerhexe Sea Hag und dem riesenhaften halbnackten Urviech Alice the Goon gegen ihn ausgeheckt werden.

Zu seiner unerhörten Popularität kam Popeye durch mehr als 230 von Max Fleischer produzierte Zeichentrickfilme, in denen mitunter auch seine Neffen Peepeye, Pipeye, Poopeye und Pupeye auftraten. ›Goon‹ ging als Bezeichnung für einen geistig minderbemittelten Schlägertyp in die Umgangssprache ein, ebenso wie ›Wimpy‹ als Bezeichnung für einen Hamburger, nach der Figur J. Wellington Wimpy, einem ständig hungrigen Pumpgenie (»I would gladly pay you Tuesday for a hamburger today, old pal of mine.«).

1937 errichteten die Spinat anbauenden Farmer von Crystal

City, Texas, ein Denkmal für Popeye, denn seine Vorliebe für das grüne Kraftfutter hatte die Nachfrage nach Spinat kräftig belebt und ihnen so über die schlimmsten Jahre der Weltwirtschaftskrise hinweggeholfen. Inzwischen gibt es natürlich auch längst Popeye Spinat in Dosen (von der Allen Canning Company in Arkansas).

1961 fertigte King Features Syndicate über 200 neue Zeichentrickabenteuer mit Popeye an, deren Qualität jedoch nicht an die Fleischer-Cartoons heranreichte. Robin Williams verkörperte den Matrosen in Robert Altmans Kinoflop *Popeye* (1980; dt. *Popeye – Der Seemann mit dem harten Schlag*). ›Popeye‹ war auch der Spitzname von Jimmy Doyle (Gene Hackman) aus *The French Connection* (1971; dt. *Brennpunkt Brooklyn*).

Porky Pig
Die von Tex Avery 1949 erfundene Cartoon-Figur aus den Zeichentrickfilmen von Warner Brothers heißt auf deutsch ›Schweinchen Dick‹.

Praise the Lord and pass the ammunition
Mit diesen Worten ermutigte der Militärgeistliche Howell Forgy, 1908–1983, die amerikanischen Truppen beim Angriff auf Pearl Harbor. Der Komponist Frank Loesser übernahm 1942 das Zitat als Titel und Refrain eines patriotischen Songs.

Preparation H
Markenname einer Hämorrhoidensalbe, der oft in Witzen auftaucht.

Preppie/Preppy
Mitte der 70er Jahre entstandene Bezeichnung für Schüler der privaten ›preparatory schools‹, die aufs College vorbereiten. Erkennungszeichen von Preppies waren teure Freizeitkleidung, Sportarten wie Golf oder Polo und eine blasierte Ablehnung all dessen, was nicht von einem Hauch von Geld und Luxus umgeben war. Aus jugendlichen Preppies wurden mitunter erwachsene →Yuppies.

President Peanuts
Spitzname von Jimmy Carter, *1924, der aus einer reichen Erdnußfarmer-Dynastie Georgias kam. Mitunter wurde er auch Jiminy Peanuts genannt.

Pretzel City

Spitzname von Reading, Pennsylvania.

The Price Is Right

Die Quizshow, bei der die Kandidaten Preise verschiedener Produkte erraten müssen, läuft seit 1956 (mit einer Unterbrechung zwischen 1966 und 1972) auf wechselnden Networks. Gewinner wird, wer dem tatsächlichen Preis ohne zu überbieten am nächsten kommt. Er darf das Produkt behalten und erreicht die nächste Runde. Die deutsche Version des Gierspektakels läuft unter dem Titel *Der Preis ist heiß!* bei RTL.

Prince Valiant

Comicstrip von epischer Breite (dt. Prinz Eisenherz) aus der Feder von Hal Foster, 1892–1979. Die Abenteuer des heldenmütigen Prince Valiant im 5. Jahrhundert erscheinen seit 1937 wöchentlich in den Comic-Beilagen der Sonntagszeitungen und finden bis heute Millionen Leser.

Val wächst auf einer Insel vor der Küste Britanniens auf, wo sein Vater King Aguar für sich und seine Familie Exil fand, nachdem ihn der Thronräuber Sligon aus Thule verbannte. Von König Artus zum Ritter geschlagen, kämpft der junge Prinz mit seinem Singing Sword (›das Singende Schwert‹) gegen Drachen, Hexen und feindliche Horden, wird auf seinen Irrfahrten bis nach Afrika und Nordamerika verschlagen und darf nach zahllosen Prüfungen schließlich Königin Aleta von den sagenumwobenen Nebelinseln heiraten. Mit den Jahren reift Valiant zum verantwortungsvollen Familienpatriarchen, während sein Sohn Prince Arn in die Fußstapfen des Vaters tritt und weitere Abenteuer besteht.

Fosters Comic-Epos unterscheidet sich von anderen populären Strips der Zeit durch den Verzicht auf Sprechblasen und die liebevoll detaillierten Zeichnungen, für die Foster aufwendige Recherchen in Großbritannien betrieb. Seit Fosters Tod setzt John Cullen Murphy die Serie fort. Henry Hathaway verfilmte *Prince Valiant* 1954 mit James Mason in der Titelrolle (dt. *Prinz Eisenherz*).

Professor Ludwig von Drake

Universalgelehrter aus Duckburg (Entenhausen), ein Verwandter von →Scrooge McDuck und →Donald Duck, erscheint in der deutschen Übersetzung von Dr. Erika Fuchs als Professor Primus von Quack.

Promontory Point

heißt jene Stelle im Bundesstaat Utah, wo während des großen Eisenbahnbaus 1869 die Gleisstränge der Union Pacific Railroad und der Central Pacific Railroad zusammenstießen. Die letzte Schwelle wurde mit einem goldenen Nagel (Golden Spike) befestigt.

PTA

Abkürzung der 1897 gegründeten Parents Teachers Association, die ein wichtiger Faktor im sozialen Leben ist, speziell in Kleinstädten und Suburbs.

Public Enemy No. 1

nannte Attorney General Homer Cummings den mehrfachen Mörder und Bankräuber John Dillinger, 1903–1934. Dillinger versetzte mit seinen Raubzügen Anfang der 30er Jahre den amerikanischen Mittelwesten in Angst und Schrecken, bis er, verraten von seiner Vertrauten Anna Sage (der ›woman in the red dress‹), am 22. Juli 1934 vor dem Biograph Theatre in Chicago bei einer Schießerei mit FBI-Agenten getötet wurde. Dillinger liegt in Indianapolis auf dem Crownhill Cemetery begraben.

U.S.S. Pueblo

amerikanisches Spionageschiff, das am 23. Januar 1968 angeblich in nordkoreanischen Hoheitsgewässern vom nordkoreanischen Küstenschutz aufgebracht wurde. Die 83köpfige Besatzung der Pueblo wurde erst am 23. Dezember 1968 freigelassen.

Pulitzer Prizes

gestiftet von dem aus Ungarn stammenden Journalisten und Verleger Joseph Pulitzer, 1847–1911, werden seit 1917 jährlich von der Columbia University Graduate School of Journalism an amerikanische Journalisten, Autoren und Künstler in vierzehn Sparten vergeben:

1. Herausragende Gesamtleistung einer amerikanischen Zeitung
2. Lokalberichterstattung mit vorgegebenem Abgabetermin
3. Lokalberichterstattung ohne vorgegebenen Abgabetermin
4. Nationale Berichterstattung
5. Internationale Berichterstattung
6. Leitartikel

7. Karikatur
8. Pressefotografie
9. Bester Roman
10. Bestes Schauspiel
11. Bestes amerikanisches Geschichtswerk
12. Beste Biographie oder Autobiographie
13. Bester Lyrikband
14. Beste Komposition

Pulps

Äquivalent der deutschen Groschenhefte, benannt nach der minderen Papierqualität ›pulp‹, auf der sie gedruckt waren. Die meist im Zeitschriftenformat erscheinenden Pulps entstanden um die Jahrhundertwende, bedienten alle literarischen Genres und hatten ihre Glanzzeit während der 20er und 30er Jahre, wo ihre Zahl in die Hunderte ging. Die Papierknappheit während des Zweiten Weltkriegs setzte den meisten Pulps ein Ende.

Puss in Boots

der englische Name des ›gestiefelten Katers‹.

Put a Tiger in Your Tank

oft verulkter Werbeslogan von Esso in den 60er Jahren, dt. ›Pack den Tiger in den Tank‹.

PX

Abkürzung für Post Exchange; teilweise sehr große Geschäfte auf US-Militärstützpunkten, in denen Soldaten und deren Angehörige sowie Zivilisten mit entsprechender Befugnis amerikanische Waren einkaufen können.

Q & A

Abkürzung für ›questions and answers‹, etwa im Anschluß an Vorträge.

qb

Abkürzung für ›quarterback‹ beim Football.

Q.T.

umgangssprachlich gebräuchliche Abkürzung für ›quiet‹: »She did it on the Q.T.«

Quaalude

Markenname eines starken Beruhigungsmittels, das heute nicht mehr im Handel ist.

Quaker Gun

Holz- oder Plastik-Attrappe einer Schußwaffe; die Quäker lehnen den Kriegsdienst mit der Waffe ab.

Queen For a Day

populäre Gameshow mit Jack Bailey als Quizmaster, bei der vier Kandidatinnen einen Wunsch begründen mußten und das Publikum durch Applaus bestimmte, welcher Kandidatin der Wunsch erfüllt wurde. 1945 als Radioserie konzipiert, wechselte *Queen For a Day* 1950 ins Fernsehen zu →NBC und war später bis 1964 bei →ABC zu sehen.

Quonset

Markenname von Lagerschuppen aus Wellblech in Fertigbauweise.

R & B

Rhythm & Blues.

R & D

›Research and Development‹; Forschungsabteilung einer Firma.

R & R

1. ›Relaxation and recreation‹, auch ›rest and recreation‹; Bezeichnung für Urlaubstage bei den amerikanischen Streitkräften.

2. Rock and roll.

Rabbit

Spitzname von Harry Angstrom, dem Antihelden aus vier Romanen von John Updike. Rabbit, einst Star des Basketballteams seiner Schule, rebelliert im ersten Roman kurz gegen die drückende Enge seiner heimatlichen Kleinstadt in Pennsylvania, arrangiert sich dann aber mit der ihn umgebenden Spießerwelt, wird zum erfolgreichen Autohändler und stirbt als wohlhabender Rentner in Florida. Die vier im Abstand von jeweils zehn Jahren entstanden Angstrom-Romane *Rabbit, Run,* (1961; dt. *Hasenherz*), *Rabbit Redux* (1971; dt. *Unter dem Astronautenmond*), *Rabbit is Rich* (1981; dt. *Bessere Verhältnisse*) und *Rabbit at Rest,* (1991; *Rabbit in Ruhe*) sind ein Spiegel des amerikanischen Mittelstands von den 60er bis zu den 90er Jahren.

Radio City

fünf Gebäude des Rockefeller Center in Manhattan, in denen die Studios und die Verwaltung der →NBC untergebracht sind. Die Radio City Music Hall ist mit 6.200 Sitzplätzen der größte Konzert- und Kinosaal der Welt. Hier traten die Rockettes auf, eine für ihre Präzision berühmte Showtanztruppe. Seit 1979 wird die Radio City Music Hall ausschließlich als Theater- und Konzertsaal genutzt.

Raggedy Ann

Kinderbuchfigur (*Original Adventures of Raggedy Ann & Raggedy Andy*) von Johnny Gruelle – eine Puppe mit zerschlissener Kleidung. Sie gehört Marcella und hat einen Freund namens Raggedy Andy. Der Erfolg von Gruelles Erzählungen machte Raggedy-Ann-Puppen zu Verkaufsschlagern.

The Rail-Splitter

Spitzname von Präsident Abraham Lincoln, der sich als junger Mann zeitweise sein Geld mit dem Anfertigen von Gartenzaunpfählen verdiente.

Rambo, John

rachsüchtiger Vietnamveteran aus einem 1972 erschienenen Thriller von David Morell (*First Blood*, dt. *Blutschwur*), der durch drei Kinofilme mit Sylvester Stallone zur internationalen Kultfigur wurde. In *First Blood* (1982; dt. *Rambo*) wird Rambo vom Sheriff einer Kleinstadt schikaniert und nimmt es daraufhin im Alleingang mit ganzen Hundertschaften der Polizei und der Nationalgarde auf. In den Fortsetzungen rettet Rambo amerikanische Kriegsgefangene aus Kambodscha (*Rambo: First Blood Part II*, 1985; dt. *Rambo II*) und kämpft in Afghanistan gegen das →Evil Empire, um einen alten Kameraden zu befreien (*Rambo III*, 1988; dt. Originaltitel).

Rancho del Cielo

Name der Ranch von Ronald Reagan in Kalifornien.

Rat Pack

auch ›The Clan‹ genannte Freundesclique der Sänger und Schauspieler Sammy Davis, Jr. und Frank Sinatra, zu der unter anderem Dean Martin, Shirley McLaine und Tony Curtis gehörten. (→Brat Pack)

Rather, Dan

*1931, bekannter Nachrichtenjournalist, seit 1981 als Nachfolger von Walter Cronkite Anchorman der *CBS Evening News*. Rather machte sich durch seine Berichterstattung über das Kennedy-Attentat und als Washington-Korrespondent während des Watergate-Skandals einen Namen. Vor der abendlichen Nachrichtensendung moderierte er das Reportagemagazin *60 Minutes*, ebenfalls bei →CBS.

Rawhide

»Rollin', rollin', rollin', tho' the streams are swollen, keep them dogies rollin', Rawhide!« Mit dem markigen Titelsong, gesungen von Frankie Laine, begann die einzige echte Cowboy-Serie des Western-Booms der 50er Jahre: *Rawhide* (1959–1966; dt. *Tausend Meilen Staub*). Trailboß Gil Favor (Eric Fleming) und seine Cowboys treiben eine riesige Rinderherde von Texas nach Kansas und erleben in 144 Folgen mehr Abenteuer als auf eine Kuhhaut gehen. Daß *Rawhide* auch heute noch Kultstatus genießt, liegt vor allem an Clint Eastwood, der Favors Gehilfe Rowdy Yates spielte.

Ray Ban

Markenname von Sonnenbrillen. (→Wayfarers)

RBI

›Runs batted in‹ beim Baseball.

RCA

Abkürzung für Radio Corporation of America, einen Multi, der während des Ersten Weltkriegs gegründet und 1986 von General Electric aufgekauft wurde.

RDA

Die Abkürzung für Recommended daily allowance, ist im ernährungsbewußten Amerika vielen Lebensmittelpackungen aufgedruckt.

Read my lips, no new taxes

leichtfertiges Wahlkampfversprechen von George Bush auf dem republikanischen Parteitag 1988. Bush erhöhte dennoch die Steuern, verlor an Glaubwürdigkeit und lieferte unzähligen Karikaturisten und Komikern Stoff für Read-my-lips-Witze.

Reader's Digest

seit 1922 erscheinendes Monatsmagazin populärwissenschaftlichen Inhalts mit Stammsitz in Pleasantville, New York, gegründet von De Witt Wallace, 1889–1981, und seiner Frau Lila Bell Acheson Wallace, 1889–1984. *Reader's Digest* wirbt mit Slogans wie ›People have faith in Reader's Digest‹ und ›We make a difference in 100 million lives worldwide‹ und erscheint in Lizenzausgaben in mehr als 14 Sprachen. Inzwischen ist Reader's Digest auch ein großer Ratgeberverlag, der seine Produkte meist unter Umgehung des Buchhandels an die Abonnenten des Magazins verkauft. Die deutsche Ausgabe von Reader's Digest erscheint unter dem Titel *Das Beste aus Reader's Digest*.

Recommended by Dr. Mom

populärer Werbeslogan für Robitussin-Hustensaft.

Renault, Captain Louis

Der französische Polizeipräfekt aus Michael Curtiz' Kultfilm *Casablanca* war die Paraderolle des britischen Schauspielers Claude Rains, 1889–1967. Als Captain Renault sagt er die oft zitierten Sätze »I'm only a poor corrupt official« (»Ich bin nur ein armer korrupter Beamter«) und »Round up the usual suspects« (»Verhaften Sie die üblichen Verdächtigen«).

Revere, Paul

1735–1818, Held der amerikanischen Revolutionszeit. Er ritt vom 18. auf den 19. April 1775 von Boston aus nach Lexington, um die Einwohner vor dem Heranrücken der britischen Truppen zu warnen.

Ride, Sally K.

*1951, wurde 1983 die erste amerikanische Astronautin.

Rin Tin Tin

Die Geschichte des neben →Lassie berühmtesten Hollywood-Hunds liest sich selbst wie ein Rührstück aus der Traumfabrik. Der amerikanische Soldat Lee Duncan fand während des Ersten Weltkriegs in Frankreich einen herrenlosen deutschen Schäferhund, taufte ihn Rin Tin Tin und nahm ihn mit nach Los Angeles. Dort brachte er ›Rinty‹ eine Menge Tricks bei und ließ ihn von Warner Brothers unter Vertrag nehmen, die ihn durch Stummfilme wie *Where the North Begins*

(1923), *The Night Cry* (1923), *The Clash of Wolves* (1924), *Jaws of Steel* (1927) und *A Dog of the Regiment* zum Star machten. Rin Tin Tin starb 1932 und liegt auf dem Cimetière des Chiens in Paris begraben. Doch seine Nachfolger in Kinofilmen, Radioserien, Comic-Adaptionen und die im Wilden Westen von 1880 angesiedelte TV-Serie *The Adventures of Rin Tin Tin* (1954–1959; dt. *Rin-Tin-Tin*), in der Rinty mit dem Waisenjungen Rusty (Lee Aaker) ein Team bildete, hielten die Erinnerung an den Schäferhund lebendig.

Ripley, Tom

der nette Mörder von nebenan, ein liebenswerter Psychopath aus einem Romanzyklus von Patricia Highsmith, *1921, die eigentlich Claire Morgan heißt. Zu den Ripley-Romanen gehören: *The Talented Mr. Ripley* (1955; dt. *Der talentierte Mr. Ripley*), *Ripley Underground* (1970; dt. *Ripley Under Ground*), *Ripley's Game* (1974; *Ripley's Game oder Der amerikanische Freund*), *The Boy Who Followed Ripley* (1980; *Der Junge, der Ripley folgte*) und *Ripley Under Water* (1990; dt. Originaltitel).

Rivera, Geraldo

*1943, studierter Rechtsanwalt, der sein Handwerk als Sensationsjournalist bei dem Reportagemagazin *20/20* von →ABC lernte und seit 1987 die Talkshow *Geraldo* moderiert. Die Themen seiner Show – Kannibalismus, jugendliche Selbstmörder, Prostitution unter High-School-Schülerinnen – sind noch eine Spur extremer und geschmackloser als die seiner Konkurrenten →Oprah Winfrey, Phil →Donahue oder Sally Jessy Raphael. Freilich fallen diese ach so realitätsnahen Talkshows immer wieder auf Schwindler rein. Bei *Geraldo* trat zum Beispiel ein Mann mittleren Alters auf, der behauptete, eine unverheiratete Jungfrau zu sein – nur war er zuvor schon bei *Sally Jessy Raphael* als impotenter Ehemann zu sehen gewesen.

Road Runner

Der in Kalifornien, Mexiko und Texas beheimatete Erdkuckuck war das Vorbild für die berühmte Zeichentrickfigur von Chuck Jones, die ihr rasantes Auftauchen stets mit einem lauten »Beep beep« ankündigte, ansonsten aber stumm blieb. In den Zeichentrickfilmen von Warner Brothers mußte sich der Road Runner vor den Nachstellungen des listigen Wile E. Coyote in acht nehmen, was ihm dank seiner phänomenalen Laufgeschwindigkeit immer gelang.

Robinson, Jack

1919–1972, genannt ›Jackie‹, schwarzer Baseballspieler, der 1947 von der Negro National League zu einem Major-Leagues-Team wechselte und so die Rassentrennung im Baseball überwand. Robinson spielte von 1947 bis 1956 für die Brooklyn Dodgers und wurde 1962 in die →Baseball Hall of Fame aufgenommen.

The Rockford Files

dt. *Detektiv Rockford: Anruf genügt*; James Garner verkörperte zwischen 1974 und 1980 den kalauernden Jim Rockford, einen eingefleischten Junggesellen, der in einem Wohnwagen am Strand von Los Angeles haust, sich seine Brötchen als Privatdetektiv verdient und statt einer Sekretärin nur einen Anrufbeantworter hat. Wie schon zuvor in der Westernserie *Maverick* spielte Garner auch als Rockford die Rolle eines ausgebufften Schlitzohrs: Rockford, stets pleite, nimmt es mit dem Gesetz nicht zu genau und hat fünf Jahre Knast hinter sich – für einen Raubüberfall, den er nicht begangen hat. Daher ist sein Verhältnis zur Polizei gelinde gesagt gespannt. Mit Vorliebe übernimmt er scheinbar aussichtslose Fälle, die von den staatlichen Ermittlern bereits zu den Akten gelegt wurden. Damit ärgert er nicht zuletzt Detective Dennis Becker (Joe Santos), seinen Freund bei der Polizei, der Rockford, meist widerwillig, bei seinen Recherchen unterstützt. Oft muß Rockford alten Freunden aus der Patsche helfen, wobei ihm sein Vater Joseph Rockford (Noah Berry), genannt ›Rocky‹, seine Freundin, die Anwältin Beth Davenport (Gretchen Corbett), und sein Knastkumpel Evelyn Martin (Stuart Margolin), genannt ›Angel‹, behilflich sind.

Rockne, Knute

1888–1931; Footballtrainer an der University of Notre Dame, der mehrere bis heute praktizierte Spielvarianten erfand und wegen seiner Beständigkeit auch ›The Rock of Notre Dame‹ genannt wurde. Lloyd Bacons Film *Knute Rockne, All American* (1940), in dem Pat O'Brien den Coach spielte, stilisierte Rockne zum Volkshelden.

Rocky and Bullwinkle

die Helden der von Jay Ward erdachten Zeichentrickserien *Rocky and His Friends* und *The Bullwinkle Show*, das clevere

Eichhörnchen mit Pilotenhaube Rocket J. Squirrel, genannt Rocky (gesprochen von June Foray), und der dußlige Elch Bullwinkle J. Moose (gesprochen von Bill Scott). Gemeinsam vereiteln sie stets aufs neue die finsteren Pläne ihrer ewigen Widersacher, der Spione Natasha Fatale und Boris Badenov. Andere bekannte Gestalten aus *The Bullwinkle Show* sind der Mountie Dudley Doright, der hinter dem Erzschurken Snidley Whiplash her ist, und der Hund Mr. Peabody, der klügste Hund der Welt und Erfinder einer Zeitmaschine, der sich den stubenreinen Jungen Sherman hält.

Rogers, Buck

Held aus Philip Nowlans 1929 erschienenem Roman *Armageddon 2419*. Auf der Grundlage dieses Romans entwickelte Nowlan zusammen mit dem Zeichner Dick Calkins den Zeitungsstrip *Buck Rogers In the 25th Century*, der bis 1967 erschien. Der Lieutenant der US-Luftwaffe Buck Rogers, ein moderner Rip → Van Winkle erwacht nach langem Schlaf im 25. Jahrhundert und muß feststellen, daß Amerika von mongolischen Invasoren (den Red Mongols) regiert wird. Mit Hilfe seiner keuschen Freundin Wilma Deering und des begnadeten Wissenschaftlers Dr. Huer befreit Rogers nicht nur Amerika von den Mongolen, sondern kämpft auch gegen außerirdische Piraten und seinen Todfeind Killer Kane. Der Comicstrip war ein so überwältigender Erfolg, daß Buck Rogers schon 1932 eine eigene Radioserie bekam und 1939 ein Kinoserial mit Buster Crabbe produziert wurde, der zuvor schon →Flash Gordon verkörpert hatte. Eine 1950 gedrehte 39teilige Fernsehserie von →ABC war im Vergleich zu dem Kinoserial billig und einfallslos, und auch eine eher parodistische Neuauflage der Serie (1979–1981, *Buck Rogers In the 25th Century*; dt. *Buck Rogers*) mit Gil Gerard in der Titelrolle war meist nur unfreiwillig komisch. Obwohl es an intelligenteren und unterhaltsameren Beispielen nicht fehlte, blieb für mehrere Generationen von Amerikanern die gesamte Themenpalette der Science Fiction immer ›that Buck Rogers stuff‹.

Rogers, Roy

*1912, Countrysänger und Schauspieler, der von 1935 an in zahlreichen Western auftrat und wie Tom →Mix ›King of the Cowboys‹ genannt wurde. Anfang der 50er Jahre wechselte er vom Kino ins Fernsehen und trat zusammen mit seinem Wunderpferd Trigger und seiner Frau Dale Evans (Spitzname: ›Queen of the West‹) in der erfolgreichen Westernserie *The Roy Rogers Show* (1951–1957) auf, deren Titelmusik *Happy Trails to You* zu seiner Erkennungsmelodie wurde.

Rogers, Will
1879–1935, Komiker, Schauspieler und Zeitungskolumnist mit typischem Südstaaten-Drawl, der als Entertainer im Cowboy-Outfit in den →Ziegfeld Follies auftrat und für seinen trockenen Humor berühmt wurde.

Rolaids
Markenname von Kautabletten gegen Sodbrennen und übersäuerten Magen.

Rolodex
Markenname von Drehkarteien, deren leicht austauschbare Karteikarten um eine Mittelachse angeordnet sind.

Romulans
Außerirdische aus der TV-Serie →*Star Trek*. Die Romulans (dt. ›Romulaner‹) werden von einem ›Praetor‹ angeführt.

Rosebud
das letzte Wort des sterbenden Charles Foster Kane aus Orson Welles cineastischem Wunderwerk *Citizen Kane*. In Welles' 1941 entstandenem Film, der erst 1962 nach Deutschland kam, muß der Journalist Jerry Thompson recherchieren, welche Bewandtnis es mit dem Abschiedswort des Krösus Kane auf sich hat. Was der Journalist nie herausfindet, wird dem Publikum en passant vor Augen geführt: ›Rosebud‹ ist die Marke des Schlittens, auf dem der junge Kane fährt, ehe er aus dem Paradies seiner Kindheit in die harsche Erwachsenenwelt vertrieben wird. Als Vorbild für Charles Foster Kane gilt der Pressezar William Randolph Hearst, 1863–1951, der das Erscheinen des Films mit allen Mitteln zu verhindern versuchte.

Ross, Betsy
1752–1836, entwarf der Legende nach im Juni 1776 für George Washington die erste Stars-and-Stripes-Flagge. In Wahrheit stammte das Design der Flagge von Francis Hopkinson, 1737–1791.

ROTC

Abkürzung für Reserve Officers' Training Corps, ein an vielen Colleges angebotener Zusatzkurs, der für Frauen und Männer die Ausbildung zum Reserveoffizier in den US-Streitkräften ermöglicht. Das nach dem Zweiten Weltkrieg eingeführte ROTC-Programm ist auf die Regelstudienzeit von vier Jahren ausgelegt und bietet Stipendien und Studienbeihilfen. Wer nach den ersten zwei Jahren weitermacht, geht die Verpflichtung ein, in den aktiven Dienst einzutreten oder acht Jahre als Reserveoffizier zu dienen.

Rough Riders

ein von Theodore Roosevelt aufgestelltes und kommandiertes Freiwilligenregiment im Spanisch-amerikanischen Krieg (1898), das durch die Erstürmung des San Juan Hill auf Kuba berühmt wurde. Obwohl die Rough Riders ihrem Namen gemäß ein Kavallerieregiment waren, ritten lediglich die Offiziere — für die Pferde der Mannschaftsränge war beim Truppentransport kein Platz mehr gewesen.

Rowan and Martin's Laugh-In

Satireshow bei →NBC von 1968 bis 1973, ein Vorläufer von →*Saturday Night Live*. Die oft nur *Laugh-In* genannte Sendung mit Dan Rowan und Dick Martin machte sich mit Sex- und Drogenwitzen über den Flower-Power-Zeitgeist lustig und bediente sich vieler Schnitt- und Aufnahmetechniken, die später die Ästhetik der Videoclips bestimmten. Zu den zahlreichen Mitwirkenden gehörten eine mit Regenschirm bewaffnete Oma (Ruth Buzzi), die sich immer wieder der Annäherungsversuche eines Lustgreises erwehren mußte, Goldie Hawn als ständig kicherndes blondes Dummchen und Arte Johnson als ein aus dem Zweiten Weltkrieg übriggebliebener deutscher Soldat, der alles, was er sah, mit einem gemurmelten »Verrrry Interrrresting!« quittierte. Am populärsten erwies sich jedoch die Redewendung ›sock it to me!‹ (etwa: ›Gib's mir‹, aber auch ›Besorg's mir!‹); das Sock-it-to-me-Girl von *Laugh In* war Judy Carne, die immer durch eine verborgene Falltür fiel oder sonst etwas Unangenehmes erlebte, wenn sie die fatale Formulierung gebrauchte.

Rubber Capital of the World

Spitzname von Akron, Ohio, wo die Goodyear Tire & Rubber Company ihren Stammsitz hat.

Rubbermaids

Markenname für Gummihandschuhe. »Finally Rocco groaned himself upright, standing with his elbows cocked to keep his bloody Rubbermaids from his clothes.« (Richard Price, *Clockers.*)

Ruby, Jack

1911–1967, Nachtklubbesitzer aus Dallas, der am 24. November 1963 den mutmaßlichen Kennedy-Attentäter Lee Harvey →Oswald tötete.

Rudolph

Seit dem populären Weihnachtslied *Rudolph the Red-nosed Reindeer* von Gene →Autry (1949; Text Johnny Marks), gibt es ein neuntes Rentier in Santa Claus' Schlittengespann. Alle Jahre wieder läuft zur Weihnachtszeit bei →CBS ein Trickfilm von 1964, der auf diesem Lied basiert. (Auch Chuck Berry spielt in *Run, Rudolph, Run* auf den Gene-Autry-Song an.) Die Namen der anderen acht Rentiere werden in der ersten Strophe von *Rudolph the Red-nosed Reindeer* aufgezählt; Johnny Marks nimmt damit Bezug auf das alte Gedicht *A Visit from St. Nicholas* von Clement Moore (→Santa Claus):

You know Dasher and Dancer
And Prancer and Vixen
Comet and Cupid and
Donner and Blitzen,
But do you recall
The most famous reindeer of all?

Rudolph, the red-nosed reindeer
Had a very shiny nose,
And if you ever saw it,
You would even say it glows.
All of the other reindeer used to laugh
And call him names,
They never let poor Rudolph
Join in any reindeer games.

Then one foggy Christmas Eve
Santa came to say,
›Rudolph, with your nose so bright,
Won't you guide my sleigh tonight?‹
Then how the reindeer loved him
As they shouted out with glee:
›Rudolph, the red-nosed reindeer,
You'll go down in history!‹

Russell, Charles

1852–1916, gründete 1884 die Sekte Jehovah's Witnesses
(Zeugen Jehovahs).

S & L

Abkürzung für ›Savings and Loan Association‹, entspricht in
etwa den deutschen Bausparkassen.

Sacco and Vanzetti

Zwei aus Italien eingewanderte Anarchisten, der Schuhmacher
Nicola Sacco, 1891–1927, und der Fischhändler Bartolomeo
Vanzetti, 1888–1927, standen im Mittelpunkt eines der berühmtesten Kriminalfälle in der amerikanischen Rechtsgeschich-
te. Sie wurden beschuldigt, am 15. April 1920 eine Schuhfabrik
in South Braintree, Massachusetts, überfallen und dabei einen
Wachmann und einen Buchhalter ermordet zu haben. Im Juli
1921 befand sie ein Geschworengericht nach einem Indizien-
prozeß für schuldig und verurteilte sie zum Tode. Dies löste
eine internationale Protestwelle aus, denn vieles deutete darauf
hin, daß Sacco und Vanzetti Opfer einer Verwechslung waren
und aufgrund ihres politischen Engagements keine faire Ver-
handlung erhalten hatten. Dennoch bestätigte eine Untersuchungskommission das Urteil, und Sacco und Vanzetti wurden
am 23. August 1927 hingerichtet.

Sad Sack

Comic-Held, Anfang der 40er Jahre von George Baker, 1915–
1975, kreiert. Sad Sack trägt seinen Namen nach dem Slangaus-
druck ›a sad sack of shit‹ und ist ein ungeschickter Soldat der
US-Army, der im ständigen Kampf gegen Vorschriften und
Vorgesetzte immer den kürzeren zieht – ähnlich wie →Donald
Duck der ewige Verlierer.

Sales, Soupy

Komiker, 1926 als Milton Hines geboren, der sich Soupy Sales nannte, weil sein Nachname wie der des Suppenproduzenten ›Heinz‹ klingt – eine Institution des amerikanischen Kinderfernsehens seit Anfang der 50er Jahre (*The Soupy Sales Show*). Soupy Sales bekam in seinen Sendungen früher oder später unweigerlich eine Torte ins Gesicht, und auf diesem Niveau bewegten sich auch die meisten seiner Gags. Neben Witzen und Slapstick-Einlagen gehörte eine Reihe von Marionetten zur *Soupy Sales Show*, darunter der Löwe Pookie, Marilyn Monwolf, eine Wölfin mit Sexappeal, das Nilpferd Hippy, Herman the Flea, Willie the Worm sowie Black Tooth, der liebste Hund der Welt, und White Fang, der gemeinste Hund der Welt, von denen jeweils nur die riesigen Vorderpfoten zu sehen waren.

Sally Forth

ein Comicstrip von Wallace Wood, 1927–1981, der ab 1971 in der Armeezeitschrift *Overseas Weekly* erschien. Sally Forth ist eine dümmliche Sexbombe, die durch ihre Naivität das Militär bloßstellt.

Sam

der Mann am Klavier in Michael Curtiz' Kultfilm *Casablanca*, gespielt von Dooley Wilson, 1894–1953. Im selbstverständlichen Rassismus der damaligen Zeit erkundigt sich Ilsa Lund (Ingrid Bergman) bei Captain →Renault: »Captain, the boy who is playing the piano – somewhere I have seen him.« Der ›Boy‹ am Klavier war damals 48 Jahre alt und konnte in Wirklichkeit gar nicht Klavier spielen; als gesichert gilt jedoch, daß Dooley Wilson der Sänger von *As Time Goes By* war. (→Play it again, Sam)

Santa Claus

Der amerikanische Weihnachtsmann lebt am Nordpol und fährt in einem Schlitten, der von einem Rentiergespann gezogen wird. Nach dem Gedicht *A Visit from St. Nicholas* (1832) von Clement Moore, 1779–1863, heißen die acht Rentiere von Santas Gespann Blitzen, Comet, Cupid, Dancer, Dasher, Donner, Prancer und Vixen. Seit Gene Autrys Song von 1949 gibt es ein neuntes Rentier, den rotnasigen →Rudolph.

Sarah Lee

Markenname einer Produktserie, die von Backwaren über Dosengemüse bis zu Toilettenpapier reicht. Werbeslogan: ›Nobody doesn't like Sarah Lee‹.

Saran Wrap

Markenname einer Klarsichtfolie von Dow Chemical.

Sarek

aus der TV-Serie →*Star Trek* ist Botschafter des →Vulcan auf der Erde, verheiratet mit der Lehrerin Amanda →Grayston und Vater von Mr.→Spock.

Saturday Night Live

beliebte Satiresendung von →NBC am späten Samstagabend, seit Oktober 1975 eine Institution im Fernsehen. Das junge Team von *Saturday Night Live* wechselte mehrmals, und nicht wenige der damals nahezu unbekannten Komiker sind inzwischen Hollywoodstars. Den Sprung zum internationalen Ruhm schafften allerdings nur die Männer: die Blues Brothers Dan Aykroyd und John Belushi, Billy Crystal, Eddie Murphy, Chevy Chase, Billy Murray und Steve Martin.

Saturday Night Massacre

nannte die Presse die Entlassung des Watergate-Sonderermittlers Archibald Cox und des Deputy Attorney General William Ruckelshaus durch Präsident Richard Nixon sowie den Rücktritt des Attorney General Elliot Richardson am 20. Oktober 1973, einem Samstag. Nixon hoffte, durch diese Verzweiflungstat der Veröffentlichung der →Watergate-Tonbänder aus dem Oval Office zu entgehen.

Sawyer, Tom

Der Held aus dem klassischem Roman von Mark Twain (Samuel Langhorne Clemens, 1835–1910) *The Adventures of Tom Sawyer* (1876; dt. *Die Abenteuer des Tom Sawyer*), der auch in den späteren Romanen *The Adventures of Huckleberry Finn* (1884; dt. *Die Abenteuer des Huckleberry Finn*), *Tom Sawyer Abroad* (1894; dt. *Tom Sawyer im Ausland*) und *Tom Sawyer, Detective* (1896; dt. *Tom Sawyer als Detektiv*) vorkommt. Tom, der Prototyp des Lausbubs, lebt zusammen mit seiner Tante Polly in St Petersburg, Missouri, ist mit Becky Thatcher und → Huckleberry Finn befreundet, muß sich gegen den unheimlichen →Injun Joe zur Wehr setzen und findet am Ende in einer Höhle einen Schatz.

s.b.

Abkürzung für ›stolen base‹ im Baseball.

Scamp

Disney-Comicfigur (dt. Strolchi), ein junger Hund, Sohn von Lady (dt. Susi) und Tramp (Strolch) aus dem Zeichentrickfilm *The Lady and the Tramp* (1955; dt. *Susi und Strolch*).

Scarface

Spitzname von Al Capone, 1899–1947, Amerikas berühmtestem Gangster, der seit einer Messerstecherei mit einer rivalisierenden Straßengang auf der linken Wange eine Narbe trug. Capone hieß mit Vornamen eigentlich Alphonse, wuchs als Kind sizilianischer Eltern in Brooklyn auf und ließ schon früh einen Hang zur Brutalität erkennen. 1925, auf dem Höhepunkt der Prohibitionszeit, ging er nach Chicago, wo er eine steile Kriminellenkarriere machte. Nach dem →St. Valentine's Day Massacre 1929 kontrollierte Capone das organisierte Verbrechen in ganz Chicago. Sein großer Gegenspieler war der FBI-Agent Eliot Ness. Ness und seine ›Untouchables‹, wie sein Team ausgewählter und garantiert unbestechlicher Ermittler hieß, konnten den Boß der Bosse schließlich wegen Steuerhinterziehung vor Gericht bringen. Capone wurde 1931 zu elf Jahren Gefängnis verurteilt, die er teilweise in →Alcatraz absaß, bis er 1939 wegen einer fortgeschrittenen Syphiliserkrankung vorzeitig entlassen wurde. Seine letzten Lebensjahre verbrachte Capone in Miami.

Bereits 1931 schilderte Howard Hawks in dem Spielfilm *Scarface* Aufstieg und Fall des Gangsterbosses Tony Camonte (Paul Muni), einer Figur, die deutlich Al Capone nachempfunden war, und begann damit eine bis heute andauernde Serie von Hollywoodepen über den kleinen Gangster, der sich zum Herrn von Chicago aufschwingt.

Schwinn

traditionsreiche amerikanische Fahrradfabrik, die 1992 in Konkurs ging.

Scopes, John

1900–1970, stand 1925 im Mittelpunkt eines Sensationsprozesses, weil er in einer High School in Dayton, Tennessee, die Darwinsche Evolutionstheorie unterrichtet hatte. Scopes wurde von Starverteidiger Clarence Darrow vertreten, der einen moralischen Sieg über Staatsanwalt William Jennings Bryan errang, aber dennoch nicht verhindern konnte, daß Scopes zu einer Geldstrafe von hundert Dollar verurteilt wurde. Eine höhere Instanz hob das Urteil später wegen Formfehlern auf.

Scotch tape

Markenname eines seit 1952 erhältlichen Klebebands.

Scotty

Spitzname von Lieutenant Commander Montgomery Scott aus der TV-Serie →*Star Trek*, der auf der →Enterprise für die Maschinenräume und fürs ›Beamen‹ (→»Beam me up, Scotty‹) zuständig ist. In der Originalversion spricht ›Scotty‹, den James Doohan verkörpert, mit schottischem Akzent.

Scrooge McDuck

Der reichste Enterich der Welt und Onkel von →Donald Duck heißt in der Übersetzung von Dr. Erika Fuchs Dagobert Duck. Erdacht hat ihn der Comic-Zeichner Carl Barks mit einer Reverenz an Charles Dickens' Ebenezer Scrooge aus *A Christmas Carol*. Und was macht Uncle Scrooge (Motto: »Gold und Silber lieb' ich sehr, doch das Platin lieb' ich mehr«) mit seinen auf der ganzen Welt zusammengerafften ›bucks‹ (dt. ›Talern‹)? Er hortet sie in einem ›Money Bin‹ (›Geldspeicher‹) und nimmt täglich ein Bad darin, denn nichts hat er lieber, als »wie ein Seehund hineinzuspringen, wie ein Maulwurf darin herumzuwühlen und es in die Luft zu werfen, daß es mir auf die Glatze prasselt«. Doch auch ein Fantasticatrillionär hat seine Sorgen – die → Beagle Boys wollen ihm ständig sein Vermögen abjagen, und →Magica de Spell ist hinter seinem ›Glückstaler‹ (›lucky dime‹) her.

Sears, Roebuck & Company

Amerikas ältestes Versandhaus, inzwischen eine große Warenhauskette. Werbeslogans: ›You can count on us‹, ›You can't do better than Sears‹.

Secret Word

Running gag der zwischen 1947 und 1961 von Groucho Marx moderierten Quizshow *You Bet Your Life*: Wenn ein Kandidat das Geheimwort benutzte, das vor Beginn jeder Show dem Publikum mitgeteilt wurde, fiel eine ausgestopfte Ente mit 100 Dollar im Schnabel an einer Schnur vom Bühnenhimmel, und der Kandidat durfte das Geld behalten.

Segregation now, segregation tomorrow, and segregation forever!

Wahlkampfslogan des unabhängigen Präsidentschaftskandidaten von 1968 George C. Wallace, *1919. Bereits in seiner Antrittsrede als Gouverneur von Alabama 1963 war dieses emphatische Bekenntnis zur Rassentrennung enthalten. In Anspielung auf die Südstaaten-Herkunft von Wallace wurde auf viele seiner Wahlkampfposter der Spruch ›Sieg Heil ya'll‹ gekritzelt.

Sesame Street

seit 1969 auf →PBS ausgestrahlte Kindersendung, die von Fernsehstationen in 82 Ländern übernommen wurde. Bekannte Akteure der *Sesamstraße*, wie die vom Norddeutschen Rundfunk seit 1972 produzierte deutsche Version heißt, sind die → Muppets Kermit the Frog, Ernie und Bert, der in einer Mülltonne lebende Oscar the Grouch, Sherlock Hemlock, Big Bird sowie das zottelige Cookie Monster (dt. Krümelmonster).

The Seven Dwarfs

Die Namen der sieben Zwerge in Walt Disneys 1937 entstandenem Zeichentrickfilm *Snow White and the Seven Dwarfs* (*Schneewittchen und die sieben Zwerge*) und in der deutschen Synchronfassung lauten:

Bashful, der schüchterne, ständig kichernde Zwerg: Pimpel;

Doc, der bebrillte Anführer der Zwerge: Chef;

Dopey, der Hordenclown: Seppl;

Grumpy, mißtrauisch und misogyn: Brummbär;

Happy, der Sonnyboy der Zwerge: Happy;

Sleepy, stets müde und von ansteckender Schläfrigkeit: Schlafmütz;

Sneezy, dessen Niesanfälle seine Kollegen durchs Zimmer wirbeln: Hatschi.

The Seven Sisters
   1. Spitzname der sieben renommiertesten − und teuersten −
amerikanischen Frauen-Colleges: Barnard (New York), Bryn
Mawr, Mount Holyoke, Radcliffe, Smith, Vassar und Wellesley.
   2. Spitzname der sieben größten Erdölkonzerne: British Petro-
leum, Gulf Oil, Mobil Oil, Shell Oil, Standard Oil of California,
Standard Oil of New Jersey und Texaco.

7−Eleven
   Anfang der 40er Jahre in Texas entstandene Kette kleinerer
Supermärkte (›convenience stores‹), die alles Lebensnotwendige
bereit halten. Der Name leitet sich von den ursprünglichen
Öffnungzeiten von sieben Uhr morgens bis elf Uhr abends ab,
inzwischen haben viele der über 5.000 7−Eleven jedoch rund
um die Uhr geöffnet. In der Regel gibt es in den Filialen einen
Imbißstand mit Köstlichkeiten wie Slurpee (Wassereis) oder Big
Bite (ein großer Hot dog); gelegentlich sind die 7−Eleven auch
mit Tankstellen kombiniert. »A crowd of regulars hunched over
the railing and watched the New York cars entering and leav-
ing with the jerky frequency of customers in a 7−Eleven parking lot.« (Richard Price, *Clockers*.)

77 Sunset Strip
   205teilige TV-Serie (1958−1964; dt. Originaltitel) um die Pri-
vatdetektive Stuart Bailey (Efrem Zimbalist) und Jeff Spencer
(Roger Smith), deren Büro an Hollywoods Sunset Strip lag.
Der eigentliche Star der Serie war Kookie (Edd Byrnes), ein
junger Parkplatzwächter, dessen coole Sprüche die recht kon-
ventionelle Serie auflockerten und ihr einen Kultstatus unter
Jugendlichen eintrugen.

7UP
   von Charles L. Grigg 1929 erfundene Limonade, die ursprünglich unter dem Namen Bib-Label Lithiated Lemon-Lime Soda
verkauft wurde.

Seward's Folly
   spöttische Bezeichnung für die Initiative des amerikanischen
Außenministers William H. Seward, 1801−1872, Alaska zum
Preis von 7.200.000 Dollar von Rußland zu kaufen. Die reichen
Bodenschätze und die strategische Bedeutung Alaskas haben
Sewards politischen Weitblick inzwischen bestätigt.

The Shadow

»Who knows what evil lurks in the hearts of men? The Shadow knows!« Mit diesen dräuenden Worten begann eine der beliebtesten Krimiserien im Radio der 30er und 40er Jahre, in deren Mittelpunkt der kosmopolitische Lamont Cranston alias ›The Shadow‹ stand, ein parapsychologisch begabter Kämpfer gegen das Verbrechen, der die Gedanken seiner Gegner so verwirren konnte, daß sie ihn entweder gar nicht oder nur als Schatten wahrnahmen. Populär war der Shadow sowohl als Hörspielfigur wie als Held eines eigenen →Pulp-Magazins, das hauptsächlich von Walter Brown Gibson (Pseudonym Maxwell Grant) geschrieben wurde. Er verlieh dem Shadow gleich noch ein zweites Ich; denn hinter dem Globetrotter Lamont Cranston verbarg sich nun wiederum Kent Allard, der sich tatsächlich unsichtbar machen konnte. Neben der Radioserie, die zwischen 1936 und 1954 lief und in der zeitweise Orson Welles den Schattenmann sprach, gab es vom Shadow auch Film- und Comic-Adaptionen.

Shinola

Markenname von Schuhcreme, der in der Redewendung ›not to know shit from Shinola‹ in die Umgangssprache übernommen wurde.

Silicon Valley

ursprünglich der Spitzname des Santa Clara Valley südlich von San Francisco, inzwischen auch auf andere Zentren der Computertechnologie übertragen.

Silly Putty

Markenname einer gummiartigen Masse, die, in Plastikeiern verpackt, seit den 50er Jahren als Kinderspielzeug verkauft wird.

The Silver Surfer

1966 von Jack Kirby und Stan Lee erdachter Comic-Held. Der Silver Surfer ist am ganzen Körper mit Silber überzogen und vagabundiert auf einem Surfboard, das er mit Gedankenkraft lenkt, durch die Galaxis. Ursprünglich hieß der Surfer Norrin Radd und lebte auf dem Planeten Zenn-La. Nachdem aber seine Welt von dem gottähnlichen Galactus zerstört worden ist, fällt dem Surfer die Rolle des Boten für Galactus zu. Als Galactus auch die Erde vernichten will, rebelliert der ›Sentinel of the

Spaceways‹ und muß zur Strafe auf der Erde bleiben. Die Christus-Parallele im Charakter des melancholischen Surfers, der eine reichlich verquaste New-Age-Philosophie von sich gibt, machte ihn zum typischen Comic-Helden der Hippiezeit.

The Simpsons

von Matt Croening, *1954, kreierte Zeichentrickserie (dt. *Die Simpsons*) um eine Blue-Collar-Familie in der fiktiven Stadt Springfield. Die Simpsons haben gelbe Haut, Glubschaugen, nur vier Finger an den Händen und leiden an einem deutlichen Überbiß. Vater Homer arbeitet in einem Atomkraftwerk, wo er wenig anderes zu tun hat als sich bei seinem Chef anzubiedern. Mutter Marge trägt eine blaue Beehive-Frisur und versucht vergeblich, ihren drei Kindern Manieren beizubringen und sie zu einem normalen Familienleben anzuleiten. Der eigentliche Star der Serie ist Bart Simpson, ein rotzfrecher, anarchischer Zehnjähriger, der nach dem Motto ›Underachiever, and proud of it, man!‹ lebt. Bart fährt lieber Skateboard, als langweilige Bücher zu lesen, terrorisiert mit seinen Streichen die Nachbarschaft, begegnet Respektspersonen mit dem Satz »Don't have a cow« (etwa: ›Reg dich ab‹) und entspricht auch sonst seinem Vornamen, der ein Anagramm von ›brat‹ ist. Anders seine Schwester Lisa, die Saxophon spielt und gute Noten nach Hause bringt, jedoch mindestens so fies wie Bart sein kann – nur läßt sie sich nicht dabei erwischen. Maggie, das Nesthäkchen, sitzt dauernd vor der Glotze und umarmt prompt den Fernseher, als sie ihre liebste Bezugsperson nennen soll. Baby Maggies erste Worte in der Folge vom 3. Dezember 1992, »Dadee«, gesprochen von keiner geringeren als Liz Taylor, bescherten den *Simpsons* den begehrten Spitzenplatz in den → Nielsen ratings.

Obwohl die seit 1989 ausgestrahlte Serie inzwischen in über 50 Ländern läuft, ist ihr Kultstatus wohl nur in USA nachvollziehbar durch ihren Kontrast zu den von Reagan und Bush propagierten amerikanischen Familienwerten. Nicht wenige der von Bart attackierten Tabus sind im Ausland eher obsolet. Doch ähnlich wie *Married ... with Children* bleiben die *Simpsons* als Satire auf die heile Welt der konventionellen Soap Operas unterhaltsam.

Siskel & Ebert

Seit 1978 besprechen die Filmkritiker Gene Siskel von der *Chicago Tribune* und Roger Ebert von der *Chicago Sun-Times* neue Kinofilme in ihrer TV-Sendung *Siskel & Ebert*, die zunächst auf →PBS lief, seit 1982 aber kommerziell vermarktet wird. Ihre heftigen Kontroversen und die drastische Art der Bewertung (Daumen hoch oder runter) machten die beiden zu Fernsehstars. Inzwischen werben viele Verleiher mit dem Prädikat ›Two Thumbs Up‹, falls ihr Film vor den kritischen Augen von Siskel und Ebert Gnade gefunden hat.

The Six Million Dollar Man

alias Steve Austin, aus dem Roman *Cyborg* (1972; dt. *Der korrigierte Mensch*) von Martin Caidin, verunglückt als Astronaut bei einem Testflug und wird mit Hilfe künstlicher Körperteile in eine Mensch-Maschine mit Superkräften verwandelt. Populär wurde die Figur durch die Fernsehserie *The Six Million Dollar Man* (1974–1978; dt. *Der Sechs Millionen Dollar Mann*) mit Lee Majors in der Rolle des Astronauten, dessen elektronisches Bodybuilding sechs Millionen Dollar kostet. Als Ableger der erfolgreichen Actionserie entstanden mehrere Zeichentrickreihen und die TV-Serie *The Bionic Woman*, in deren Mittelpunkt Jaime Sommers (Lindsay Wagner) stand.

1600 Pennsylvania Avenue

die Anschrift des Weißen Hauses in Washington.

The $64,000 Question

Die populärste Quizshow der amerikanischen TV-Geschichte startete mit Hal March als Quizmaster am 7. Juni 1955 auf → CBS und erreichte auf Anhieb Platz eins der Einschaltquoten. Der Reiz von *The $64,000 Question* lag in den enorm hohen Preissummen, die von den Teilnehmern gewonnen werden konnten. Die richtige Antwort auf die erste Frage aus einem von den Kandidaten gewählten Wissensgebiet wurde mit einem Dollar belohnt, doch jede weitere Antwort brachte den doppelten Gewinn, so daß die Befragten nach sechzehn korrekten Lösungen mit der magischen $64,000 Question konfrontiert waren. Ab dem 8.000–Dollar-Level wurden sie in die nach dem Sponsor der Show benannte ›Revlon isolation booth‹ gesteckt, um Zurufe aus dem Publikum zu verhindern. Der erste Gewinner der 64.000 Dollar, Richard McCutchen mit dem Spezialgebiet Kochkunst, konnte fünf Gerichte und zwei Weine benennen, die bei einem Bankett des englischen Königs George VI. zu Ehren des französischen Staatspräsidenten Albert Lebrun gereicht worden waren. Die Leistungen der Gewinner von *The $64,000 Question* und den im Fahrwasser dieses Erfolgs entstandenen Super-Quizshows wie *The $64,000 Challenge*, *Twenty-One* und *The Big Surprise* wurden immer erstaunlicher, bis Edward Hilgemeier, ein enttäuschter Kandidat, 1958 mit seiner Behauptung, die Fragen seien manipuliert, den großen Skandal auslöste. Tatsächlich hatten einige Teilnehmer von *The $64,000 Question* und anderen Shows die Lösungen der extrem kniffligen Fragen vorab erfahren, um das Zuschauerinteresse wachzuhalten. Noch im gleichen Jahr wurden alle Quizshows mit hohen Preissummen abgesetzt, doch in der Umgangssprache hat sich ›64,000 Dollar Question‹ oder verkürzt ›64 Dollar Question‹ als Ausdruck für die alles entscheidende Frage bis heute gehalten.

Skippy
Markenname einer Erdnußbuttersorte von CPC International. Werbeslogan: ›If you like peanuts, you'll like Skippy‹.

Smokey the Bear
Comic-Bär, der die Uniform eines ›forest rangers‹ trägt und seit 1950 im Auftrag des U.S. Forest Service in Trickfilmen und Comic-Geschichten über die Ursachen von Waldbränden aufklärt.

The Smother Brothers Comedy Hour
Satiresendung mit den Komikern Tom und Dick Smothers und Pat Paulsen (1967–1969 auf →CBS), die engagiert gegen den Vietnamkrieg zu Felde zogen und in ihren Sketchen zum erstenmal im amerikanischen Kommerzfernsehen die Werte der Gegenkultur am Ende der 60er Jahre artikulierten. Ihre Sendung verdrängte zwar schon im ersten Jahr →*Bonanza* vom Spitzenplatz der Einschaltquoten, doch CBS zensierte immer mehr von ihren Witzen, die sich gegen die Kirchen, die Regierung und andere nationale Heiligtümer richteten, und setzte die Show im Juni 1969 endgültig ab. Obwohl die Smother Brothers in den 70er Jahren bei →ABC und →NBC mehrere Comebackversuche unternahmen, konnten sie an ihre frühere Popularität nicht mehr anknüpfen.

Smurf

amerikanischer Name für ›Schlumpf‹ (der wiederum ursprünglich ein ›Schtroumpf‹ war und von dem belgischen Comic-Zeichner Peyo alias Pierre Culliforn für das Comicmagazin *Spirou* erfunden wurde).

s.o.

Abkürzung für ›strikeout‹ beim Baseball.

Soap

Sitcom, von Susan Harris zwischen 1977 und 1981 als Satire auf die Seifenopern à la →*Guiding Light* für →ABC geschrieben und produziert (dt.*Soap – Trautes Heim*). Im Mittelpunkt von *Soap* standen die reichen Tates und ihre armen Verwandten, die Arbeiterfamilie Campbell. Chester Tate (Robert Mandan) war ein erfolgreicher Geschäftsmann mit einer Vorliebe für Seitensprünge; seine Frau Jessica (Katherine Helmond), Mutter dreier Kinder, hatte den Verstand einer Fünfjährigen und längst jeden Bezug zur Realität verloren, was sich auch von ihrem Vater behaupten ließ, dem ›Major‹ (Arthur Peterson), der noch immer seine Uniform aus dem Zweiten Weltkrieg trug und im Wahn gegen die ›Krauts‹ kämpfte. Die amüsanteste Gestalt in diesem Haushalt war zweifellos der unverschämte schwarze Butler Benson (Robert Guillaume), dessen coole Sprüche ihn bei den Zuschauern so beliebt machten, daß er nach zwei Jahren seine eigene Sitcom bekam (*Benson*, 1979–1986). Auch die Campbells waren keine Bilderbuchfamilie: Burt (Richard Mulligan), ein Prolet voller Vorurteile, und Mary (Cathryn Damon), Jessica Tates Schwester, hatten vier Kinder: den schwulen Jodie (Billy Crystal), den angehenden Mafioso Danny (Ted Wass), Chuck (Jay Johnson), der seine Bauchrednerpuppe Bob für ein lebendiges Wesen hielt, und den Tennislehrer Peter (Robert Urich), der ständig Affären mit seinen Schülerinnen hatte.

Um die ohnehin schon an den Haaren herbeigezogenen Plots der konventionellen Soap Operas zu persiflieren, mußte die Serie in die vollen gehen: Zu den üblichen Ingredienzien wie Mord, Scheidung, Amnesie und totgeglaubte Verwandte kamen bei *Soap* Außerirdische hinzu, die Burt entführten und durch einen Klon ersetzten, sowie südamerikanische Revolutionäre und verkappte Neonazis.

SOB

1. ›Son of a bitch‹.

2. ›Standard operational bullshit‹ (→SOP).

Socks

die Katze von Bill, Hillary und Chelsea Clinton; seit Januar 1993 ist die Promenadenmischung die First Lady of Cats im Weißen Haus.

Son of Sam

mit diesem Pseudonym unterschrieb der Serienkiller David Berkowitz, *1953, der zwischen 1976 und 1977 in New York City mit einer 44er Magnum sechs Menschen tötete und sieben weitere schwer verletzte, seine Bekennerbriefe an Zeitungen.

Sooners

Spitzname der Einwohner Oklahomas. Ursprünglich wurden so die ersten Siedler genannt, die 1889 vor (›sooner‹) der offiziellen Landfreigabe das Oklahoma Territory betraten.

SOP

Abkürzung von ›standard operational procedure‹; die drastischere Variante ist →SOB. »Nothing unusual about that – it's SOP for the screenwriter.« (William Goldman, *Adventures in the Screen Trade.*)

Spade, Sam

kaltschnäuziger Privatdetektiv aus einigen Kurzgeschichten und dem Roman *The Maltese Falcon* (1930; dt. *Der Malteser Falke*) von Dashiell Hammett. *The Maltese Falcon* wurde dreimal verfilmt: 1931 von Roy Del Ruth mit Ricardo Cortez als Sam Spade, 1936 unter dem Titel *Satan Met a Lady* von William Dieterle mit Warren William und 1941 von John Huston mit Humphrey Bogart. In einer mißglückten Satire von David Giler (*The Black Bird*, 1975; dt. *Die Jagd nach dem Malteser Falken*) spielte George Segal den Sohn des Privatdetektivs aus San Francisco, Sam Spade Jr.

Spam

Markenname einer Dosenwurstsorte (Spam = spiced ham). Werbeslogan: ›It's love at first bite‹.

Speak softly and carry a big stick

Mit diesen Worten charakterisierte Theodore Roosevelt 1901 während einer Rede in Chicago den Stil seiner Außenpolitik. Der weise Ratschlag ging in die Umgangssprache ein.

Speedos

Markenname von Badehosen.

Spenee, Brenda

Schülerin aus San Diego, Kalifornien, die am 29. Januar 1979 – einem Montag – bei einem Amoklauf elf Menschen erschoß. Spenee inspirierte die Boomtown Rats zu ihrem berühmten Song *I Don't Like Mondays*.

Spider-Man

1962 von Stan Lee und Steve Ditko für den Verlag Marvel erdachter Comic-Held, der als High-School-Schüler Peter Parker von einer radioaktiven Spinne gebissen wurde und seither die Fähigkeiten einer Spinne besitzt. Parker, dessen Eltern bei einem Flugzeugabsturz starben und der bei seinen Verwandten Aunt May und Uncle Ben aufwuchs, beschließt, als Uncle Ben bei einem Straßenüberfall umgebracht wird, sein Leben dem Kampf gegen das Verbrechen zu weihen. Im selbstgenähten blauroten Spinnenkostüm krabbelt er seither Wolkenkratzer rauf und runter und bringt gefährliche Ganoven zur Strecke. Doch im Unterschied zu den meisten anderen Superhelden ist Spidey, wie er von seinen Fans genannt wird, dem irdischen Alltagsleben nicht ganz entrückt: Er muß nicht nur für seine gebrechliche Tante sorgen, sondern auch seine Brötchen verdienen, was ihm mehr schlecht als recht gelingt. Zwischen 1967 und 1981 entstanden zwei Zeichentrickadaptionen von Peter Parkers Abenteuern, und 1977 drehte E. W. Swackhamer den Fernsehfilm *Spider-Man* mit Nicholas Hammond, der die Rolle auch in einer 13teiligen TV-Serie spielte.

The Spirit

der Schrecken der Unterwelt, eine 1940 von Will Eisner erfundene Comicfigur. The Spirit heißt in Wirklichkeit Denny Colt und lebt in einem Versteck unter dem aufgelassenen Friedhof Wildwood Cemetery am Rand von Central City, seit er sich nach einem Säureattentat von Dr. Cobra zum Schein für tot erklären und beerdigen ließ, um quasi aus dem Jenseits gegen allerlei Verbrechergesindel zu kämpfen. Nur der Polizeichef von Central City und dessen Tochter Ellen Dolan kennen die wahre Identität des Spirit, der mit seinem kantigen Gesicht ein wenig an Cary Grant erinnert und bei seinen Verbrecherjagden stets eine Augenmaske trägt.

Spock

Erster Offizier an Bord des Raumschiffs →Enterprise aus der Fernsehserie →*Star Trek*, gespielt von Leonard Nimoy. Als Sohn des vulkanischen Botschafters →Sarek und der Erdenfrau Amanda →Grayston ist er halb Vulkanier, halb Mensch, und tatsächlich wohnen in Mr. Spocks Brust (in der das Herz rechts sitzt) zwei Seelen. Zwischen vulkanischer Rationalität und irdischer Emotionalität hin und her gerissen, verkörpert Spock das faustische Dilemma, bemüht sich jedoch nach Kräften, ganz nach der Logik zu leben.

Fast wäre diese berühmteste Gestalt aus *Star Trek* gar nicht auf den Bildschirm gekommen; denn nach der ersten Testfolge wollten die Fernsehgewaltigen von →NBC den Außerirdischen durch einen Erdenmenschen ersetzen – vorzugsweise durch einen weiteren All-American Boy wie Captain James T. →Kirk. Doch Produzent Gene Roddenberry erhob Einspruch, und so blieb Spock der Serie erhalten und wurde zur idealen Identifikationsfigur aller kontaktarmen Außenseiter.

Mr. Spock kommt aus dem Staunen über die Irrationalität der Menschen nie heraus; ihre Kapriolen kommentiert er entweder mit »Fascinating« (»Faszinierend«) oder mit »Highly illogical« (»Höchst unlogisch«). Hat die Enterprise wieder einmal einen ganzen Planeten gerettet, verabschiedet sich Spock von den Bewohnern fremder Welten mit: »Live long and prosper« (»Langes Leben und Frieden«). Berühmt geworden ist auch Spocks ›vulkanischer Paralysegriff‹ (›Vulcan nerve pinch‹) und seine originelle Art, das eklige Händeschütteln zu vermeiden: man spreizt den Daumen ab und bildet ein V zwischen Mittelfinger und Ringfinger. Inzwischen tritt Nimoy nur noch in den *Star Trek*-Kinofilmen als Spock auf, bei denen er mitunter auch Regie führt. »Van Meter flashed Mr. Spock's Vulcan hand salute.« (Thomas Pynchon, *Vineland*.)

Spock baby

ein nach den liberalen Prinzipien des Kinderarztes Dr. Benjamin Spock, *1903, erzogenes Kind. Dr. Spock gilt als Autorität in allen Fragen der Kindererziehung, sein 1946 erschienenes Buch *Baby and Child Care* (dt. *Säuglings- und Kinderpflege*) erfreut sich auch heute noch großer Popularität.

St. Valentine's Day Massacre

Auf dem Höhepunkt des berühmtesten Bandenkriegs der Prohibitionszeit drangen am 14. Februar 1929 einige von Al Capones Killern als Polizisten verkleidet in das Hauptquartier der konkurrierenden North Side Gang von George ›Bugsy‹ Moran ein und töteten alle sieben Anwesenden durch Maschinengewehrsalven. Obwohl Moran an diesem Abend erst später als sonst in das Haus Nummer 21222 an der North Clark Street kam und so am Leben blieb, verlor er seine Macht an Capone.

Star Trek

Am 2. September 1966 war es soweit: vor den Zuschauern des →NBC-Networks tat sich sternenübersäte Schwärze auf, während eine bedeutungsschwangere Stimme aus dem Off im Vorspann der Serie verkündete:

»Space. The final frontier. These are the voyages of the Starship Enterprise. Its five-year mission, to explore strange new worlds. To seek out new life and new civilizations. To boldly go where no man has gone before.«

Dieses ›to boldly go‹ bereitete zwar allen Englischlehrern Magenkrämpfe – denn ›split infinitives‹ gelten noch immer als unfein – konnte aber *Star Trek* auf seinem Weg zum bisher erfolgreichsten Kult-Spektakel nicht aufhalten. In Deutschland lief die Serie unter dem Titel *Raumschiff Enterprise*, und im Vorspann raunte es:

»Das Weltall. Unendliche Weiten. Dies sind die Abenteuer des Raumschiffs Enterprise auf seiner Reise zu fremden Welten, um neues Leben und neue Zivilisationen zu erforschen, wo noch niemand gewesen ist.«

Dabei hatte der Jungfernflug von *Star Trek* mit einer glatten Bruchlandung geendet. Produzent Gene Roddenberry wollte schon 1963 eine Science-Fiction-Fernsehserie starten, die intelligenter konzipiert sein sollte als die bisherigen Versuche, Utopisches auf den Bildschirm zu bringen. Für über 600.000 Dollar drehte er den Pilotfilm *The Cage*, in der die Enterprise-Crew aus Jeffrey Hunter als Captain Christopher Pike, Majel Barrett als Erstem Offizier und Leonard Nimoy als Wissenschaftsoffizier

Mr. →Spock bestand. Doch →NBC lehnte das Weltraum-spektakel ab, gab Roddenberry aber eine zweite Chance mit der Auflage, einige Parts neu zu besetzen.

So kam William Shatner zu der Rolle seines Lebens als Captain James T. →Kirk und dem Kommando über die Besatzung der U.S.S. →Enterprise aus angeblich 428 Männern und Frauen, von denen neben Kirk aber nur sieben regelmäßig in Erscheinung treten: Mr. →Spock, Dr. Leonard McCoy, genannt → ›Bones‹, (dt. ›Pille‹), Mr. →Sulu, Lieutenant →Uhura, Ensign Chekov, Lieutenant Commander Montgomery Scott, genannt →›Scotty‹, und Nurse Christine Chapel. Chekov (Walter Koenig) flog erst ab der zweiten Sendestaffel auf der Enterprise mit; angeblich hatte sich die *Prawda* darüber beschwert, daß kein Russe an der internationalen Weltraummission beteiligt war. Und sicherlich erklärt sich ein Teil der Popularität von *Star Trek* auch aus dem Optimismus, den die Serie verbreitete: Die internationale Zusammensetzung der Enterprise-Crew signalisierte, daß eine Zeit des Weltfriedens kommen werde.

Auf ihrer fünfjährigen Forschungsreise begegnet die Enterprise diversen Weltraumvölkern und besucht zahlreiche bis dahin unbekannte Zivilisationen, die oft an historische Epochen der Erde erinnern (mal sind es galaktische Römer, mal Sternen-Nazis). Nicht selten wird sie in Scharmützel mit den Feinden der ›Federation‹ (dt. ›Föderation‹) verstrickt, den →Klingons und →Romulans.

Für eine Fernsehproduktion der 60er Jahre wurde in *Star Trek* ein erstaunlich großer technischer Aufwand getrieben. Die Enterprise war mit zahlreichen utopischen Errungenschaften bestückt – etwa den Transporterstrahlen zum ›Beamen‹ (→»Beam me up, Scotty«) von Menschen und Sachen; elektronischen Büchern, die man auf grünlich schimmernden Kleinbildschirmen las; futuristischen Waffen, →»Phaser‹ genannt, und ›Photonentorpedos‹.

Bis zum 8. September 1969 liefen 79 Folgen von *Star Trek*, dann kam für die Serie das Aus – wegen fehlender Zuschauerresonanz. Über einen müden Platz 52 in den →Nielsen ratings hatten es Kirk & Co nie gebracht. Erst unzählige Wiederholungen bescherten *Star Trek* nach und nach seine Fans, die → Trekkies, die nicht müde wurden, eine Neuauflage der Serie zu fordern.

Mittlerweile wurden an Roddenberrys Science Fiction-Epos rund 2 Milliarden Dollar verdient. Es vergeht kein Tag, an dem nicht irgendein Lokalsender die alten Folgen wiederholt, und unzählige Roman- und Comic-Adaptionen spinnen die Abenteuer der Enterprise fort.

1973 entstand unter dem Titel *Star Trek* (dt. *Die Enterprise*) eine 22teilige Zeichentrickserie, die zwar von den Originalschauspielern gesprochen wurde, aber durch ihre Banalität enttäuschte. Ende der 70er Jahre produzierte Roddenberry eine Reihe von Kinofilmen, teilweise unter der Regie von Leonard Nimoy: *Star Trek: The Motion Picture* (1979; dt. *Star Trek – der Film*); *Star Trek II: The Wrath of Khan* (1982; dt. *Star Trek II – Der Zorn des Khan*); *Star Trek III: The Search for Spock* (1984; dt. *Star Trek III – Auf der Suche nach Mr. Spock*); *Star Trek IV: The Voyage Home* (1986; dt. *Star Trek IV – Zurück in die Gegenwart*); *Star Trek V: The Final Frontier* (1989; dt. *Star Trek V – Am Rande des Universums*); *Star Trek VI: The Undiscovered Country* (dt. *Star Trek VI: Das unentdeckte Land*).

Seit 1987 fliegt die Enterprise wieder fürs Fernsehen, nun aber mit neuer Besatzung (*Star Trek: The Next Generation*, dt.*Raumschiff Enterprise: Das nächste Jahrhundert*). Zur neuen Crew gehören neben dem glatzköpfigen Captain Jean-Luc Picard (Patrick Stewart) sein Stellvertreter Commander William Riker (Jonathan Frakes), der schwarze Lieutenant Geordi La Farge (Le Var Burton), die attraktive Lieutenant Tasha Yar (Denise Crosby), der Klingone Lieutenant Worf (Michael Dorn), die telepathisch begabte Counselor Deanna Troi (Marina Sirtis) und der bleiche Androide Lieutenant Commander Data (Brent Spiner) sowie die Ärztin Dr. Beverly Crusher (Gates McFadden) und ihr Sohn Wesley Crusher (Wil Wheaton). Die Qualität der Drehbücher von *Star Trek: The Next Generation* ist besser als bei den Folgen der 60er Jahre, und wider Erwarten können sich die neuen Akteure gegen die alte Crew durchaus behaupten.

Die Neuauflage der Serie erwies sich als so populär, daß im Januar 1993 ein weiterer Star-Trek-Ableger im amerikanischen Fernsehen anlief: *Deep Space Nine*. Darin geht es um eine von Lieutenant Commander Ben Sisko (Avery Brooks) befehligte Raumstation, die als eine Art letzte Tankstelle vor der intergalaktischen Autobahn dient und so verruchte Amüsiermöglichkeiten bietet wie ein holographisches Bordell – Safe Sex unter Sternen.

Star Wars

Produzent und Regisseur George Lucas konzipierte sein Weltraum-Epos ursprünglich auf neun Filme, von denen bisher nur die in sich abgeschlossene Trilogie *Star Wars* (1977; Regie: George Lucas; dt. *Krieg der Sterne*), *The Empire Strikes Back* (1980; Regie: Irvin Kershner, dt. *Das Imperium schlägt zurück*) und *The Return of the Jedi* (1983; Regie: Richard Marquand, dt. *Die Rückkehr der Jedi-Ritter*) in die Kinos gekommen ist.

Der junge Luke Skywalker (Mark Hamill) kämpft darin als Jedi-Ritter gegen die Mächte der Finsternis, die durch den Imperator verkörpert werden und seinen Paladin Darth Vader, einen überlebensgroßen Finsterling, dessen gepreßter Atem bedrohlich hinter einem schimmernd schwarzen Maskenhelm hervordringt. Luke zur Seite stehen seine beiden Ausbilder Obi wan Kenobi (Alec Guinness) und der zwergengroße Außerirdische Yoda, die ihren Schützling im Gebrauch der ›Macht‹ (›the force‹) unterrichten. Um diese Macht, eine Art Kraftfeld, die das Universum im Innersten zusammenhält, dreht sich die Religion des interstellaren Ritterordens der Jedis. (→»May the force be with you!‹)

Auf der Seite der Rebellen kämpft auch Prinzessin Leia Organa (Carrie Fisher) mit ihren Robotern C3PO und R2D2 gegen das Imperium. Der Abenteurer Han Solo (Harrison Ford), Captain des Raumschiffs Millenium Falcon, und sein yetiähnlicher Freund, der Wookie Chewbacca (Peter Mayhem), schließen sich ebenfalls den Aufständischen an. Am Ende vernichten die Rebellen die monströse Kampfmaschine des Imperiums, den Death Star (Todesstern), und Darth Vader entpuppt sich als Lukes und Leias Vater Annakin Skywalker, der kurz vor seinem Tod der dunklen Seite der Macht abschwört. George Lucas kündigte eine Fortsetzung der Star-Wars-Saga nicht vor 1998 an. ›Star Wars‹ wurde auch zum ironischen Spitznamen für Ronald Reagans Pläne, die USA vom Weltraum aus gegen einen Nuklearangriff zu verteidigen (Strategic Defense Initiative, SDI).

Stars and Bars

die Flagge der Südstaaten während des amerikanischen Bürgerkriegs.

Stern, Howard

*1949, moderiert seit 1987 von New York aus eine beliebte morgendliche Radioshow, die ihm wegen seiner rüden Angriffe auf Prominente und seiner geschmacklosen Witze besonders über Liliputaner und Homosexuelle den Ruf eines ›radio shock jock‹ eingetragen hat. 1992 wurde Sterns Infinity Broadcasting Corporation von der staatlichen Aufsichtsbehörde über das Rundfunkwesen FCC (Federal Communications Commission) wegen Sterns spitzer Zunge mit einer Strafe von 600.000 Dollar belegt — was Infinity angesichts der enormen Werbeeinnahmen von Sterns Sendung freilich aus der Portokasse bezahlen kann.

Stewart, Martha

*1946, Verfasserin mehrerer populärer Kochbücher und Ratgeber, die ihre Leser zu perfekten Gastgebern machen sollen. Martha Stewart, die unter ihrem Namen eine Vielzahl von Produkten vermarktet, repräsentiert eine Mischung aus Yuppie-Chic und rustikaler Behaglichkeit.

Stonewall Jackson

Spitzname des Südstaaten-Generals Thomas Jonathan Jackson, 1824–1863, dessen Truppen bei der Schlacht von Bull Run einer Übermacht von Streitkräften der Unionsstaaten standhielten. Jackson wurde bei Chancellorsville von Angehörigen seiner eigenen Armee versehentlich getötet.

Strasser, Heinrich

der Nazioffizier aus Michael Curtiz' Kultfilm *Casablanca*, der verhindern will, daß der Widerstandsheld Victor →Laszlo aus Casablanca entkommt. Strasser, der von Conrad Veidt, 1893–1943, gespielt wurde, muß in dem berühmten Sängerwettstreit in Rick's Café Américain (*Die Wacht am Rhein* gegen die *Marseillaise*) eine Niederlage einstecken und wird am Flughafen von Rick →Blaine erschossen.

The Streets of San Francisco

120teilige TV-Serie (1972–1977; dt. *Die Straßen von San Francisco*) um den Polizisten Detective Lieutenant Mike Stone (Karl Malden) und seinen jungen Partner Inspector Steve Keller (Michael Douglas). In der letzten Staffel wurde Douglas durch Richard Hatch als Inspector Dan Robbins ersetzt. *The Streets of San Francisco* ragte lediglich durch das schauspielerische Talent der Hauptdarsteller aus der Masse der Polizeishows heraus; doch dies genügte, um die handwerklich solide Serie zu einem internationalen Hit zu machen.

Stutz Bearcat

Der bis heute legendäre Sportwagen, den Harry C. Stutz für die Ideal Motor Car Company konstruierte, wurde zwischen 1914 und 1929 produziert.

The Sub-Mariner

alias Prince Namor von Atlantis ist im wortwörtlichen Sinn weder Fisch noch Fleisch. Bill Everett ließ diesen Comic-Helden 1939 aus einer Mischehe zwischen dem amerikanischen Offizier Leonard McKenzie und der Königstochter Fen aus Atlantis hervorgehen. Prinz Namor kann sich mit hoher Geschwindigkeit im Wasser fortbewegen und zur Not auch fliegen. Seine späteren Comic-Abenteuer im Marvel Verlag lassen eine verstärkt ökologische Thematik erkennen: die zunehmende Verschmutzung des Meeres bedroht die Lebensgrundlage der Atlantiden. In Deutschland wurde der Sub-Mariner unter dem Titel *Prinz Namor* in der Reihe *Hit Comics* und in einer Zeichentrickserie (*The Sub-Mariner*, dt. *Prinz Namor – Der Held von Atlantis*) bekannt.

Sulu, Mr.

japanischer Navigator der →Enterprise aus der TV-Serie → *Star Trek*, gespielt von George Takei.

Sunday, Billy

1862–1935, bekannter Erweckungsprediger der presbyterianischen Kirche, der vor seiner Missionstätigkeit als Baseballprofi arbeitete.

Super Bowl

Das seit 1967 an einem Sonntag Ende Januar ausgetragene Endspiel der beiden Gruppenersten der American Football Conference und der National Football Conference um die → NFL-Meisterschaft ist nicht nur für Fans der eigentliche Nationalfeiertag der USA. Die Super-Bowl-Spiele werden römisch durchnumeriert. (Vgl. die Liste der Super-Bowl-Spiele und ihrer Gewinner im Anhang.) 1993 gewannen die Dallas Cowboys.

Super Tuesday

ein Dienstag Ende März, an dem Vorwahlen in vielen amerikanischen Bundesstaaten stattfinden. In der Regel fällt am Super Tuesday die Vorentscheidung für die Nominierung des Präsidentschaftskandidaten auf den Parteitagen der Demokraten und Republikaner.

Supergirl

→Supermans Cousine vom Planeten Krypton, auf dem sie Kara Zor-el hieß, tauchte zum erstenmal 1962 in *Action Comics* auf. Auch sie führt ein Doppelleben und heißt als Studentin und spätere Fernsehjournalistin Linda Lee Danvers. Supergirls Fähigkeiten entsprechen denen ihres berühmteren Verwandten.

Superman

Der Mann aus Stahl ist tot. Er starb Ende November 1992 in den Armen seiner Freundin Lois Lane, gerade 54 Jahre alt, Opfer eines mysteriösen Monsters namens Doomsday, das einfach zu stark für ihn war. Schicksal eines Superhelden, der seine Leserschaft verlor.

Doch Superman war nicht irgendein Superheld, er begründete dieses Comicgenre überhaupt erst und eröffnete damit die Arena für eine ganze Legion von Nachfolgern, die ihn während der letzten Jahre überflügelten. →Batman & Co. wären ohne den Asylanten vom Planeten →Krypton nicht denkbar.

Erdacht wurde Superman von Jerry Siegel und Joe Shuster bereits Anfang der 30er Jahre, doch zunächst scheiterten ihre Versuche, den göttergleichen Helden bei den Comicverlagen der Zeit unterzubringen. Erst National Periodical Publications konnte sich für die neue Idee erwärmen, und so gab Superman in der ersten Nummer von *Action Comics*, Juni 1938, sein Debüt. Inzwischen wird der Preis dieses Comics – damals 10 Cent – auf 60.000 Dollar geschätzt. Superman war von Beginn an ein Riesenerfolg. Sehr bald wurde er Titelheld eines eigenen Comic-Hefts und von dessen Redakteur Mort Weisinger zu der Figur weiterentwickelt, die heute jeder Amerikaner kennt.

Als Kal-El auf dem Planeten Krypton geboren, wurde Superman von seinen Eltern →Jor-El und Lara kurz vor der Explosion seines Heimatplaneten in einer Raumkapsel zur Erde geschickt. Dort fand er in Mary und Jonathan Kent aus Smallville liebevolle Adoptiveltern, die ihn Clark tauften. Der junge Superman entdeckte, daß er aufgrund der anderen Bedingungen auf der Erde über Superkräfte verfügte – er hatte einen Röntgenblick, ein superscharfes Gehör, war unverletzbar, konnte fliegen und buchstäblich Berge versetzen. Die Abenteuer des jungen Superman sollten später in den *Superboy*-Geschichten erzählt werden. Der erwachsene Clark Kent zog von Smallville nach Metropolis, einer fiktiven Großstadt im Bundesstaat Illinois, wo er als Journalist für den *Daily Planet* arbeitete.

Dank dieser Tarnung als ›mild-mannered reporter‹ war Superman immer dort zur Stelle, wo Gefahr drohte; vertauschte im Nu den biederen Anzug gegen das blaurote Superheldenkostüm und sorgte für Recht und Ordnung. Ein Geheimnis blieb freilich, warum weder Lois Lane noch Jimmy Olsen, die ebenfalls beim Daily Planet arbeiteten und mit Superman befreundet waren, je hinter Clark Kents Doppelleben kamen, obwohl Kent sich nur durch eine Brille von Superman unterschied. Eben diese dicke schwarze Hornbrille ging unter der Bezeichnung ›Clark Kents‹ in die amerikanische Umgangssprache ein. (→ Wayfarers)

Ein Held mit so übermenschlichen Fähigkeiten wie Superman brauchte natürlich auch Super-Feinde. Schon kurz nach dem Start der Comic-Serie zog Superman in den Krieg und kämpfte gegen deutsche Schlachtschiffe und japanische Flugzeuggeschwader, die jedoch auf Dauer einen ebenbürtigen Gegner nicht ersetzen konnten. Supermans Antagonisten kamen dann oft aus dem All, gelegentlich sogar als Überlebende seines Heimatplaneten. Größter unter den Super-Schurken war jedoch der irdische Lex Luthor, der unermüdlich Pläne schmiedete, Superman zu vernichten und die Weltherrschaft an sich zu reißen. Eine Schlüsselrolle fiel dabei dem Element Kryptonite (dt. ›Kryptonit‹) zu, das bei der Explosion von Krypton entstanden war. Für normale Erdenbürger harmlos, stellte es für den Stählernen die äußerste Bedrohung dar: Grünes Kryptonite konnte ihm seine Superkräfte rauben und ihn sogar töten, während sich rotes Kryptonite völlig unvorhersehbar auf ihn auswirkte, positiv oder aber verheerend.

Schon bald nach seinem Comicdebüt wurde Superman ein multimediales Phänomen. 1940 startete eine Hörspielserie mit Bud Collyer als Man of Steel, der immer »Up, up, and away!« rief, um seiner Zuhörerschaft deutlich zu machen, wenn sich der Radio-Superman in die Lüfte schwang. Der reißerische Anfang dieser ungemein populären Radioserie gehört zu den am häufigsten zitierten Sentenzen der amerikanischen Trivialgeschichte:

»Faster than a speeding bullet! More powerful than a locomotive! Able to leap tall buildings at a single bound. Look! Up in the sky! It's a bird! It's a plane! It's Superman!«

Auf die Radioserie folgten Zeichentrickfilme und Kinoserials. Der bekannteste Superman wurde jedoch George Reeves, der den Mann vom Planeten Krypton in der TV-Serie *Superman* spielte (1951–1957, 104 Folgen). Auch darin wurde Superman von einem Sprecher aus dem Off angekündigt, zunächst mit dem gleichen Text wie bei der Radioserie, dann aber mit folgenden Worten, die zum erstenmal präzisierten, wofür Superman eigentlich stand:

»Superman – strange visitor from another planet who came to Earth with powers and abilities far beyond those of mortal men! Superman, who can change the course of mighty rivers, bend steel in his bare hands, and who, disguised as Clark Kent, mild-mannered reporter for a great metropolitan newspaper, fights a never-ending battle for truth, justice, and the American way!«

Damit war Superman endgültig zum amerikanischen Nationalhelden avanciert. Dies konnte jedoch nicht verhindern, daß ein Held, der alles kann und immer gewinnt, auf die Dauer langweilt. Zwar dachten sich die Texter und Zeichner von DC Comics, wo Supermans Comic-Abenteuer in mehreren Heftreihen erscheinen, Parallelwelten und alternative Zeitströme aus, um ihrer Figur neues Leben einzuhauchen, doch schon in den 60er Jahren war Superman von weniger perfekten Helden wie →Batman und →Spider-Man in der Lesergunst verdrängt worden. Erst vier aufwendig produzierte Kinofilme mit Christopher Reeve – *Superman* (1978), *Superman II* (1980), *Superman III* (1983) und *Superman IV: The Quest for Peace* (1987) – vermochten den Absatz der Comic-Hefte zu steigern.
Doch der Superman der 80er Jahre war längst nicht mehr der mysteriöse Einzelkämpfer aus der Frühzeit seiner Comics. Seine Physis glich immer auffälliger der von Arnold Schwarzenegger, und auch als Clark Kent wirkte er mit roten Hosenträgern, Designerkrawatten und italienischen Anzügen mehr wie ein

Wall-Street-Broker denn wie der schüchterne Reporter von ehedem. Ob Supermans Tod wirklich endgültig ist, darf bezweifelt werden, der Hunger der amerikanischen Öffentlichkeit nach einem Kämpfer für Wahrheit, Gerechtigkeit und den American Way of Life ist ungebrochen, und so dürfte es nur eine Frage der Zeit sein, bis sich Superman – up, up, and away – aus seinem Grab erhebt.

Swaggart, Jimmy
*1938, Televangelist, dessen Sendung *The Jimmy Swaggart Telecast* zu den populärsten – und gewinnträchtigsten – religiösen Programmen des amerikanischen Fernsehens gehört. Daran änderte auch 1988 ein großer Sexskandal nichts, als Swaggart in einem Motel mit einer Prostituierten ertappt worden war. Gott, so Swaggart während einer tränenreichen TV-Beichte, habe ihm vergeben – und da werde sein Publikum doch nicht etwa zurückstehen?

Sylvester and Tweety Pie
beliebte Zeichentrick-Reihe von Warner Brothers um den lispelnden Kanarienvogel Tweety Pie, der sich mit List und Tücke gegen den Kater Silvester zur Wehr setzt. Beide wohnen im Haus von Granny (dt. Omi), die Silvester mit schöner Regelmäßigkeit eine Riesentracht Prügel verpaßt, sobald er ihrem Tweety zu nahe kommt. Zum erstenmal tauchten Sylvester and Tweety Pie 1942 in dem Cartoon *A Tale of Two Kitties* auf, doch erst im Oktober 1992 lüftete ihr Erfinder Fritz Freling das langgehütete Geheimnis, welches Geschlecht Tweety habe: »It's irrelevant, but Tweety's a guy.«

T & A
Abkürzung von ›tits & ass‹ in Fügungen wie ›T&A entertainment‹.

Taco Bell
neben Taco Bueno die zweite große Kette mit mexikanischem Fast food.

Take Me Out to the Ball Game
Baseball-Song von Jack Norworth (Text) und Albert von Tilzer (Musik), dessen Refrain traditionell in der zweiten Hälfte des 7. Innings von den Zuschauern im Stadion gesungen wird:

Take me out to the ball game,
Take me out with the crowd.
Buy me some peanuts and cracker jack,
I don't care if I never get back,
Let me root, root, root for the home team,
If they don't win it's a shame
For it's one, two, three strikes, you're out
At the old ball game.

Tammany Hall

Name eines New Yorker Herrenclubs im 18. Jahrhundert, der heute als Bezeichnung für die Parteispitze der Demokraten in New York City gebräuchlich ist.

Tang

Markenname eines Instantgetränks mit Orangengeschmack von General Foods Corporation.

Tarzan

alias John Clayton oder Lord Greystoke, Sohn eines britischen Adligen, ging als Baby beim Tod seines Vaters im afrikanischen Dschungel verloren und wurde von Affen großgezogen. Von seiner Affenmutter Kala lernte Tarzan nicht nur deren Sprache, sondern auch, wie man mit allen anderen Tieren kommuniziert. Der erwachsene Tarzan entscheidet sich bewußt gegen die Zivilisation und sein aristokratisches Erbe. Im Dschungel verliebt er sich in Jane Porter, die Tochter eines amerikanischen Wissenschaftlers, entdeckt mancherlei untergegangenes oder vergessenes Dschungelvolk und kämpft gegen weiße Wilderer.
Erdacht hat diesen Herrn des Dschungels Edgar Rice Burroughs, 1875–1950, dessen erste Tarzangeschichte 1912 in dem →Pulp-Magazin *All-Story* erschien. Die enthusiastische Leserreaktion bewog ERB, wie Burroughs von seinen Fans genannt wird, zu einem Roman, der 1914 unter dem Titel *Tarzan of the Apes* (dt. *Tarzan bei den Affen*) erschien. Die Geschichte vom afrikanischen Kaspar Hauser wurde ein phänomenaler Erfolg, und Burroughs veröffentlichte zu seinen Lebzeiten noch 21 weitere Romane um Lord Greystoke.
Der Mythos vom edlen Wilden à la Rousseau erwies sich auch in anderen Medien als unwiderstehlich. Seit 1929 erschien ein vielfach nachgedruckter Zeitungsstrip von Hal Foster (der später die Figur des →Prince Valiant erfand). Von 1937 bis 1950

zeichnete Burne Hogarth, der sich enger an Burroughs Originalromane hielt, die Serie.

Bereits 1918 entstand mit Elmo Lincoln in der Titelrolle ein Stummfilm (*Tarzan of the Apes*), dem bis heute über fünfzig weitere Kinoadaptionen folgten. Berühmtester Film-Tarzan wurde Johnny Weissmuller, der bei den olympischen Spielen 1924 und 1928 fünf Goldmedaillen im Schwimmen errungen hatte und die Rolle seines Lebens zum erstenmal 1932 in W.S. Van Dykes *Tarzan, the Ape Man* spielte. Bis 1948 schwang er sich noch in elf weiteren Filmen Liane zu Liane, perfektionierte seinen berühmten Tarzanschrei und tollte mit Schimpansin Cheetah und Gefährtin Jane (Maureen O'Sullivan) durch den Dschungel. Obwohl ›Me Tarzan, you Jane‹ durchaus die Geisteshaltung Tarzans kennzeichnet, fiel dieser berühmte Satz weder in Weismullers noch in den Filmen anderer Schauspieler wie Bruce Bennett, Lex Barker, Buster Crabbe, Christopher Lambert oder Gordon Scott. Ihnen allen ist es ebensowenig wie Ron Ely, dem Tarzan der gleichnamigen TV-Serie zwischen 1966 und 1969, jemals gelungen, Weissmuller als einzig wahren Herrn des Dschungels vom Thron zu verdrängen.

TBA

Abkürzung von ›to be announced‹.

TD

Abkürzung von ›touchdown‹ beim Football.

Teenage Mutant Ninja Turtles

Vier Schildkröten aus einem Comicstrip von Kevin Eastman und Peter Laird eroberten als Helden einer Zeichentrickserie (1987) und dreier Kinofilme (1990–1993) die Kinderherzen weltweit. Leonardo, Michelangelo, Raphael und Donatello, durch Kontakt mit einer radioaktiven Flüssigkeit intelligent und groß wie Menschen, leben in der Kanalisation von New York City, wo eine alte japanische Ratte sie zu Ninja-Kämpfern ausbildet. Soweit die Auseinandersetzungen mit ihrem Erzfeind Shredder dem komischen Quartett Zeit dazu lassen, gehen die Ninja Turtles mit Hut und Trenchcoat verkleidet ins Kino oder versuchen, ihren unstillbaren Hunger auf Pizza zu befriedigen.

Terry and the Pirates
Zeitungsstrip zwischen 1934 und 1973 von Milton Caniff, 1907–1988, über den Jungen Terry Lee, der im Laufe der Jahre zu einem Mann heranreift, Offizier bei der US Air Force wird und zusammen mit seinem väterlichen Freund Pat Ryan in Fernost zahlreiche Abenteuer besteht. Nach Ausbruch des Zweiten Weltkriegs wurde Caniffs Comicstrip extrem patriotisch, und sogar die mysteriöse Dragon Lady, ursprünglich als Femme fatale eingeführt, kämpfte auf Seiten der Vereinigten Staaten. Nach 1946 setzte George Wunder die Serie fort, die auch die Vorlage zu einem Kinoserial der 40er Jahre und einer TV-Serie lieferte.

TGIF
Abkürzung von ›Thank God it's Friday‹; TGI Friday heißt eine landesweit vertretene Restaurantkette.

That's all, folks!
Mit diesen Worten endeten seit 1930 die *Merrie Melodies*-Zeichentrickfilme von Warner Brothers, in denen Figuren wie →Bugs Bunny, →Daffy Duck und →Sylvester and Tweety Pie auftraten. Mel Blanc, 1908–1989, der den meisten von ihnen seine Stimme geliehen hatte, ließ sich ›That's all, folks!‹ in seinen Grabstein meißeln; die →Muppets wandelten den Spruch ab zu ›That's awful, folks‹.

Think
berühmter Werbeslogan von IBM. →›Machines should work‹

thirtysomething
TV-Serie bei →ABC von 1987–1991, die sich um Sorgen und Nöte von sieben leicht angewelkten →Yuppies drehte – ein Verschnitt aus konventioneller Soap Opera und einem schlechten Woody-Allen-Film. Gary Shepherd (Peter Horton) ist ein sexbesessener Collegeprofessor; Hope Steadman (Mel Harris) wechselt Windeln und träumt von einer Verlagskarriere; ihr Mann Michael (Ken Olin) wär gern Schriftsteller, arbeitet nun aber in der Werbung, ebenso wie sein Freund Elliot Weston (Timothy Busfield), der seine Frau Nancy (Patricia Weston) loswerden möchte; Melissa (Melanie Mayron), Single und Fotografin, will den großen Erfolg, während Karrierefrau Ellyn (Polly Draper) sich nach Liebe und Geborgenheit sehnt. *thirtysomething* wurde von der Kritik zunächst enthusiastisch als rea-

listisches Portrait der Baby-Boomer-Generation gelobt, doch am Ende mochten sich immer weniger Zuschauer die Neurosen lebensferner Wohlstandskinder zumuten.

Thomas, Clarence

Richter am U.S. Supreme Court, der 1991 während einer Anhörung vor dem Senate Judiciary Committee von seiner ehemaligen Assistentin Anita Hill beschuldigt wurde, sie sexuell belästigt zu haben. Das Komitee gab Hill, die inzwischen Professorin an der University of Oklahoma ist, zwei Tage lang Gelegenheit, ihre Beschwerde ausführlich darzulegen. Da die Anhörung live im Fernsehen übertragen wurde, sprach Thomas, dessen Ernennung knapp bestätigt wurde, von einem ›high-tech lynching‹.

The Three Stooges

Komikertruppe, deren ebenso rasante wie brutale Slapstick-Nummern vor allem Kinder begeisterten. Die Three Stooges bestanden ursprünglich aus Larry Fine, 1911–1975, Moe Howard, 1895–1975, und dessen Bruder Jerry ›Curly‹ Howard, 1906–1952 und traten seit Ende der 20er Jahre in über zweihundert Kurzfilmen auf, in denen sie immer wieder die gleichen Rollen spielten: der kleine Larry mit der Dirigentenmähne war der Pechvogel; Moe, der Anführer der Truppe, trug eine Beatles-frisur und neigte zu cholerischen Wutanfällen, während der nahezu kahlköpfige Curly eher phlegmatisch war und mehr einstecken mußte, als er austeilen durfte. Curly erlitt 1946 einen Schlaganfall und wurde zunächst durch seinen Bruder Shemp Howard und dann durch Joe Besser ersetzt, bis 1958 schließlich Joe De Rita, genannt Curly Joe, die Rolle übernahm. Als in den 50er Jahren das Fernsehen die Kurzfilme der Three Stooges sendete und ihre Popularität einen Höhepunkt erreichte, drehten die Stooges eine Reihe von Kinofilmen, von denen in Deutschland nur der 1963 entstandene *The Three Stooges Meet Hercules* unter dem Titel *Haut den Herkules* lief.

Tinker to Evers to Chance

Die Baseballspieler Joe Tinker, Johnny Evers und Frank Chance bildeten von 1902 bis 1913 für die Chicago Cubs eine so traumhaft aufeinander eingespielte Infield-Mannschaft, daß die Spielkombination ›Tinker to Evers to Chance‹ als Bezeichnung für die reibungslose Zusammenarbeit eines Teams in die Umgangssprache einging.

Tinkertoys

Warenzeichen von Spielzeugbausätzen.

Tinsel Town

Spitzname Hollywoods.

TKO

Abkürzung von ›technical knockout‹ beim Boxen.

TLC

Abkürzung von ›tender loving care‹ in Kleinanzeigen.

Today

Unterhaltungsshow im Frühstücksfernsehen von →NBC seit 1952; bietet neben Nachrichten Interviews, Featuregeschichten und Plaudereien mit Prominenten. Das erste Moderatorenteam bestand aus Dave Garroway und dem Schimpansen J. Fred Muggs. Nach vielen Umbesetzungen führen seit 1991 Bryant Gumbel und Katie Courac durch die Sendung. Die Konkurrenz zu *Today* läuft auf →ABC: *Good Morning, America*, moderiert von Joan Lunden und Charles Gibson.

Tokyo Rose

Spitzname der Rundfunksprecherin Iva d'Aquino, *1916, die im Zweiten Weltkrieg Propaganda für das japanische Kaiserreich machte und in Radioansprachen amerikanische Soldaten zum Desertieren aufforderte.

Tom & Jerry

Von William Hanna und Joe Barbera für MGM erdachte Zeichentrickfiguren; seit 1937 jagt Kater Tom hinter der Maus Jerry her, und noch ist kein Ende absehbar: für 1993 kündigten Hanna & Barbera einen Kinofilm mit Tom und Jerry an.

Tom Thumb

1. Name der 1830 von Peter Cooper konstruierten ersten amerikanischen Dampflokomotive.

2. Künstlername des Liliputaners Charles Sherwood Stratton, 1838–1883, der seit seinem zwölften Lebensjahr in Freakshows auftrat und als ›General Tom Thumb‹ zum Star von P.T. Barnums Zirkus wurde. Stratton war als Erwachsener genau einen Meter groß und heiratete 1863 Lavina Warren, 1841–1919, als diese 80 Zentimeter maß. »She turned out to be the eminent Lavinia Warren, the widow of General Tom Thumb, the most famous midget of all.« (E.L. Doctorow, *Ragtime*.)

3. Name einer landesweit vertretenen Supermarktkette.

Tony Awards

Spitzname der Antoinette Perry Awards, die seit 1947 jährlich von der League of New York Theaters als Auszeichnung für herausragende Leistungen im Broadway-Theater vergeben werden.

Tora, tora, tora

kodierter Funkspruch des Kommandeurs der japanischen Fliegerverbände nach dem geglückten Angriff auf die amerikanische Pazifikflotte in Pearl Harbor am 7. Dezember 1941. ›Tora‹ ist das japanische Wort für Tiger.

Tournament of Roses

aufwendige Parade, die am Neujahrstag in Pasadena, Kalifornien, stattfindet und landesweit im Fernsehen übertragen wird. Das erste Tournament of Roses wurde 1890 auf Initiative des Valley Hunt Club veranstaltet; die Mitglieder des Clubs schmückten ihre Kutschen mit Blumen und trugen im Anschluß an die Parade ein Wagenrennen nach römischem Vorbild aus. Auf einem abendlichen Ball zeichnete die Queen of Roses den Sieger mit einer Blumenkrone aus. Seit 1902 findet nach der Parade anstelle des Wagenrennens der Rose Bowl statt, in dem zwei Collegeteams um die inoffizielle Footballmeisterschaft spielen.

Tralfamadore

fiktiver Planet aus den Romanen Kurt Vonneguts — erstmals in *The Sirens of Titan*, (1959; dt. *Die Sirenen des Titan*) — dessen Bewohner über ein nicht-lineares Zeitempfinden verfügen. Sie leben sozusagen in der Gleichzeitigkeit. In dem Roman *Slaughterhouse-Five* (1969; dt. *Schlachthof 5*) entführen sie die Hauptfigur Billy Pilgrim nach Tralfamadore, um ihn in einem Zoo auszustellen.

Trekkies

heißen die Fans der Fernsehserien →*Star Trek* (dt. *Raumschiff Enterprise*) und *Star Trek: The Next Generation* (*Raumschiff Enterprise: Das nächste Jahrhundert*). Trekkies geben Fan-Zeitschriften heraus (Fanzines), bilden Klubs und treffen sich auf Kongressen (›Cons‹), wo sie über die Möglichkeiten interstellarer Kommunikation oder über Mr. →Spocks Sexualleben philosophieren und Gelegenheit erhalten, ihren Idolen aus den Fernsehserien nahe zu sein. Solche Cons finden in großen Hotels statt und locken in USA meist mehrere tausend Trekkies an. Da ›Trekky‹ inzwischen durch die enorme Popularität der neuen *Star Trek*-Serie einen leicht abwertenden Beiklang erhalten hat, nennen sich die wahren Enterprise-Fans nun ›Treckers‹.

Triangle Waist Company Fire

Bei einem Großbrand am 20. April 1911 in der Triangle Waist Company in New York City kamen 146 Fabrikarbeiterinnen ums Leben. Die Firmenleitung hatte die Notausgänge der Hemdenfabrik verschlossen gehalten, um Diebstähle zu verhindern. Dennoch wurden die Besitzer der Fabrik ein Jahr später von der Anklage des Totschlags in allen Punkten freigesprochen.

Trout, Kilgore

1907–1981, fiktiver Verfasser obskurer Science-Fiction-Romane aus dem Werk Kurt Vonneguts. Trout, ein als Trivialautor abgestempelter und von seiner Frau verlassener Versager, dem als einziger Gesprächspartner sein Kanarienvogel bleibt, taucht zum erstenmal in *God Bless You, Mr. Rosewater* (1965; dt. *Gott segne Sie, Mr. Rosewater*) auf und steht im Mittelpunkt von *Breakfast of Champions* (1973; dt. *Frühstück für starke Männer*). 1975 borgte sich der SF-Autor Philip José Farmer den Namen von Vonnegut und veröffentlichte unter dem Pseudonym Kilgore Trout den Roman *Venus on the Half-Shell*.

Trump, Donald

*1946, New Yorker Geschäftsmann, der sich als eine Art Muhammad Ali der Grundstücksspekulanten vom einfachen Millionär zum Selfmade-Milliardär emporarbeitete, unter dem Titel *The Art of the Deal* seine Memoiren schreiben ließ und während der 80er Jahre zum Idol der →Yuppie-Ära wurde. Trumps Marotte, allem, was er kaufte oder baute, seinen Namen anzuhängen, bescherte den Amerikanern unter anderem den protzigen Fifth-Avenue-Wolkenkratzer Trump Tower, das Nobelhotel Trump Plaza, das Casino Trump's Taj Mahal in Atlantic City und die Fluglinie Trump Shuttle. Mit dem Ende der 80er kam auch Trumps Ende; sein auf Schulden gegründetes Immobilienimperium fiel in sich zusammen, und das bisherige Hätschelkind der Medien sah sich zunehmender Häme ausgesetzt. Inzwischen macht Trump meist durch sein Privatleben Schlagzeilen – nach einer stürmischen Affäre mit Marla Maples ließ er sich von seiner Frau Ivana scheiden, die sich 1992 mit dem Schlüsselroman *For Love Alone* an ›The Donald‹ rächte.

Tupper party

in einer Privatwohnung von der Hausfrau veranstaltete Kaffeerunde, bei der sie die Frischhalteboxen von Tupper vorführt und verkauft. Earl D. Tupper, *1916, entwickelte sein revolutionäres Vertriebsverfahren Anfang der 50er Jahre. Seine ›Tupper parties‹ schlugen ein, und heute stehen die Schüsseln und Boxen aus dem 1942 von Tupper erfundenen Kunststoff in fast jedem Haushalt der westlichen Welt.

Turner, Ted

*1938, Präsident des Turner Broadcasting System (TBS), das fünf Kabelsender betreibt (WTBS, TNT, Cartoon Network sowie die Nachrichtenkanäle →CNN und Headline News). 1976 kaufte Turner die Atlanta Braves-Baseballmannschaft. Wegen seines extravaganten Geschäftsgebarens wird Turner, der 1977 mit seiner Yacht Courageous den America's Cup gewann, auch Captain Outrageous genannt. Ende der 80er Jahre ließ er sich weder durch seine Ehe mit Jane Fonda noch durch den Protest vieler bekannter Regisseure davon abbringen, bekannte MGM-Schwarzweißfilme wie *Casablanca* und *It's a Wonderful Life* zur besseren Vermarktung elektronisch einzufärben.

TV Guide

auflagenstärkste amerikanische Programmzeitschrift; erscheint seit 1953 im Digest-Format bei Triangle Publications, die seit 1988 dem australischen Medienzar Rupert Murdoch gehören.

The Twilight Zone

151teilige TV-Serie mit Anthologiecharakter (1959–1963; dt. *Unheimliche Geschichten*). Dem Produzenten Rod Serling, 1924–1975, gelang mit *The Twilight Zone* etwas Erstaunliches: inmitten des infantilen Serien-Einerleis bot er intelligente, anspruchsvolle Geschichten, gespielt von erstklassigen Schauspielern, und dies im Genre der Science Fiction und Fantasy, das bisher bestenfalls für Kindersendungen getaugt hatte. Vergleichbares war nur bei →*Alfred Hitchcock Presents* zu sehen, und wie Hitchcock lieferte auch Serling durch ein von ihm gesprochenes Vor- und Nachwort zu jeder Episode einen erzählerischen Rahmen. Die Drehbücher zu *The Twilight Zone* stammten von so renommierten Autoren wie Charles Beaumont, Richard Matheson und nicht zuletzt von Serling selbst, der wie besessen an allen Details der Serie arbeitete und ihr seinen persönlichen Stempel aufdrückte. *The Twilight Zone* wollte unterhalten, aber auch Stoff zum Nachdenken bieten, und nachdem Serling frustriert feststellen mußte, daß Themen wie Rassentrennung oder Bigotterie in konventionellen Serien und Fernsehspielen an der Zensur der Networks scheiterten, wandte er sich phantastischen Parabeln zu.

Doch so bizarr die Stories aus der *Twilight Zone* auch anmuteten, sie hatten stets den Bezug zur Welt des amerikanischen Mittelstands. Zu den berühmtesten Episoden gehört *To Serve Man* nach einer Kurzgeschichte von Damon Knight. Darin landen auf der Erde Außerirdische, die, scheinbar von interstellarer Nächstenliebe geleitet, dem Krieg und Hunger auf der Welt durch ihre überlegene Technologie ein Ende setzen und die Menschen dazu einladen, an Bord riesiger Raumschiffe ihren Heimatplaneten zu besuchen. Zwei Linguisten geraten durch Zufall an ein Buch der Aliens und kommen nach der Übersetzung des Titels – *To Serve Man* – zu dem Schluß, daß es sich um einen philantropischen Text handeln muß. Einer von ihnen entschließt sich daraufhin, die Außerirdischen nach Hause zu begleiten. In der letzten Einstellung der Folge stürzt sein Kollege, der unterdessen mehr von dem Text entschlüsselt hat, zu dem abflugbereiten Raumschiff und versucht, seinen Freund zu warnen: ›Don't go! It's a cook book!‹

Rod Serlings Fernsehserie beeinflußte eine ganze Generation junger Hollywood-Regisseure, die ihrem Vorbild in dem Episodenfilm *Twilight Zone – The Movie* (1983; dt. *Unheimliche Schattenlichter*) Reverenz erwiesen, indem sie einige der besten TV-Folgen fürs Kino neu verfilmten. Der Erfolg dieses Gemeinschaftsprojekts von Steven Spielberg & Co. löste eine Neuauflage der Serie bei →CBS aus (1985–1987; dt. *Twilight Zone – Unbekannte Dimensionen*), deren Episoden jedoch nur selten das Niveau von Rod Serlings Original erreichten. »I am an American surrealist: this is a Twilight Zone book, born, like Rod Serling's eerie tales, in placid, pleasant upstate New York.« (Camille Paglia, *Sex, Art, and American Culture*.)

Twin Cities

gebräuchlicher Spitzname von Minneapolis und St. Paul im Bundesstaat Minnesota.

Twin Peaks

30teilige TV-Serie von David Lynch und Mark Frost (1990–1991; dt. *Das Geheimnis von Twin Peaks*) um den FBI-Agenten Dale Cooper (Kyle MacLachlan), der in einer Kleinstadt mit Namen Twin Peaks im Nordosten der USA den Mord an der 17jährigen Laura Palmer (Sheryl Lee) untersucht. Cooper, eine Karikatur des einsamen, hartnäckigen Ermittlers aus unzähligen Detektivserien, erliegt mehr und mehr der eigentümlichen Faszination von Twin Peaks, wo es von kauzigen Eigenbrötlern beiderlei Geschlechts wimmelt, und allzuoft liefern seine bizarren Traumvisionen mehr Aufschlüsse über den Täter als seine Ermittlungen. So bleibt dem FBI-Mann viel Zeit, um im Double R Diner seiner Vorliebe für Kirschkuchen zu frönen und wirre Berichte zu verfassen, die er zum Abschreiben für seine Sekretärin Diane in ein Diktiergerät spricht. Schließlich findet er den Mörder der Laura Palmer, einen Dämon namens Bob, der von ihrem Vater Leland Palmer (Ray Wise) Besitz ergriffen hat und der auch Lauras Cousine, die ihr zum Verwechseln ähnelnde Madeleine (Sheryl Lee), tötet. Da Bob jedoch nach Leland Palmers Tod weiter in Twin Peaks spukt, darf auch Agent Cooper bleiben und Kirschkuchen essen.

Lynchs Fernsehdebüt *Twin Peaks* bot mit all den surrealen Elementen und originellen Gestalten ungewöhnliche Unterhaltung. Wo sonst bekam man Typen wie die Log Lady Margaret (Catherine E. Coulson) zu sehen, die sich am liebsten mit einem Stück Holz unterhielt, das sie stets mit sich herumschleppte? Einen Kult-Status erreichte seine Serie jedoch nie; sie krankte an derselben Symbolüberfrachtung und Selbststilisierung wie Lynchs Kinofilme. Für Zuschauer der deutschen Synchronisation kam hinzu, daß SAT 1 bereits Wochen vor der Auflösung bei RTL den Mörder verriet, was *Twin Peaks* nicht gerade spannender machte.

Tylenol

Markenname eines Kopfschmerzmittels. Das von Johnson & Johnson produzierte Präparat geriet in die Schlagzeilen, als im Herbst 1982 sieben Menschen in Chicago durch Tylenol-

Kapseln starben, die mit Zyankali vergiftet waren. Der ›Tylenol killer‹ wurde nie gefaßt und fand zahlreiche Nachahmungstäter, was die Hersteller zur Einführung von Sicherheitsverpackungen für Medikamente veranlaßte.

Typhoid Mary

Spitzname von Mary Mallon, 1870–1938, die zu Anfang des Jahrhunderts in New York als Köchin arbeitete und sich mit Typhus infiziert hatte. Mallon war gegen die Krankheit immun, entzog sich durch häufigen Arbeitsplatzwechsel immer wieder den Gesundheitsbehörden und steckte bis zu ihrer Verhaftung 1907 eine nicht abschätzbare Zahl von Menschen mit Typhus an. Eine Typhoid Mary im übertragenen Sinn ist jemand, in dessen Nähe zu sein, anderen zum Verhängnis wird.

Ugarte

der schmierige Kriminelle aus Michael Curtiz' Kultfilm *Casablanca*, gespielt von Peter Lorre, 1904–1964. Ugarte gibt Rick →Blaine zwei Passierscheine (letters of transit) zur Verwahrung, für die er zwei deutsche Offiziere umgebracht hat, wird aber kurz darauf in Rick's Café Américain verhaftet und im Gefängnis von Major Heinrich →Strassers Schergen ermordet.

UGT

Abkürzung von ›urgent‹.

Uhura, Lieutenant

die einzige Frau auf der Brücke der →Enterprise in der TV-Serie →*Star Trek*, gespielt von der schwarzen Schauspielerin Nichelle Nichols. Auf Suaheli heißt ›Uhura‹ angeblich ›Freiheit‹.

Uncle Ben's

Markenname auch in Deutschland erhältlicher Reisprodukte. Von der Packung strahlt ein fast kahlköpfiger Schwarzer in einem blauen Jackett mit weißem Hemd und dunkler Fliege. Werbeslogans: ›Each grain salutes you‹ und ›When only the best will do, say Uncle‹. Das Pendant zu Uncle Ben ist →Aunt Jemima.

Uncle Remus

Gestalt aus den Büchern von Joel Chandler Harris, 1848–1908, ein alter Sklave aus den Südstaaten. Er erzählt einem kleinen weißen Jungen Tierfabeln, in denen Figuren wie Brer Rabbit, Brer Fox und Brer Wolf auftauchen. Harris schrieb zum erstenmal über Uncle Remus in den vierunddreißig Erzählungen von *Uncle Remus: His Songs and His Sayings* (1880; dt. *Geschichten von Onkel Remus*).

Uncle Sam

Warum die Abkürzung U.S. zu ›Uncle Sam‹ umgedeutet wurde, ist ungeklärt; jedenfalls personifiziert Uncle Sam die amerikanische Regierung und das amerikanische Volk. Er wird als großer dünner Mann mit einem weißen Ziegenbart dargestellt, der einen Zylinder und einen blauen Frack trägt; mitunter ist seine Kleidung mit Stars-and-Stripes-Bändern besetzt. Uncle Sam wurde zum erstenmal in einem Zeitungsartikel von 1812 erwähnt. Das berühmte ›I want you for the U.S. Army‹-Poster, auf dem Uncle Sam direkt auf den Betrachter zeigt, stammt aus der Zeit des Ersten Weltkriegs.

Uncle Tom

Held des Romans *Uncle Tom's Cabin* (1852; dt. *Onkel Toms Hütte*) von Harriet Beecher Stowe, 1811–1896. Der Sklave Tom arbeitet zunächst auf der Shelby Plantage in Kentucky, wird dann von seiner Familie getrennt und zum Verkauf nach Süden geschickt. In New Orleans freundet er sich mit dem weißen Mädchen Evangeline an, genannt Little Eva, die ihren Vater Augustine St. Clare überredet, Tom zu kaufen, und den Sklaven dann im christlichen Glauben unterweist. Nach dem Tod von Little Eva und St. Clare kommt Tom auf die Plantage des grausamen Simon Legree, wo er zu Tode gepeitscht wird, als er sich weigert, einige entlaufene Sklaven zu verraten.

Beecher Stowes Roman sensibilisierte seine weltweite Leserschaft für die Sklavenproblematik und war Abraham Lincoln zufolge einer der auslösenden Faktoren für den Bürgerkrieg. Wegen der zeittypischen Rassenklischees und einer schwer erträglichen Mischung aus Frömmelei und billiger Melodramatik ist *Uncle Tom's Cabin* heute aber kaum noch lesbar. Spätestens seit den 50er Jahren wird ›Uncle Tom‹ als Schimpfwort für Schwarze gebraucht, die sich durch ihre Unterwürfigkeit bei Weißen anzubiedern versuchen. Das Äquivalent für Indianer heißt ›Uncle Tomahawk‹.

The Uncola

Werbeslogan von →7Up-Limonade.

The Underground Railroad
Spitzname einer Geheimorganisation, die vor dem amerikanischen Bürgerkrieg und der allgemeinen Abschaffung der Sklaverei entlaufenen Sklaven half, nach Kanada oder in nordamerikanische Bundesstaaten zu fliehen, wo Sklavenhaltung bereits verboten war. Die Underground Railroad versteckte die Sklaven oft auf Schiffen, die zwischen den Südstaaten und Neuengland verkehrten.

UPC
Universal Product Code, auch ›bar code‹ genannt; die elektronisch lesbare Strichkodierung auf vielen Verpackungen.

U.S.A.F.
United States Air Force.

U.S.A.R.
United States Army Reserve.

U.S.C.G
United States Coast Guard.

U.S.M.
United States Mail

U.S.N.
United States Navy.

U.S.N.R.
United States Naval Reserve

U.S.P.O.
United States Post Office, auch U.S.P.S., United States Postal Service.

U.S.S.
1. United States ship.
2. United States Senate.

Van Winkle, Rip
Titelheld einer 1819 veröffentlichten Erzählung von Washington Irving, 1783–1859. Rip van Winkle fällt während der britischen Kolonialzeit in den Catskill Mountains durch den Zaubertrank eines Zwergs in einen zwanzigjährigen Schlaf. Als er erwacht und nach Hause geht, ist seine Frau tot und anstelle eines Portraits des englischen Königs hängt in seinem Haus ein

Bild von Präsident George Washington. Die Gestalt des Lang-
schläfers, der in einer anderen Epoche erwacht, ist in die moderne amerikanische Sagenwelt eingegangen und fand ihr
Science-Fiction-Pendant in Buck →Rogers.

Vance, Philo

Detektiv aus zwölf Kriminalromanen von S.S. Van Dine, einem
Pseudonym von Willard Huntington Wright, 1888–1939.
Vance, ein typischer Ostküsten-Aristokrat, gab 1926 sein De-
büt in *The Benson Murder Case*.

VCR

Gebräuchliche Abkürzung von ›videocassette recorder‹.

VD

Abkürzung von ›veneral disease‹ als Bezeichnung für alle Arten
von Geschlechtskrankheiten.

V-E Day

Tag des alliierten ›Victory in Europe‹, der 8. Mai 1945. V-J Day,
der 15. August 1945, markiert den ›Victory in Japan‹ und das
Ende des Zweiten Weltkriegs.

V-8

Markenname einer Mischung aus acht Gemüsesäften.

Velcro

Markenname eines Materials, aus dem Klettverschlüsse herge-
stellt werden. »Smurf readjusted the Velcro cinches on his vest.«
(Richard Price, *Clockers*.)

Veteran's Day

der 11. November; zur Erinnerung an den 11. November 1918,
als der Waffenstillstand geschlossen und der Erste Weltkrieg
beendet wurde. Bis 1954 hieß der Veteran's Day Armistice
Day.

VFD

Abkürzung von ›volunteer fire department‹.

VFW

Veterans of Foreign Wars; 1921 gegründeter amerikanischer
Veteranenverband.

Victoria's Secret

Ladenkette, die sich – eine Spur feiner als Frederick's of Hollywood – auf Dessous und Badeutensilien spezialisiert. »Then he twirls her, her skirt flares out flat, showing her legs all the way to the lace of her Victoria's Secret panties ...« (Stephen King, *Needful Things.*)

Vote as you shot

Abraham Lincolns Wahlkampfslogan von 1864, mit dem er auf den Sezessionskrieg anspielte; vier Jahre später von Ulysses S. Grant übernommen.

Vulcan

dt. ›Vulkan‹, Heimatplanet von Mr. →Spock aus der TV-Serie →*Star Trek* (*Raumschiff Enterprise*). Die spitzohrigen Vulcans (Vulkanier) führen ihr Leben strikt nach den Prinzipien der Logik.

The Waltons

No sex, no drugs, no rock'n'roll! hieß das Erfolgsrezept dieser TV-Serie (1972–1981, dt. *Die Waltons*), und eine durch Vietnam, Watergate und Jugendprotest verunsicherte amerikanische Öffentlichkeit berauschte sich am Idyll der intakten Großfamilie in den Blue Ridge Mountains von Virginia. Erdacht wurde die heile Welt der Waltons von dem Schriftsteller Earl Hamner, dessen Jugenderinnerungen schon die Vorlage für den Kinohit *Spencer's Mountain* (1963; dt. *Der Sommer der Erwartung*) von Delmer Dave geliefert hatten.

Die Handlung der moraltriefenden Hinterwäldlersaga spielte in der Zeit zwischen Weltwirtschaftskrise und Zweitem Weltkrieg und unterschied sich nur durch die Ambitionen des angehenden Schriftstellers John Boy (Richard Thomas, ab 1979 Robert Wightman) von anderen Soap Operas um kinderreiche Familien. Obwohl die Waltons mit einer Sägemühle, etwas Vieh und Landwirtschaft nur recht und schlecht über die Runden kamen, löste die materielle Not nicht etwa Streit unter der Familie aus, sondern einen oft unfreiwillig komischen Wettkampf an Aufopferungsbereitschaft.

Drei Walton-Generationen lebten unter einem Dach: Grandpa Zeb (Will Geer) und Grandma Esther (Ellen Corby), John (Ralph Waite) und Olivia Walton (Michael Learned) sowie die sieben Kinder John Boy, Mary Ellen (Judy Norton-Taylor),

Jim-Bob (David Harper), Elizabeth (Kami Cotler), Jason (Jon Walmsley), Erin (Mary McDonough) und Ben (Eric Scott). Nach den Sorgen und Nöten des Tages wegen schlechter Ernten, Liebeskummer, Kinderkrankheiten und Schulproblemen endete jede Folge damit, daß die Waltons sich und ihren Haustieren umständlich gute Nacht wünschten, während die Lichter in dem großen Farmhaus eins ums andere verlöschten. Dieses endlose »Good night, John Boy – Good night, Grandma – Good night, cat« wurde eine der meistparodierten Szenen der Fernsehgeschichte.

WASP

Akronym von ›White Anglo-Saxon Protestant‹. Wasp steht für die Mittel- und Oberschicht der Vereinigten Staaten, die nach wie vor von Weißen mit christlich-konservativen Wertmaßstäben dominiert wird. »The thing about Wasps – they love animals, they hate people.« (Gordon Gecko (Michael Douglas) in *Wall Street*.)

Watergate

Name eines Büro- und Wohnkomplexes am Potomac River in Washington D.C., in dem die Demokraten während des Präsidentschaftswahlkampfs 1972 einige Räume als Parteizentrale angemietet hatten. Am 17.6.1972 wurden fünf Männer verhaftet, die in die Büros des Democratic National Committee einzubrechen versucht hatten. Bob Woodward und Carl Bernstein, zwei Journalisten der *Washington Post*, deckten durch ihre beharrlichen Recherchen die Verwicklung der Republikaner in diesen Einbruch auf. Nachdem die Watergate-Affäre immer weitere Kreise zog und der Präsident selbst durch die Tonbandaufzeichnungen aus dem Oval Office kompromittiert war, trat Nixon am 8.8.1974 zurück. Gerald R. Ford begnadigte seinen Amtsvorgänger, so daß Nixon von Strafverfolgung verschont blieb.

Die Nachsilbe ›-gate‹ hat sich inzwischen international für politische Skandale eingebürgert; vgl. ›Irangate‹ oder auch das ›Waterkantgate‹ während der Barschel-Affäre.

Watts

Schwarzenghetto in Los Angeles; hier brachen im August 1965 Rassenunruhen aus, die fünf Tage anhielten und erst durch den Einsatz der Nationalgarde eingedämmt werden konnten.

Wayfarers

Markenname einer Sonnenbrille von Bausch & Lomb mit wuchtigem schwarzem Plastikgestell, die in den 50er Jahren en vogue war und in den Achtzigern durch Stars wie die Blues Brothers Dan Aykroyd und John Belushi, Tom Cruise und Don Johnson ein Comeback erlebte. Wayfarers werden in Anspielung auf die dicke Hornbrille von →Superman umgangssprachlich auch ›Clark Kents‹ genannt.

We love to fly and it shows

Werbeslogan von Delta Air Lines, der sich zu Verballhornungen geradezu anbietet: »We love to eat and it shows.« (*PBS*, 23.9.1992)

We was robbed!

rief ein sichtlich aufgebrachter Joe Jacobs, Manager von Max Schmeling, in die Mikrofone der Reporter, als sein Schützling im Kampf um den Weltmeistertitel im Schwergewicht am 21. Juni 1932 gegen Jack Sharkey unterlag. Jacobs' Kommentar wird bis heute mit Sportskandalen assoziiert.

Weather Underground

linke Terrorgruppe, die im Umfeld der Protestbewegung gegen den Vietnamkrieg entstand und sich, auf einen Song von Bob Dylan anspielend, ›The Weathermen‹ nannte. 1970 wurden drei Weathermen beim Basteln einer Bombe getötet, worauf die bis dahin eher als Spaßguerilla aktive Gruppe unter Führung von Bernadine Dorn und Kathy Boudin in den Untergrund ging und einige spektakuläre Terrorakte verübte. Anfang der 80er Jahre wurde der Weather Underground nach einem Überfall auf einen Geldtransporter endgültig zerschlagen.

The weed of crime bears bitter fruit

Mit diesen Worten eines geisterhaften Sprechers aus dem Off endete zwischen 1936 und 1954 die populäre Radioserie *The* →*Shadow*.

Weight Watchers

1963 von Jean Nidetch gegründetes Diätunternehmen, das zunächst als eine Art Alcoholics Anonymous für Dicke begann, doch schon bald eine eigene Produktpalette von Lebensmitteln und Fertiggerichten anbot. 1979 wurde Weight Watchers von der H. J. Heinz Company gekauft.

Welcome to Miller time

Werbeslogan der in Milwaukee ansässigen Miller Brewing Company. Andere bekannte Biersorten: Budweiser (gebraut von Anheuser-Busch, ›Nothing beats a Bud‹), Colt 45 (Carling National Breweries, ›It's a dynamite taste‹), Coors, Pabst (Papst Corporation, ›It's blended, it's splendid‹), Michelob (Anheuser-Busch, ›Put a little weekend in your week‹), Schlitz (Schlitz Brewing Company, ›The beer that made Milwaukee famous‹). »Relax, relax, it's Miller time.‹ Thumper yawned into his fist.« (Richard Price, *Clockers*.)

Welk, Lawrence

*1903, amerikanischer Entertainer und Bandleader. Welk moderierte zwischen 1955 und 1982 die TV-Sendung *The Lawrence Welk Show* und wurde durch seine anspruchslosen Melodien zum Inbegriff der Easy-Listening-Musik. Erst mit dem allmählichen Aussterben von Welks Publikum verstummte das seichte Gedudel im Fernsehen. Welk spricht mit starkem Akzent, auf den er im Titel seiner Autobiographie *Wunnerful, Wunnerful* anspielt. »At this point, the idea that strength abroad requires economic strength at home is little more than Lawrence Welk music, as Ross Perot might put it.« (*Newsweek*, 16.11.1992)

Wendy's

1969 von Dave Thomas gegründet, ist mit über 3.800 Filialen die drittgrößte Schnellfreßkette der Welt nach →McDonald's und →Burger King. Thomas, *1932, der seit 1981 auch selbst in den Werbespots für Wendy's auftaucht, taufte sein erstes Restaurant in Columbus, Ohio, auf den Spitznamen seiner Tochter Melinda Lou.

1984 kam das rapide expandierende Unternehmen durch einen geglückten Werbecoup in die Schlagzeilen. In einer Reihe von TV-Spots besuchte die hochbetagte Clara Peller, 1901–1987, ein Kettenrestaurant namens Home of the Big Bun (eine Anspielung auf ›Home of the Whopper‹, den Werbeslogan von Burger King), bestellte einen Hamburger, klappte das Brötchen auf, sah anklagend auf einen winzigen Fleischklops und fragte mit ihrer unnachahmlich rauhen Stimme: ›Where's the beef?‹ Der Werbeslogan ging rasch in die Umgangssprache ein und setzte sich endgültig durch, als der demokratische Präsidentschaftskandidat Walter Mondale ihn 1984 zitierte, um seine Kontrahenten aus der eigenen Partei als Blender hinzustellen.

What's good for General Motors is good for the country.
ein in dieser Form inkorrektes Zitat von Eisenhowers Verteidigungsminister Charles Wilson, 1890–1961; tatsächlich sagte Wilson in einer Anhörung vor dem Verteidigungsausschuß des Senats: »What was good for our country was good for General Motors, and vice versa.« Die zynische Gleichsetzung von Patriotismus mit Geschäftemacherei ging in die Umgangssprache ein.

Wheel of Fortune
Die beliebteste Gameshow der neueren Fernsehgeschichte, erdacht von Produzent Merv Griffin, wurde zum erstenmal am 6. Januar 1975 im Tagesprogramm von →NBC gesendet. Drei Kandidaten versuchen, verschiedene Worträtsel zu erraten, indem sie Konsonanten nennen oder mit ihrem Spielkapital Vokale kaufen. Wieviel jeder richtig geratene Konsonant wert ist, entscheidet sich durch Drehen an einem großen Rad, das in Felder mit Geldbeträgen, Sonderpreisen und Spielanweisungen wie ›Aussetzen‹ oder ›Bankrott‹ unterteilt ist. Wer das Rätsel lösen kann, darf sich aus einer vorgeschriebenen Produktpalette Preise im Wert des erspielten Kapitals aussuchen.
Bis 1981 moderierte Chuck Woolery *Wheel of Fortune*, inzwischen führt der ölige Pat Sajak durch die Sendung, zusammen mit seiner meist stumm agierenden Assistentin Vanna White, die 1987 ihre Autobiographie *Vanna Speaks* veröffentlichte. Die deutsche Version dieser Gameshow läuft unter dem Titel *Glücksrad* auf Sat 1, abwechselnd moderiert von Peter Bond und Frederic Meisner, denen Maren Gilzer assistiert. »Pete was sprawled on the couch with his shoes off, watching *Wheel of Fortune*.« (Stephen King, *Needful Things*.)

When you call me that, smile
sagt der namenlose Held in Owen Wisters klassischem Westernroman *The Virginian* zu seinem Gegenspieler Trampas, als dieser ihn beleidigt. Wisters Roman lieferte die Vorlage für mehrere Kinofilme und eine TV-Serie (1962–1971; *The Virginian*, dt. *Die Leute von der Shiloh-Ranch*), in der James Drury den geheimnisvollen ›Virginian‹ spielte.

The Whistler

Zu Beginn jeder Folge dieser populären Radioserie von 1942 bis 1956 pfiff der geheimnisvolle Whistler (Bill Forman) seine unheimliche Melodie und ließ sich mit den Worten vernehmen: »I am the Whistler, and I know many things, for I walk by night.« Die in sich abgeschlossenen Krimi-Hörspiele von *The Whistler* stammten von renommierten Autoren wie Cornell Woolrich und lieferten die Vorlagen für acht Kinofilme, in denen Richard Dix den mysteriösen Pfeifer spielte: *The Whistler* (1944; dt. *Der Whistler*), *Mark of the Whistler* (1944; *Das Zeichen des Whistler*), *Power of the Whistler* (1945; *Die Macht des Whistler*); *Voice of the Whistler* (1945), *Mysterious Intruder* (1946; *Der geheimnisvolle Gast*), *Secret of the Whistler* (1946), *The 13th Hour* (1947), *The Return of the Whistler* (1948; *Die Rückkehr des Whistler* mit Michael Duane als Whistler).

Whitman, Charles

1941–1966, Ex-Marineinfanterist und Student an der University of Texas at Austin, der am 1.8.1966 erst seine Frau und seine Mutter ermordete und sich dann in einem Turm auf dem Campus der Universität verschanzte. Von dort aus erschoß Whitman dreizehn Passanten und verletzte über dreißig, ehe die Polizei den Turm stürmte und den Amokschützen tötete.

WIN button

Wahlkampfinitiative von Präsident Gerald R. Ford, der mit der Verteilung von Buttons eine Volksbewegung zur Bekämpfung der Inflation auslösen wollte. Das WIN stand für ›Whip Inflation Now‹.

Winning isn't everything. It's the only thing

Trainerweisheit von Vince Lombardi, 1913–1970, der als Coach der Green Bay Packers seine Football-Mannschaft in den 60er Jahren von Sieg zu Sieg führte.

Wobblies

Spitzname der Industrial Workers of the World (IWW), einer radikalsozialistischen Gewerkschaft, die 1905 als Konkurrenz zur konservativen American Federation of Labor (→AFL) entstand. Von der amerikanischen Großindustrie und Regierung unterdrückt und verfolgt, löste sich die IWW Mitte der 20er Jahre auf.

Wolfe, Nero

Der korpulente Detektiv aus den Kriminalromanen von Rex Stout, 1886–1975, lebt als vermögender Bonvivant in New York und züchtet auf dem Dach seines Hauses Orchideen. Dazu bleibt ihm trotz seines kriminalistischen Hobbys viel Zeit, denn Wolfe löst seine Fälle meist vom Schreibtisch aus und überläßt die mühselige Kleinarbeit seinem Assistenten Archie Goodwin. Rex Stout erdachte den schwergewichtigen Schlemmer 1934 in dem Roman *Fer-de-Lance* (dt. *Die Lanzenschlangen*) und schrieb über ihn in 45 weiteren Romanen und Kurzgeschichtensammlungen. 1981 entstand eine kurzlebige TV-Serie mit William Conrad in der Titelrolle des Nero Wolfe.

Wolfman Jack

alias Robert Weston Smith, *1939, berühmter Radio-Diskjockey der 50er und 60er Jahre, der sich in einen Werwolf zu verwandeln schien, wenn er heiße Rock'n'Roll-Titel ansagte. Da sein Sender XERF in Mexiko stand, dicht an der texanischen Grenze, blieben Wolfman Jacks häufig nicht jugendfreie Kommentare von der Zensur durch die FCC (Federal Communications Commission) verschont.

Wonder Bread

Markenname eines flauschig-weichen Weißbrots der Continental Baking Company, die für ihr mit Mineralien und Vitaminen angereichertes Produkt in den 50er und 60er Jahren mit dem Slogan ›Helps build strong bodies 12 ways‹ warb.

Wonder Woman

William Moulton Marston dachte sich die erste Superheldin der Comicgeschichte 1941 für All Star Comics aus. Marston und sein Zeichner H. G. Peters erzählen darin, wie sich die Tochter der Amazonenkönigin Hippolythe auf Paradise Island in den abgestürzten amerikanischen Flieger Steve Trevor verliebt und mit ihm in die USA geht. Dort verbirgt sie ihre wahre Identität hinter der schüchternen Krankenschwester Diana Prince und freundet sich mit der stets Süßigkeiten futternden Etta Candy an. Als Wonder Woman im Sadomaso-Kostüm mit hohen Lederstiefeln, Stars-and-Stripes-Höschen und einem Zauberlasso hilft sie zunächst, den Zweiten Weltkrieg zu gewinnen, und macht dann Jagd auf irdisches und außerirdisches Verbrechergesindel. Zur Ausrüstung von Wonder Woman gehören neben ihrem patriotischen Dreß zwei Armbänder aus dem geheimnisvollen Metall Feminum, das sie gegen Kugeln feit, sowie das unsichtbare Flugzeug Amazon Plane. Die moderne Penthesilea tauchte auch als Heldin einer TV-Serie auf (*Wonder Woman*, 1976–1979), in der sie von der ehemaligen Miss World Lynda Carter verkörpert wurde.

Woody Woodpecker
Walter Lantz kreierte Ende der 30er Jahre den Zeichentrick-Specht, dessen irres Lachen erst im Kino und dann in der TV-Serie *The Woody Woodpecker Show* zu hören war. Woody Woodpeckers Stimme gehörte der Frau seines Erfinders, Gracie Lantz, die immer dann so herrlich nervig kicherte, wenn der gewitzte Woody Woodpecker mal wieder seinen Gegenspieler Buzz Buzzard ausgetrickst hatte.

Woofs
Abkürzung aus der Werbesprache für ›well-off older folks‹.

Would you buy a used car from this man?
Frage ungeklärter Herkunft, die Richard Nixons politische Karriere begleitet hat, seit er 1952 Eisenhowers Kandidat für die Vizepräsidentschaft wurde. Als Nixon 1960 und 1968 selbst für die Präsidentschaft kandidierte, fand der Spruch weite Verbreitung auf einem Plakat mit einem Nixon-Foto, das wie aus einer Verbrecherkartei wirkte.

The Woz
Spitzname von Steve Wozniak, *1950, der zusammen mit Steve Jobs, *1955, in den 70er Jahren Apple Computers gründete.

Wysiwyg
Akronym aus dem Computerslang: ›What you see is what you get‹.

X
Symbol für ›kiss‹ am Ende eines Briefs oder in Graffiti.

X Minus One
populäre Science-Fiction-Radioserie der 50er Jahre, die Kurzgeschichten von Autoren wie Ray Bradbury und Isaac Asimov als in sich abgeschlossene Hörspiele adaptierte. Der Titel leitete sich von dem Countdown her, mit dem jede Folge begann (›X minus ten, X minus nine ...‹)

Xanadu

nicht nur das idyllische Utopia in Samuel Taylor Coleridges
Gedicht *Kubla Khan*, sondern auch der Name eines riesigen
Anwesens in Florida, wo Charles Foster Kane in Orson Welles'
Citizen Kane seine letzten Lebensjahre verbringt (→Rosebud).
Vorbild für dieses Xanadu war San Simeon, die Traumvilla des
Pressezars William Randolph Hearst.

Xerox

der Markenname eines Kopierers der Rank-Xerox Corporation,
inzwischen als Bezeichnung für jede Art Kopie verwendet
ebenso wie ›Xerox machine‹ für jede Art Kopierer; ist auch als
Verb in die Sprache eingegangen.

The X-Men

Die von Stan Lee und Jack Kirby für Marvel Comics erfundenen Superhelden treten seit September 1963 in einem eigenen
Comic-Heft auf. Die ursprünglichen X-Men waren eine Gruppe
von Teenagern, die mit Beginn der Pubertät aufgrund einer
mysteriösen genetischen Mutation Superfähigkeiten entwickelten: Angel konnte mit seinen großen Engelsflügeln durch die
Lüfte gleiten, Iceman ließ alles zu Eis erstarren, das Marvel Girl
besaß telekinetische Kräfte, der Blick des Cyclops wirkte tödlich und das Beast war bärenstark. Alle X-Men besuchten Professor Xaviers School for Gifted Children und bestanden ihre
Abenteuer unter Anleitung des glatzköpfigen Professor X, der
vom Rollstuhl aus kraft Telepathie mit seinen Schützlingen
Kontakt hielt.
1975 wurde das ursprüngliche Team der X-Men von neuen,
stets wechselnden Superhelden abgelöst, zu denen Gestalten
wie Wolverine, Colossus und Nightcrawler gehörten. In
Deutschland erschienen die X-Men unter den Titeln *Die
X-Männer* und *Die X-Menschen* in der Reihe *Hit Comics*.

Yes, Virginia, there is a Santa Claus

der berühmte Anfang einer Antwort, die das achtjährige Mädchen Virginia O'Hanlon 1897 auf ihre schriftliche Anfrage bei
der *New York Sun* erhielt, ob es den Weihnachtsmann gebe.

Yippie

Bezeichnung für politisch aktive Angehörige der Hippiegenera-
tion, die Abbie →Hoffmans kosmopolitischer Youth International Party angehörten oder nahestanden.

YMHA

Young Men's Hebrew Association, das jüdische Pendant zur Young Men's Christian Association (YMCA); die entsprechenden Organisationen für Mädchen sind die Young Women's Hebrew Association (YWHA) und die Young Women's Christian Association (YWCA).

Yogi Bear

1958 von William Hanna und Joe Barbera erdachte Zeichentrickfigur, ein verfressener Bär mit Schlips und Sommerhut. Yogi Bear ist im Jellystone Park zu Hause, wo er durch seine subversive Dusseligkeit (Motto: ›smarter than the average bear‹) dem auf Ordnung bedachten Ranger John Smith das Leben erschwert. Auf deutsch hieß er Yogi-Bär, sein kleiner Freund Boo-Boo – ebenfalls ein Bär – Bubu. Die von 1958 bis 1963 produzierten Folgen fanden in den 70er Jahren eine Fortsetzung mit *Yogi's Gang*, und auch als Held eines Comic-Hefts machte Yogi Bear Karriere. »Behind him Strike could make out a Yogi Bear video on a smaller TV in his bedroom.« (Richard Price, *Clockers.*)

Yoknapatawpha County

fiktiver Verwaltungsbezirk im Norden des Bundesstaats Mississippi, in dem William Faulkner viele seiner Romane und Erzählungen ansiedelte. Die Hauptstadt von Yoknapatawpha County ist Jefferson.

You can run, but you can't hide

ließ der Boxer Joe Louis seinem Gegner Billy Conn vor dem Kampf um die Weltmeisterschaft im Schwergewicht ausrichten. Louis gewann, und der Satz wurde zu seinem Markenzeichen.

You dirty rat!

Ausspruch, der mit dem irischen ›tough guy‹ James Cagney, 1899–1986, assoziiert wird, obwohl Cagney wiederholt beteuerte, in keinem seiner über 70 Filme diese Formulierung gebraucht zu haben.

Yo-Yo

Sowohl Donald Duncan als auch Louis Marx erheben den Anspruch, das auf eine philippinische Waffe zurückgehende Geschicklichkeitsspiel als erste in USA vermarktet zu haben. Die Bewegung des Yo-Yo hat die amerikanische Umgangssprache zu Wendungen wie ›yo-yo diet‹ (Abnehmen-zunehmen-abneh-men) inspiriert.

Yuppie
aus den Anfangsbuchstaben von ›young urban professional‹ nach dem Muster von →Yippie gebildete Bezeichnung für Angehörige der materialistischen, karrierebewußten Generation der 80er Jahre. Die Popularität von ›Yuppie‹ ließ den Begriff bald sehr unscharf werden und führte zu einer Vielzahl ähnlicher Bildungen wie puppie (›poor urban professional‹), rumpie (›rural upwardly mobile person‹), yaps (›young aspiring professionals‹) und yumpie (›young upwardly mobile professional‹).

Ziegfeld Girl
Groß, schlank, lange Haare, lange Beine und die Maße 90–65–95 – diese Eigenschaften verlangte der Theaterproduzent Florenz Ziegfeld, 1867–1932, von den weiblichen Mitwirkenden seiner aufwendigen Tanzrevuen. Ziegfeld inszenierte diese nach ihm benannten Ziegfeld Follies seit 1907 alljährlich in New York, und auch nach seinem Tod lebte der Mythos der an Pomp und Glamour unübertroffenen Shows in zahlreichen Hollywoodfilmen weiter. Das Ziegfeld Girl prägt das amerikanische Schönheitsideal bis heute.

ZIP code
Die rätselhafte Abkürzung ZIP bei amerikanischen Postleitzahlen steht für ›Zoning Improvement Plan‹.

Zodiac Killer
nie gefaßter Serienmörder, der Ende der 60er Jahre in Kalifornien mindestens zehn Menschen erschoß und seine wirren Bekennerschreiben mit ›Zodiac‹ unterschrieb.

Zorro
(dt. ›Fuchs‹) heißt mit bürgerlichem Namen Don Diego de la Vega und führt nach außen hin das Leben eines dekadenten spanischen Adligen im Kalifornien des frühen 19. Jahrhunderts. Als schwarzgekleideter Rächer der Enterbten mit Peitsche, Degen und der berühmten schwarzen Augenmaske wird er zum Schrecken seiner Gegner, der Banditen, schurkischen Großgrundbesitzer und korrupten mexikanischen Beamten. Erkennungszeichen Zorros ist das Z (›the mark of Zorro‹), das er mit

seinem Degen in die Kleidung – und manchmal die Haut – seiner Widersacher ritzt. Johnston McCulley erfand Zorro 1919 als Serienhelden für das →Pulp-Magazin *All-Story*, und das Motiv ›maskierter Held mit Doppelleben‹ beeinflußte die ganze weitere Geschichte der amerikanischen Trivialliteratur.

Auch in anderen Medien machte Zorro Karriere; als Comic- und Zeichentrickfigur und Held einer Radioserie war er ebenso erfolgreich wie in mehreren Kinoserials mit John Carroll, Reed Hadley und Clayton Moore. Hollywood stellte Zorro in den Mittelpunkt von über zwanzig Mantel-und-Degen-Filmen. Bereits 1920 drehte Fred Niblos *The Mark of Zorro* (dt. *Im Zeichen des Zorro*) mit Douglas Fairbanks, der den kalifornischen Robin Hood auch in der Fortsetzung *Don Q, Son of Zorro* (1925) verkörperte. In der unvermeidlichen TV-Serie *Zorro* (1957–1959), die unter diesem Titel auch in Deutschland lief, spielte Guy Williams die Titelrolle.

Z.P.G.

Abkürzung von ›Zero Population Growth‹.

Anhänge

Die Präsidenten und Vizepräsidenten der USA

Präsident	Amtsantritt	Vizepräsident	Amtsantritt
George Washington	1789	John Adams	1789
John Adams	1797	Thomas Jefferson	1797
Thomas Jefferson	1801	Aaron Burr	1801
		George Clinton	1805
James Madison	1809	George Clinton	
		Elbridge Gerry	1813
James Monroe	1817	Daniel D. Thompkins	1817
John Quincy Adams	1825	John C. Calhoun	1825
Andrew Jackson	1829	John C. Calhoun	
		Martin Van Buren	1833
Martin Van Buren	1837	Richard M. Johnson	1837
William H. Harrison	1841	John Tyler	1841
John Tyler	1841	−	
James K. Polk	1845	George M. Dallas	1845
Zachary Taylor	1849	Millard Fillmore	1849
Millard Fillmore	1850	−	
Franklin Pierce	1853	William R. King	1853
James Buchanan	1857	John C. Breckinridge	1857
Abraham Lincoln	1861	Hannibal Hamlin	1861
		Andrew Johnson	1865
Andrew Johnson	1865	−	
Ulysses S. Grant	1869	Schuyler Colfax	1869
		Henry Wilson	1873
Rutherford B. Hayes	1877	William A. Wheeler	1877
James A. Garfield	1881	Chester A. Arthur	1881
Chester A. Arthur	1881	−	
Grover Cleveland	1885	Thomas A. Hendricks	1885
Benjamin Harrison	1889	Levi P. Morton	1889
Grover Cleveland	1893	Adlai E. Stevenson	1893
William McKinley	1897	Garret A. Hobart	1897
		Theodore Roosevelt	1901
Theodore Roosevelt	1901	−	
		Charles W. Fairbanks	1905
William H. Taft	1909	James S. Sherman	1909
Woodrow Wilson	1913	Thomas A. Marshall	1913
Warren G. Harding	1921	Calvin Coolidge	1921
Calvin Coolidge	1923	−	
		Charles G. Dawes	1925

Herbert G. Hoover	1929	Charles Curtis	1929
Franklin D. Roosevelt	1933	John Nance Garner	1933
		Henry Agard Wallace	1941
		Harry S. Truman	1945
Harry S. Truman	1945	–	
		Alben W. Barkley	1949
Dwight D. Eisenhower	1953	Richard M. Nixon	1953
John F. Kennedy	1961	Lyndon B. Johnson	1961
Lyndon B. Johnson	1963	–	
		Hubert H. Humphrey	1965
Richard M. Nixon	1969	Spiro T. Agnew	1969
		Gerald R. Ford	1973
Gerald R. Ford	1974	Nelson A. Rockefeller	1974
Jimmy Carter	1977	Walter F. Mondale	1977
Ronald Reagan	1981	George Bush	1981
George Bush	1989	Dan Quayle	1989
Bill Clinton	1993	Al Gore	1993

Motti, Symbole und Spitznamen der 50 Bundesstaaten

Die Staaten sind alphabetisch geordnet; unter **M** steht ihr jeweiliges *Motto*; unter **V** der *Vogel* und unter **P** die *Pflanze*, die den Staat versinnbildlichen; unter **N** sind einer oder mehrere Spitznamen aufgeführt.

Alabama
>**M** Audemus jura nostra defendere; We dare defend our rights; **V** Yellowhammer; **P** Camelia; **N** Heart of Dixie, Cotton State, Yellowhammer State, Camelia State

Alaska
>**M** North to the future; **V** Willow ptarmigan; **P** Forget-me-not; **N** The Last Frontier, Land of the Midnight Sun

Arizona
>**M** Ditat Deus; God enriches; **V** Cactus wren; **P** Saguaro; **N** Grand Canyon State, Sunset State

Arkansas
>**M** Regnat populus; The people rule; **V** Mockingbird; **P** Apple blossom; **N** Land of Opportunity, Wonder State

California
>**M** Eureka; I have found it; **V** California valley quail; **P** Golden poppy; **N** Golden State

Colorado
>**M** Nil sine numine; Nothing without Providence; **V** Lark bunting; **P** Blue columbine; **N** Centennial State, Silver State

Connecticut
>**M** Qui transtulit sustinet; He who transplanted still sustains; **V** Robin; **P** Mountain laurel; **N** Constitution State, Land of Steady Habits, Nutmeg State

Delaware
>**M** Liberty and independence; **V** Blue hen chicken; **P** Peach blossom; **N** Blue Hen State, Diamond State, First State

Florida
>**M** In God we trust; **V** Mockingbird; **P** Orange blossom; **N** Sunshine State

Georgia
>**M** Widsom, justice, and moderation; **V** Brown Thrasher; **P** Cherokee rose; **N** Empire State of the South, Peach State

Hawaii
>**M** Ua Mau Ke Ea O Ka Aina I Ka Pono; The life of the land is perpetuated in rightousness; **V** Nene goose; **P** Hibiscus; **N** Aloha State, Paradise of the Pacific

Idaho

    M Esto perpetua; It is forever; **V** Mountain bluebird; **P** Syringa;
N Gem State, Spud State, Panhandle State

Illinois

    M State sovereignty, national union; **V** Cardinal; **P** Native violet;
N Land of Lincoln, Prairie State

Indiana

    M The Crossroads of America; **V** Cardinal; **P** Peony; **N** Hoosier State

Iowa

    M Our liberties we prize and our rights we will maintain; **V** Gold-
finch; **P** Wild rose; **N** Hawkeye State

Kansas

    M Ad astra per aspera; To the stars through difficulties; **V** Western
meadowlark; **P** Sunflower; **N** Jayhawk State; Sunflower State; Wheat
State

Kentucky

    M United we stand, divided we fall; **V** Kentucky cardinal; **P** Golden-
rod; **N** Bluegrass State

Louisiana

    M Union, justice, and confidence; **V** Eastern brown pelican; **P** Mag-
nolia; **N** Creole State; Pelican State; Sugar State

Maine

    M Dirigo; I direct; **V** Chickadee; **P** White pine cone and tassel;
N Pine Tree State

Maryland

    M Fatti maschii, parole femine; Manly deeds, womanly words;
V Baltimore oriole; **P** Black-eyed susan; **N** Free State; Old Line State

Massachusetts

    M Ense petit placidam sub libertate quietem; By the sword we seek
peace, but peace only under liberty; **V** Chickadee; **P** Mayflower;
N Bay State; Old Colony

Michigan

    M Si quaeris peninsulam amoenam circumspice; If you seek a pleasant
insula, look around you; **V** Robin; **P** Apple; **N** Great Lakes State;
Wolverine State

Minnesota

    M L'Étoile du Nord; The North Star; **V** Common loon; **P** Showy lady
slipper; **N** Gopher State, North Star State

Mississippi

    M Virtute et armis; By valor and arms; **V** Mockingbird; **P** Magnolia;
N Magnolia State

Missouri

    M Salus populi suprema lex esto; The welfare of the people shall be
the supreme law; **V** Bluebird; **P** Hawthorn; **N** Show Me State

Montana
 M Oro y plata; Gold and silver; V Western meadowlark; P Bitterroot;
 N Treasure State

Nebraska
 M Equality before the Law; V Meadowlark; P Goldenrod; N Beef
 State, Cornhusker State, The Tree Planter State

Nevada
 M All for Our Country; V Mountain bluebird; P Sagebrush; N Bat-
 tleborn State; Sagebrush State; Silver State

New Hampshire
 M Live free or die; V Purple finch; P Purple lilac; N Granite State

New Jersey
 M Liberty and prosperity; V Eastern goldfinch; P Purple violet;
 N Garden State

New Mexico
 M Crescit eundo; It grows as it goes; V Roadrunner; P Yucca; N Land
 of Enchantment; Sunshine State

New York
 M Excelsior; Ever upward; V Bluebird; P Rose; N Empire State

North Carolina
 M Esse quam videri; To be rather than to seem; V Cardinal; P Dogwood; N The Old North State; Tar Heel State

North Dakota
 M Liberty and union, now and forever: one and inseparable; V West-
 ern meadowlark; P Wild prairie rose; N Flickertail State; Peace Garden
 State; Sioux State

Ohio
 M With God, all things are possible; V Cardinal; P Scarlet carnation;
 N Buckeye State

Oklahoma
 M Labor omnia vincit; Labor conquers all; V Scissor-tailed flycatcher ;
 P Mistletoe; N Sooner State

Oregon
 M Alis volat propriis; She flies with her own wings; V Western
 meadowlark; P Oregon grape; N Beaver State

Pennsylvania
 M Virtue, liberty, and independence; V Ruffed grouse; P Mountain
 laurel; N Keystone State

Rhode Island
 M Hope; V Rhode Island hen; P Violet; N Little Rhody, Ocean State

South Carolina
 M Animis opibusque parati; Prepared in mind and resources; Dum
 spiro spero; While I breathe, I hope; V Carolina wren; P Carolina
 jessamine; N Palmetto State

South Dakota
   M Under God the people rule; V Pheasant; P Pasqueflower; N Coyote State; Sunshine State

Tennessee
   M Tennessee – America at its best!; V Mockingbird; P Iris; N Volunteer State

Texas
   M Friendship; V Mockingbird; P Bluebonnet; N Lone Star State

Utah
   M Industry; V Seagull; P Sego lily; N Beehive State

Vermont
   M Vermont, Freedom, and Unity; V Thrush; P Red clover; N Green Mountain State

Virginia
   M Sic semper tyrannis; Thus always to tyrants; V Cardinal; P Flowering dogwood; N Cavalier State; Mother of Presidents; The Old Dominion

Washington
   M Al-Ki; By and By; V Willow goldfinch; P Rhododendron; N Chinook State; Evergreen State

West Virginia
   M Montani semper liberi; Mountaineers are always free; V Cardinal; P Big Rhododendron; N Mountain State

Wisconsin
   M Forward; V Robin; P Wood violet; N Badger State

Wyoming
   M Equal rights; V Meadowlark; P Indian paintbrush; N Equality State

Titel der im deutschen Fernsehen ausgestrahlten amerikanischen Serien

Bei Gameshows wie »Jeopardy« oder »The Price Is Right« handelt es sich nicht um synchronisierte Fassungen, sondern um deutsche Adaptionen, die sich unterschiedlich eng an das Original halten.

A

Adam 12: *Adam 12 – Einsatz in L.A.*
Adam's Rib: *In Sachen Adam und Amanda*
The Addams Family: *Addams Family*
Adderly: *Adderly*
The Adventures of Hiram Holiday: *Die seltsamen Abenteuer des Hiram Holiday*
The Adventures of Rin Tin Tin: *Rin-Tin-Tin*
The Adventures of Young Indiana Jones: *Abenteuer des jungen Indiana Jones*
After Hours: *After Hours*
Airwolf: *Airwolf*
Alf: *ALF*
Alfred Hitchcock Presents: *Alfred Hitchcock zeigt*
Alias Smith and Jones: *Alias Smith and Jones*
Alice: *Imbiß mit Biß*
Alien Nation: *Alien Nation*
All's fair: *Sag das nochmal, Darling*
Almost Grown: *Verrückte Zeiten*
Amazing Stories: *Fantastische Geschichten*
America's Funniest Home Videos: *Bitte lächeln!*
American Gladiators: *American Gladiators*
The Andros Targets: *Mike Andros, Reporter der Großstadt*
Anna and the King: *Anna und der König von Siam*
Anything But Love: *Alles außer Liebe*
Arnie: *Arnie*
As the World Turns: *Jung und leidenschaftlich*
The Asphalt Jungle: *Asphaltdschungel*
The A-Team: *Das A-Team*
Automan: *Automan – Der Superdetektiv*

B

Baa Baa Black Sheep (auch: Black Sheep Squadron): *Pazifikgeschwader 214*
The Bad News Bears: *Die Bären sind los*

Bagdad Cafe: *Bagdad Café*
The Baileys of Balboa: *Schiff ahoi*
Banyon: *Los Angeles 1937*
Barbary Coast: *Die Küste der Ganoven*
Bare Essence: *Süßes Gift*
Barefoot in the Park: *Barfuß im Park*
Baretta: *Baretta*
Barney Miller: *Barney Miller*
Battlestar Galactica: *Kampfstern Galactica*
Baywatch: *Baywatch — Die Rettungsschwimmer von Malibu*
Beauty and the Beast: *Die Schöne und das Biest*
Bert D'Angelo/Superstar: *Superstar*
The Beverly Hillbillies: *Die Hillbilly Bären*
Beverly Hills 90210: *Beverly Hills 90210*
Bewitched: *Verliebt in eine Hexe*
The Big Valley: *Big Valley*
Bill & Ted's Excellent Adventures: *Bill und Teds irre Abenteuer*
The Bill Cosby Show: *Bill Cosby*
The Bionic Six: *Die Sechs Millionen Dollar Familie*
B.J. and the Bear: *BJ und der Bär*
The Blue Knight: *Bumpers Revier*
Bob in a Bottle: *Bob der Flaschengeist*
Bold and Beautiful: *Fashion Affairs*
Bonanza: *Bonanza*
Booker: *Booker*
Born free: *Frei geboren*
Born to the Wind: *Prärieindianer*
Bourbon Street Beat: *New Orleans, Bourbon Street*
The Brady Brides: *Ein himmlisches Vergnügen — Eine reizende Familie*
The Brady Bunch: *Drei Mädchen und drei Jungen*
Branded: *Geächtet*
Brave Star: *Brave Star*
Bret Maverick: *Bret Maverick*
The Brian Keith Show: *Der nächste bitte!*
Bridget Loves Bernie: *Bridget und Bernie*
Bronco: *Bronco*
The Brothers: *Unter Brüdern*
Buck James: *Buck James*
Buck Rogers: *Buck Rogers*
Buffalo Bill: *Buffalo Bill*
The Bugs Bunny Show: *Mein Name ist Hase* (auch: *Bugs Bunny*)
Burke's Law: *Amos Burke*

C

Cade's County: *Sheriff Cade*
Cagney & Lacey: *Cagney & Lacey*
Candid Camera: *Vorsicht Kamera*
Cannon: *Cannon*
Capital News: *Capital News*
Captain America: *Captain America*
Captain N: The Game Master: *Captain N: The Game Master*
Captain Planet and the Planeteers: *Captain Planet*
Captain Power: *Captain Power*
Car 54, Where Are You?: *Wagen 54 bitte melden ...*
Centennial: *Colorado Saga*
The Charlie Brown and Snoopy Show: *Charlie Brown und die Snoopy Show*
Charlie's Angels: *Drei Engel für Charlie*
Check It Out: *Zur Kasse, Schätzchen*
Checkmate: *Checkmate*
Cheers: *Ein himmlisches Vergnügen*
The Chicago Teddy Bears: *Chicago Teddybär & Co*
Chico and the Man: *Die Zwei von der Tankstelle*
CHiPs: *CHiPs*
The Chisholms: *Der lange Treck*
Chopper One: *Chopper 1 ... bitte melden*
Cimarron Strip: *Der Marshal von Cimarron*
Circus Boy: *Corky und der Zirkus*
Coach: *Mit Herz und Scherz*
The Cobi Troupe: *Cobi*
Code Name: Foxfire: *Codename Foxfire*
The Colbys: *Das Imperium – Die Colbys*
Columbo: *Columbo*
Cool McCool: *Cool McCool*
The Cop and the Kid: *Mein Freund Taffdi*
C.O.P.S.: *C.O.P.S.*
Coronet Blue: *Das Geheimnis der blauen Krone*
The Cosby Show: *Familienbande – Bill Cosby Show*
Counterstrike: *Auf eigene Faust*
Court of Last Resort: *Die letzte Hoffnung*
The Courtship of Eddie's father: *Eddies Vater*
Cover Up: *Mode, Models und Intrigen*
Cowboy in Africa: *Cowboy in Afrika*
Crazy Like a Fox: *Die Fälle des Harry Fox*
Crime Story: *Crime Story*

D

The D.A.: *Der Ankläger*
Daktari: *Daktari*
Dallas: *Dallas*
Dan August: *Dan Oakland*
The Dating Game: *Herzblatt*
Dear John: *Mein lieber John*
Death Valley Days: *Im Wilden Westen*
The Debbie Reynolds Show: *Debbie groß in Fahrt*
The Defenders: *Preston & Preston*
Delvecchio: *Delvecchio*
Den of Wolves: *Der Clan der Wölfe*
Dennis the Menace: *Dennis, der Lausbub*
The Deputy: *Der zweite Mann*
The Detectives, Starring Robert Taylor: *Kein Fall für FBI*
Diamonds: *Diamonds*
Diana: *Diana*
The Dick Powell Show: *Heute Abend, Dick Powell*
Dick Powell's Zane Grey Theater: *Abenteuer im Wilden Westen*
Dick Tracy: *Dick Tracy*
Dirtwater Dynasty: *Dirtwater Dynastie*
Doc Elliott: *Doc Elliott*
Doctor's Hospital: *Doctor's Hospital*
Dr. Kildare: *Dr. Kildare*
Dog House: *Auf den Hund gekommen*
The Donna Reed Show: *Mutter ist die Allerbeste*
Doogie Howser, M.D.: *Doogie Howser*
Dragnet: *Polizeibericht*
Ducktales: *Ducktales*
Dukes of Hazzard: *Ein Duke kommt selten allein*
Dungeons & Dragons: *Land der fantastischen Drachen*
Dusty's Trail: *Dusty, Dusty!*
Dynasty: *Der Denver-Clan*

E

Eddie Dodd: *Edward Dodd – Anwalt aus Leidenschaft*
87th Precinct: *Polizeirevier 87*
Eischied: *Schauplatz New York*
Elly & Jools: *Das Geisterhaus von Waterloo Creek*
The Equalizer: *Der Equalizer*
Evening Shade: *Daddy schafft uns alle*
Exciting World of Speed & Beauty: *PS-Giganten*

F

Falcon Crest: *Falcon Crest*
The Fall Guy: *Ein Colt für alle Fälle*
Fame: *Fame*
Family: *Eine amerikanische Familie*
Family Affair: *Lieber Onkel Bill*
Family Feud: *Familienduell*
Family Ties: *Jede Menge Familie*
Famous Adverntures of Mr. Magoo: *Mr. Magoo*
The Famous Teddy Z.: *Teddy Z.*
Fantasy Island: *Fantasy Island*
The Farmer's Daughter: *Katy*
Father Dowling Mysteries: *Ein gesegnetes Team*
Father Knows Best: *Vater ist der Beste*
Fay: *Fay*
The F.B.I.: *FBI*
The Felony Squad: *Gefährlicher Alltag*
Finder of Lost Loves: *Agentur Maxwell*
A Fine Romance: *Romanze ohne Ende*
1st & Ten: *Auf Leben und Tod*
Flamingo Road: *Flamingo Road*
Flash Gordon: *Flash Gordon*
The Flintstone Kids: *Die Flintstone Kids*
The Flintstones: *Familie Feuerstein*
Flipper: *Flipper*
Flying High: *Die liebestollen Stewardessen*
Follow the Sun: *Unter heißem Himmel*
For the Terms of His Natural Life: *Verbannt in die Hölle*
The Fugitive: *Auf der Flucht*
Full House: *Full House*
Funny Face: *Viel Lärm um Sandy*
Fury: *Fury*

G

Galaxy Rangers: *Galaxy Rangers*
Gemini Man: *Gemini Man*
General Hospital: *General Hospital*
Gentle Ben: *Mein Freund Ben*
Get Smart: *Mini Max oder die unglaublichen Abenteuer des Maxwell Smart*
The Ghost and Mrs. Muir: *Der Geist und Mrs. Muir*
Ghostbusters: *Ghostbusters*
Gilligan's Island: *Gilligans Insel*
Going My Way: *St. Dominic und seine Schäfchen*

The Golden Girls: *Golden Girls*
Good Grief!: *Ruhe sanft mit Ernie Lapidus*
The Good Life: *Ein herrliches Leben*
The Great Adventure: *Das große Abenteuer*
The Greatest Show on Earth: *Zirkusdirektor Johnny Slate*
The Guiding Light: *Die Springfield Story*
The Guns of Will Sonnett: *Die Spur des Jim Sonnett*
Gunsmoke: *Rauchende Colts*

H

Hagen: *Hagen*
Happy Days: *Happy Days*
Hardball: *Hardball*
Hardcastle & McCormick: *Hardcastle & McCormick*
Harry O.: *Harry-O*
Hart to Hart: *Hart aber herzlich*
Hawaii Five–0: *Hawaii fünf null*
Hawk: *Hawk*
He & She: *Er und Sie*
He-Man and the Masters of the Universe: *He Man*
Head of the Class: *Ganz große Klasse*
Heartbeat: *Herzschlag des Lebens*
Hello, Larry: *Hallo Larry*
Henderson: *Henderson*
Here's Boomer: *Boomer, der Streuner*
The High Chaparral: *High Chaparral*
Highway to Heaven: *Ein Engel auf Erden*
Hill Street Blues: *Polizeirevier Hill Street*
The Hitchhiker: *Hitchhiker*
Hogan's Heroes: *Stacheldraht und Fersengeld*
Honey West: *Privatdetektivin Honey West*
Hooperman: *Inspektor Hooperman*
Hotel: *Hotel*
The Huckleberry Hound Show: *Hucky und seine Freunde*
Hunter: *Hunter*

I

I Dream of Jeannie: *Bezaubernde Jeannie*
I Spy: *Tennis, Schläger und Kanonen*
I'm a Big Girl Now: *Ach du lieber Vater*
In the Heat of the Night: *In der Hitze der Nacht*
The Incredible Hulk: *Hulk*
The Insiders: *Insiders*

The Interns: *Die Assistenzärzte*
The Invaders: *Invasion von der Wega*
The Invisible Man: *Der Unsichtbare*
Ironman: *Der unbesiegbare Ironman*
Ironside: *Der Chef*
It Takes a Thief: *Ihr Auftritt, Al Mundy!*

J

Jake and the Fatman: *Der Dicke und ich* (auch: *Jake und McCabe – Durch dick und dünn*)
Jeopardy!: *Riskant!*
Jessica Novak: *Jessica Novak*
The Jetsons: *Die Jetsons*
The Jimmy Stewart Show: *Alle meine Lieben*
Julia: *Julia*
Just the Ten of Us: *Chaos hoch zehn*

K

Kaz: *Kaz und Co.*
Kentucky Jones: *Kentucky Jones*
Knight & Daye: *Knight and Daye*
Knight Rider: *Knight Rider*
Knots Landing: *Unter der Sonne Kaliforniens*
Kojak: *Einsatz in Manhattan*
Kung Fu: *Kung Fu*

L

L.A. Law: *L.A. Law*
Lancer: *Lancer*
Land of the Giants: *Planet der Giganten*
Laramie: *Am Fuß der blauen Berge*
Lassie: *Lassie*
Law & Order: *Law & Order*
Leave it to Beaver: *Mein lieber Biber*
Leg Work: *Klarer Fall für Claire*
Let the Blood Run Free: *Das Horror-Hospital*
The Life and Legend of Wyatt Earp: *Wyatt Earp greift ein*
The Life and Times of Grizzly Adams: *Der Mann in den Bergen*
Life Without George: *Was kümmern uns die Kerle*
Little House on the Prairie: *Unsere kleine Farm*
The Little Rascals: *Die kleinen Strolche*
Lobo: *Sheriff Lobo*
Lock up: *Anwalt der Gerechtigkeit*

Lottery: *Lotterie*
Lou Grant: *Lou Grant*
The Love Boat: *Love Boat*
Love On a Rooftop: *Teils heiter, teils wolkig*
Love, American Style: *Wo die Liebe hinfällt*
The Lucy Show: *Hoppla Lucy*

M

M Squad: *Dezernat M*
MacGyver: *MacGyver*
Madam's Place: *Madame's*
The Magician: *Der Magier*
Magnum P.I.: *Magnum*
Major Dad: *Major Dad*
Mama Malone: *Mama Malone*
A Man Called Shenandoah: *Der Mann ohne Namen*
Man from Atlantis: *Der Mann aus Atlantis*
The Man from U.N.C.L.E. : *Solo für O.N.C.E.L.*
The Man Who Never Was: *Der Mann, den es nicht gibt*
Man Without a Gun: *Der Mann ohne Colt*
Manhunt: *Gesucht wird ...*
Mannix: *Mannix*
Marcus Welby M.D.: *Dr. med. Marcus Welby*
Married ... with Children: *Eine schrecklich nette Familie*
M*A*S*H: *M.A.S.H.*
Masquerade: *Operation Maskerade*
The Master: *Der Ninja-Meister*
Matlock: *Matlock*
Maverick: *Maverick*
Max Headroom: *Max Headroom*
Max Monroe: Loose Cannon: *Max Monroe*
McCloud: *Ein Sheriff in New York*
Me and the Chimp: *So ein Affentheater*
Miami Vice: *Miami Vice*
Mickey Spillane's Mike Hammer: *Mike Hammer*
Mighty Thor: *Der mächtige Thor*
Mission: Impossible: *Kobra, übernehmen Sie!*
Mister Ed: *Mister Ed*
The Mod Squad: *Twen-Police*
Mona McCluskey: *Mona McCluskey*
The Monkees: *Die Monkees*
The Monroes: *Die Monroes*
Moonlighting: *Das Model und der Schnüffler*
Mork & Mindy: *Mork vom Ork*

Morton & Hayes: *Morton & Hayes – Zwei geniale Komiker*
Movin' on: *Abenteuer der Landstraße*
Mr. Belvedere: *Mr. Belvedere*
Mr. Merlin: *Mr. Merlin*
Mr. Smith: *Mr. Smith*
Mr. Terrific: *Immer wenn er Pillen nahm*
The Munsters: *Die Munsters*
The Muppet Show: *Die Muppet-Show*
Murder, She Wrote: *Mord ist ihr Hobby*
Murphy Brown : *Murphy Brown*
Murphy's Law: *Murphys Gesetz*
My Favorite Martian: *Mein Onkel vom Mars*
My Friend Flicka: *Flicka*
My Secret Identity: *Ultraman – mein geheimes Ich*
My Three Sons: *Meine drei Söhne*
My World and Welcome to It: *Das ist meine Welt*

N

Naked City: *Gnadenlose Stadt*
Nakia: *Nakia, der Indianersheriff*
Nanny and the Professor: *Nanny und der Professor*
Nasty Boys: *Die Ninja-Cops*
Nero Wolfe: *Nero Wolfe*
The New Breed: *Schauplatz Los Angeles*
A New Kind of Family: *Meine Mutter, deine Mutter*
The New Munsters Today: *Familie Munster*
Nichols: *Ein Sheriff ohne Colt und Tadel*
Night Caller: *Der Nachtfalke*
Night Court: *Harrys wundersames Strafgericht*
Night Heat: *Nachtstreife*
The Night Stalker: *Der Nachtjäger*
No One But You: *Ruf des Herzens*
Nobody's perfect: *Hart auf hart*
Northern Exposure: *Ausgerechnet Alaska!*
N.Y.P.D.: *Heiße Spuren*

O

The Odd Couple: *Männerwirtschaft*
Oh, those Bells!: *Oh, diese Bells*
Ohara: *Ohara*
One Life to Live: *Liebe, Lüge, Leidenschaft*
The Oregon Trail: *Der Weg nach Oregon*
Our House: *Unser Haus*

Out of This World: *Mein Vater ist ein Außerirdischer*
The Outlaws: *Die Gesetzlosen*
The Outsider: *Der Außenseiter*
Owen Marshall: Counselor At Law: *Owen Marshall*

P

Palmerstown, U.S.A.: *Palmerstown — Eine kleine Stadt im Süden*
Paper Moon: *Papermoon*
Paradise: *Paradise — Ein Mann, ein Colt, vier Kinder*
Paris: *Captain Paris*
Paris 7000: *Paris 7000*
The Partners: *Die Zwei von der Dienststelle*
The Partridge Family: *Die Partridge Familie*
Perfect Strangers: *Ein Grieche erobert Chicago*
Perry Mason: *Perry Mason*
Peter Pan & the Pirates: *Peter Pan*
Petrocelli: *Petrocelli*
Peyton Place: *Peyton Place*
The Pink Panther Show: *Der rosarote Panther*
Pistols 'n' Petticoats: *Pistolen und Petticoats*
The Planet of the Apes: *Planet der Affen*
Please Don't Eat the Daisies: *Unser trautes Heim*
Police Woman: *Make-up und Pistolen*
Popeye: *Popeye, ein Seemann ohne Furcht und Adel*
The Porky Pig Show: *Schweinchen Dick*
The Practice: *Lachen auf Rezept*
The Price Is Right: *Der Preis ist heiß!*
Private Secretary: *Susie*
A Pup Named Scooby Doo: *Scooby Doo*

Q

Quantum Leap: *Zurück in die Vergangenheit*
Quincy, M.E.: *Quincy*

R

Rags to Riches: *Von Lumpen zu Kaschmir*
Rawhide: *Tausend Meilen Staub*
The Ray Bradbury Theater: *Bradburys Gruselkabinett*
Remington Steele: *Remington Steele*
Renegades: *Fäuste, Gangs und heiße Öfen*
Rescue 911: *Notruf*
Rich Man, Poor Man: *Reich und Arm*
The Rifleman: *Westlich von Santa Fé*

Ripcord: *Sprung aus den Wolken*
Robocop: *Robocop*
The Rockford Files: *Detektiv Rockford: Anruf genügt*
The Rogues: *Gauner gegen Gauner*
The Rookies: *Die Rookies – neu im Einsatz*
Room For One More: *Raum ist in der kleinsten Hütte*
Roots: *Roots*
Roots: the Next Generation: *Roots. Die nächste Generation*
The Ropers: *Zwei schräge Vögel*
Roseanne: *Roseanne*
The Rounders: *Diese Pechvögel*
Run Buddy Run: *Renn, Buddy, renn!*
Run For Your Life: *Wettlauf mit dem Tod*
The Runaways: *Ausreißer*

S

Saber Rider: *Saber Rider*
Samurai Pizza Cats: *Samurai Pizza Cats*
San Francisco International Airport: *San Francisco Airport*
Santa Barbara: *California Clan*
Scarecrow and Mrs. King: *Agentin mit Herz*
Sea Hunt: *Abenteuer unter Wasser*
The Second Hundred Years: *Der Mann von gestern*
Sergeant Preston of the Yukon: *Sergeant Preston*
Serpico: *Serpico*
Sesame Street: *Sesamstraße*
Seventh Avenue: *7th Avenue – Straße der Mode*
77 Sunset Strip: *77–Sunset-Strip*
Shannon: *Shannon*
She-Ra, Princess of Power: *She-Ra*
Sierra: *Sierra*
Simon and Simon: *Simon & Simon*
The Simpsons: *Die Simpsons*
The Six Million Dollar Man: *Der Sechs Millionen Dollar Mann*
Sledge Hammer: *Der Hammer*
The Smoggles: *Prinzessin Lila und die Smoggles*
Soap: *Soap – Trautes Heim*
Spencer's Pilots: *Spencers Piloten*
Spenser: For Hire: *Spenser*
St. Elsewhere: *Chefarzt Dr. Westphall – Das turbulente Krankenhaus*
Star Trek: *Raumschiff Enterprise*
Star Trek: The Next Generation: *Raumschiff Enterprise: Das nächste Jahrhundert*
Starsky and Hutch: *Starsky und Hutch*

Stingray: *Stingray*
The Storefront Lawyers: *Das Wort hat die Verteidigung*
Straightaway: *Vollgas*
Street Hawk: *Street Hawk*
Street Legal: *Waffen des Gesetzes*
The Streets of San Francisco: *Die Straßen von San Francisco*
Submariner: *Prinz Namor – Der Held von Atlantis*
Super Mario Brothers: *Super Mario Brothers*
Superboy: *Superboy*
Superforce: *Superforce*
The Survivors: *Die Macht des Geldes*
S.W.A.T. : *Die knallharten Fünf*
Swiss Family Robinson: *Die Schweizer Familie Robinson*

T

Tales From the Darkside: *Geschichten aus der Schattenwelt*
Tales of the Texas Rangers: *Die Texas Rangers*
Tales of Wells Fargo: *Wells Fargo*
Tammy: *Tammy, das Mädchen vom Hausboot*
Tarzan: *Tarzan*
Taxi: *Taxi*
Teenage Mutant Hero Turtles: *Teenage Mutant Hero Turtles*
Tenspeed and Brown Shoe: *Die Schnüffler*
The Texan: *Der Texaner*
That Girl: *Süß, aber ein bißchen verrückt*
That's Hollywood: *Traumfabrik Hollywood*
T.H.E. Cat: *T.H.E. Cat*
The Thin Man: *Der dünne Mann*
Three's Company: *Herzbube mit zwei Damen*
The Tim Conway Show: *Lucky Linda*
Time Tunnel: *Time Tunnel*
Tiny Toon: *Tiny Toon*
T.J. Hooker: *T.J. Hooker*
Tom and Jerry: *Jagdszenen aus Hollywood*
Toma: *Toma*
Tombstone Territory: *Wilder Westen Arizona*
The Tony Randall Show: *Die Tony Randall-Show*
Top Cops: *Auf Leben und Tod*
Tour of Duty: *Operation Vietnam*
Trapper John, M.D.: *Trapper John, M.D.*
Tropical Heat: *Tropical Heat*
Troubleshooters: *Im letzten Augenblick*
True Colors: *Alles total normal – Die Bilderbuchfamilie*
Tucker's Witch: *Detektei mit Hexerei*

21 Beacon street: *Beacon Street 21*
21 Jump Street: *21, Jump Street − Tatort Klassenzimmer*
The Twilight Zone: *Unheimliche Geschichten* (auch: *Twilight Zone − Unbekannte Dimensionen*)
Twin Peaks: *Das Geheimnis von Twin Peaks*

U

Uncle Buck: *Onkel Buck*
The Untouchables: *Die Unbestechlichen*

V

V: *V Die Außerirdischen kommen* (auch: *V Die Außerirdischen kommen zurück*)
Vegas: *Vegas*
The Virginian: *Die Leute von der Shiloh-Ranch*

W

The Waltons: *Die Waltons*
Wanted: Dead Or Alive: *Josh*
War of the Worlds: *Krieg der Welten*[
Welcome Back, Kotter: *Welcome back Kotter*
Werewolf: *Werwolf*
Westside Medical: *Westside Hospital*
What a Dummy: *Der Familienschreck*
Wheel of Fortune: *Glücksrad*
When Things Were Rotten: *Robi Robi Robin Hood*
Wild Kingdom: *Im Reich der wilden Tiere*
The Wild, Wild West: *Verückter Wilder Westen*
WIOU.: *Fernsehfieber*
The Wonder Years: *Wunderbare Jahre*

Y

Yancy Derringer: *Yancy Derringer*
The Yellow Rose: *Kampf um Yellow-Rose*
Yellow Thread Street: *Straße der Angst*
Yogi Bear: *Yogi Bär*
The Young Lawyers: *Die jungen Anwälte*

Z

Zorro: *Zorro*

Liste der Spieler, die bis 1992 in die *Baseball* Hall of Fame aufgenommen wurden

Aaron, Henry ›Hank‹
Alexander, Grover
Alston, Walter
Anson, Adrian ›Cap‹
Aparicio, Luis
Appling, Lucius ›Luke‹
Averill, H. Earl
Baker, J. Frank ›Home Run‹
Bancroft, David
Banks, Ernest
Barlick, Albert
Barrow, Edward
Beckley, Jacob
Bell, James ›Cool Papa‹
Bench, Johnny
Bender, Charles ›Chief‹
Berra, Lawrence ›Yogi‹
Bottomley, James
Boudreau, Louis
Bresnahan, Roger
Brock, Louis
Brooks, C. Robinson
Brouthers, Dennis ›Dan‹
Brown, Mordecai ›Three-Finger‹
Bulkeley, Morgan
Burkett, Jesse
Campanella, Roy
Carew, Rodney
Carey, Max
Cartwright, Alexander
Chadwick, Henry
Chance, Frank
Chandler, Abert ›Happy‹
Charleston, Oscar
Chesbro, John
Clarke, Fred
Clarkson, John
Clemente, Roberto

Cobb, Tyrus
Cochrane, Gordon ›Mickey‹
Collins, Edward
Collins, James
Combs, Earle
Comiskey, Charles
Conlan, John ›Jocko‹
Connolly, Thomas
Connor, Roger
Coveleski, Stanley
Crawford, Samuel
Cronin, Joseph
Cummings, William ›Candy‹
Cuyler, Hazen ›Kiki‹
Dandridge, Ray
Dean, Jay ›Dizzy‹
Delahanty, Edward
Dickey, William
Dihigo, Martin
DiMaggio, Joseph ›Joe‹
Doerr, Robert
Drysdale, Don
Duffy, Hugh
Evans, William
Evers, John
Ewing, William ›Buck‹
Faber, Urban ›Red‹
Feller, Robert
Ferrell, Richard
Fingers, Roland
Flick, Elmer
Ford, Edward ›Whitey‹
Foster, Andrew ›Rube‹
Foxx, James
Frick, Ford
Frisch, Frank
Galvin, James ›Pud‹
Gehrig, Lou

Gehringer, Charles
Gibson, Robert
Gibson, Joshua
Giles, Warren
Gomez, Vernon ›Lefty‹
Goslin, Leon ›Goose‹
Greenberg, Henry ›Hank‹
Griffith, Clark
Grimes, Burleigh
Grove, Bob ›Lefty‹
Hafey, Charles ›Chick‹
Haines, Jesse ›Pop‹
Hamilton, William
Harridge, William
Harris, Stanley ›Bucky‹
Hartnett, Charles ›Gabby‹
Heilmann, Harry
Herman, William
Hooper, Harry
Hornsby, Rogers
Hoyt, Waite
Hubbard, R. ›Cal‹
Hubbell, Carl
Huggins, Miller
Hunter, Jim ›Catfish‹
Irvin, Monte
Jackson, Travis ›Stonewall‹
Jenkins, Ferguson
Jennings, Hugh
Johnson, Byron ›Ban‹
Johnson, Walter
Johnson, William ›Judy‹
Joss, Adrian
Kaline, Albert
Keefe, Timothy
Keeler, William ›Wee Willie‹
Kell, George
Kelley, Joseph
Kelly, George
Kelly, Michael ›King‹
Killebrew, Harmon
Kiner, Ralph
Klein, Charles ›Chuck‹
Klem, William

Koufax, Sandy
Lajoie, Napoleon ›Larry‹
Landis, Kenesaw M.
Lazzeri, Tony
Lemon, Robert
Leonard, Walter ›Buck‹
Lindstrom, Frederick
Lloyd, John
Lombardi, Ernie
Lopez, Alfonso
Lyons, Theodore
Mack, Connie
MacPhail, Leland ›Larry‹
Mantle, Mickey
Manush, Henry ›Heinie‹
Maranville, Walter ›Rabbit‹
Marichal, Juan
Marquard, Rube
Mathewson, Christopher
Matthews, Edwin
Mays, Willie
McCarthy, Thomas
McCovey, Willie ›Stretch‹
McGinnity, Joseph
McGowan, William
McGraw, John
McKechnie, William
Medwick, Joseph ›Ducky‹
Mize, John ›Big Cat‹
Morgan, Joe
Musial, Stanley
Newhouser, Harold
Nichols, Charles ›Kid‹
O'Rourke, James
Ott, Melvin
Paige, Leroy ›Satchel‹
Palmer, James
Pennock, Herbert
Perry, Gaylord
Plank, Edward
Radbourne, Charles ›Hoss‹
Reese, Harold ›Pee Wee‹
Rice, Edgar ›Sam‹
Rickey, W. Brnach

Rixey, Eppa
Roberts, Robin
Robinson, Brooks
Robinson, Frank
Robinson, Jack
Robinson, Wilbert
Roush, Edd
Ruffing, Charles ›Red‹
Rusie, Amos
Ruth, George Herman ›Babe‹
Schalk, Raymond
Schoendienst, Albert ›Red‹
Seaver, George
Sewell, Joseph
Simmons, Aloysius
Sisler, George
Slaughter, Enos ›Country‹
Snider, Edwin ›Duke‹
Spahn, Warren
Spalding
Speaker, Tristram
Stargell, Willie
Stengel, Charles ›Casey‹
Terry, William
Thompson, Samuel

Tinker, Joseph
Traynor, Herold ›Pie‹
Vance, Arthur ›Dazzy‹
Vaughan, Joseph ›Arky‹
Veeck, Bill
Waddell, George ›Rube‹
Wagner, John ›Honus‹
Wallace, Roderick ›Bobby‹
Walsh, Edward
Waner, Lloyd
Waner, Paul
Ward, John ›Monte‹
Weiss, George
Welch, Mickey
Wheat, Zachariah
Wilhelm, James Hoyt
Williams, Billy
Williams, Theodore
Wilson, Lewis ›Hack‹
Wright, William ›Harry‹
Wynn, Early
Yastrzemski, Carl ›Yaz‹
Yawkey, Thomas
Young, Denton ›Cy‹
Youngs, Ross ›Pep‹

Liste der Spieler, die bis 1992 in die *Football* Hall of Fame aufgenommen wurden

Adderley, Herb
Alworth, Lance
Atkins, Doug
Badgro, Morris ›Red‹
Barney, Lem
Battles, Cliff
Baugh, Sammy
Bednarik, Chuck
Bell, Bert
Bell, Boddy
Berry, Raymond
Bidwill, Charles W.
Biletnikoff, Fred
Blanda, George
Blount, Mel
Bradshaw, Terry
Brown, Jim
Brown, Paul E.
Brown, Roosevelt
Brown, Willie
Buchanan, Buck
Butkus, Dick
Campbell, Earl
Canadeo, Tony
Carr, Joe
Chamberlin, Guy
Christiansen, Jack
Clark, Earl ›Dutch‹
Connor, George
Conzelman, Jimmy
Csonka, Larry
Davis, Al
Davis, Willie
Dawson, Len
Ditka, Mike
Donovan, Art
Driscoll, John ›Paddy‹
Dudley, Bill

Edwards, Albert Glen ›Turk‹
Ewbank, Weeb
Fears, Tom
Flaberty, Ray
Ford, Leonard ›Len‹
Fortmann, Daniel J.
Gatski, Frank
George, Bill
Gifford, Frank
Gillman, Sid
Graham, Otto
Grange, Harold ›Red‹, auch ›Galloping Ghost‹
Greene, Joe
Gregg, Forrest
Griese, Bob
Groza, Lou
Guyon, Joe
Halas, George
Ham, Jack
Hannah, John
Harris, Franco
Healey, Ed
Hein, Mel
Hendricks, Ted
Henry, Wilbur ›Pete‹
Herber, Arnie
Hewitt, Bill
Hinkle, Clarke
Hirsch, Elroy ›Crazylegs‹
Hornung, Paul
Houston, Ken
Hubbard, R. ›Cal‹
Huff, Sam
Hunt, Lamar
Hutson, Don
Johnson, John Henry
Jones, David ›Deacon‹

Jones, Stan
Jurgensen, Sonny
Kiesling, Walt
Kinard, Frank ›Bruiser‹
Lambeau, Earl ›Curly‹
Lambert, Jack
Landry, Tom
Lane, Richard ›Night Train‹
Langer, Jim
Lanier, Willie
Lary, Yale
Lavelli, Dante
Layne, Bobby
Leemans, Alphonse ›Tuffy‹
Lilly, Bob
Lombardi, Vince
Luckman, Sid
Lyman, William Roy ›Link‹
Mackey, John
Mara, Tim
Marchetti, Gino
Marshall, George Preston
Matson, Ollie
Maynard, Don
McAfee, George
McCormack, Mike
McElhenny, Hugh
McNally, John ›Blood‹
Michalske, August ›Mike‹
Millner, Wayne
Mitchell, Bobby
Mix, Ron
Moore, Leonard ›Lenny‹
Motley, Marion
Musso, George
Nagurski, Bronko
Namath, Joe
Neale, Earle ›Greasy‹
Nevers, Ernie
Nitschke, Ray
Nomellini, Leo
Olsen, Merlin
Otto, Jim
Owen, Steven

Page, Alan
Parker, Clarence ›Ace‹
Parker, Jim
Perry, Fletcher ›Joe‹
Pihos, Pete
Ray, Hugh ›Shorty‹
Reeves, Dan
Riggins, John
Ringo, Jim
Robustelli, Andy
Rooney, Art
Rozelle, Pete
Sayers, Gale
Schmidt, Joe
Schramm, Tex
Shell, Art
Simpson, O.J.
St. Clair, Bob
Starr, Bart
Staubach, Roger
Stautner, Ernie
Stenerud, Jan
Strong, Ken
Stydahar, Joe
Tarkenton, Fran
Taylor, Charley
Taylor, Jim
Thorpe, Jim
Tittle, Y.A.
Trafton, George
Trippi, Charley
Tunnell, Emlen
Turner, Clyde ›Bulldog‹
Unitas, Johnny
Upshaw, Gene
Van Brocklin, Norm
Van Buren, Steve
Walker, Doak
Warfield, Paul
Waterfield, Bob
Weinmeister, Arnie
Willis, Bill
Wilson, Larry
Wojciechowicz, Alex
Wood, Willie

Liste der Super Bowl-Spiele und ihrer Gewinner

Super Bowl I	1967:	Green Bay Packers
Super Bowl II	1968:	Green Bay Packers
Super Bowl III	1969:	New York Jets
Super Bowl IV	1970:	Kansas City Chiefs
Super Bowl V	1971:	Baltimore Colts
Super Bowl VI	1972:	Dallas Cowboys
Super Bowl VII	1973:	Miami Dolphins
Super Bowl VIII	1974:	Miami Dolphins
Super Bowl IX	1975:	Pittsburgh Steelers
Super Bowl X	1976:	Pittsburgh Steelers
Super Bowl XI	1977:	Oakland Raiders
Super Bowl XII	1978:	Dallas Cowboys
Super Bowl XIII	1979:	Pittsburgh Steelers
Super Bowl XIV	1980:	Pittsburgh Steelers
Super Bowl XV	1981:	Oakland Raiders
Super Bowl XVI	1982:	San Francisco 49ers
Super Bowl XVII	1983:	Washington Redskins
Super Bowl XVIII	1984:	Los Angeles Raiders
Super Bowl XIX	1985:	San Francisco 49ers
Super Bowl XX	1986:	Chicago Bears
Super Bowl XXI	1987:	New York Giants
Super Bowl XXII	1988:	Washington Redskins
Super Bowl XXIII	1989:	San Francisco 49ers
Super Bowl XXIV	1990:	San Francisco 49ers
Super Bowl XXV	1991:	New York Giants
Super Bowl XXVI	1992:	Washington Redskins
Super Bowl XXVII	1993:	Dallas Cowboys

Quellen und weiterführende Literatur

Alpers, Hans-Joachim / Fuchs, Werner / Hahn, Ronald / Jeschke, Wolfgang: *Lexikon der Science Fiction Literatur.* 2 Bände. München: Heyne, 1980.

Alpers, Hans-Joachim / Fuchs, Werner / Hahn, Ronald: *Reclams Science-Fiction-Führer.* Stuttgart: Reclam, 1982

Amos, William: *The Originals. Who's Really Who In Fiction.* London: Cardinal, 1990.

Bartlett, John: *Familiar Quotations.* 13. ed. Boston: Little, Brown and Company, 1955

Battle, Kem: *Great American Folklore. Legends, Tales, Ballads, and Superstitions From All Across America.* Compiled by Kem P. Battle. New York: Simon & Schuster, 1991.

Beck, Jerry / Friedwald, Will: *Looney Tunes and Merrie Melodies. A Complete Illustrated Guide to the Warner Bros. Cartoons.* New York: Holt, 1989.

Blumberg, Dorothy R.: *Whose What? Aaron's Beard to Zorn's Lemma.* New York: Holt, Rinehart and Winston, 1969.

Bollor, Paul / George, John: *They Never Said It: A Book of Fake Quotes, Misquotes, and Misleading Attributions.* New York: Oxford University Press, 1989.

Boswell, John / Starer, Daniel: *Five Rings, Six Crises, Seven Dwarfs, and 38 Ways to Win an Arguement. Numerical Lists You Never Knew or Once Knew and Probably Forgot.* New York: Viking, 1990.

Brands And Their Companies. *A Gale Trade Names Directory.* 2 Bände. 9. ed. Detroit: Gale Research, 1991.

Brewer's Dictionary of 20th-Century Phrase and Fable. Boston: Houghton Mifflin, 1992.

Brooks, Tim / Marsh, Earle: *The Complete Directory to Prime Time Network Tv Shows 1946 − Present.* 5. ed. New York: Ballantine, 1992.

Brown, Les: *Les Brown's Encyclopedia of Television.* 3. ed. Detroit (u.a.): Visible Ink, 1992.

Carlinsky, Dan / Goodgold, Edwin: *Trivia and More Trivia.* Secaucus: Castle Books, 1966.

Carruth, Gorton: *What Happened When. A Chronology of Life and Events in America.* New York (u.a.): Signet Book, 1991.

Chapman, Robert L. (ed.): *New Dictionary of American Slang.* London (u.a.): Macmillan Press, 1987.

Clarke, Donald (ed.): *The Penguin Encyclopedia of Popular Music.* London (u.a.): Penguin Books, 1989.

Cole, Sylvia / Lass, Abraham H.: *The Dictionary of the 20th-Century Allsions. An A-to-Z Guide to Expressions and Words Coined in Our Century.* New York: Fawcett Gold Medal, 1991.

Daniels, Les: *Marvel. Five Fabulous Decades of the World's Greatest Comics.* New York: Abrams, 1991.

Dickson, Paul: *Names. A Collector's Compendium of Rare and Unusual, Bold and Beatiful, Odd and Whimsical Names.* New York: Delacorte Press, 1986.

Donadio, Stephen (et al.) (ed.): *The New York Public Library Book of Twentieth-Century American Quotations.* New York: Warner Books, 1992.

Dunkling, Leslie: *A Dictionary of Days.* New York: Facts on File, 1988.

Emrich, Duncan: *Folklore on the American Land.* Boston: Little, Brown and Co., 1972.

Evans, Ivor H.: *Brewer's Dictionary of Phrase and Fable.* London: Cassell, 1981.

Felton, Bruce / Fowler, Mark: *Felton & Fowler's Famous Americans You Never Knew Existed.* New York: Stein and Day, 1980.

Fraser, James: *The American Billboard: 100 Years.* New York: Abrams, 1991.

Freeman, William: *Everyman's Dictionary of Fictional Characters.* 3rd revised ed. London: Dent, 1975.

Freestone, Basil: *Harrap's Book of Nicknames and Their Origins. A Comprehensive Guide to Personal Nicknames in the English-Speaking World.* London: Harrap, 1990.

Freisinger, Gisela M.: *New York. Das Insider-Lexikon.* München: Beck, 1990.

Goodman, Jonathan: *Who He? Goodman's Dictionary of the Unknown Famous.* London: Buchan & Enright, 1984.

Green, Stanley: *Broadway Musicals.* Milwaukee: Hal Leonard Books, 1987.

Green, Stanley: *Hollywood Musicals.* Milwaukee: Hal Leonard Books, 1987.

Gross, Martin A.: *The Nostalgia Quiz Book.* New Rochelle: Arlington House, 1969.

Gross, Martin A.: *The Nostalgia Quiz Book #2.* New Rochelle: Arlington House, 1969.

Halliwell, Leslie: *Halliwell's Teleguide.* London: Granada, 1979.

Halliwell, Leslile: *Halliwell's Filmgoer's and Video Viewer's Companion.* 9th ed. London: Paladin Grafton Books.

Hirsch, E.D. / Kett, Joseph F. / Trefil, James: *The Dictionary of Cultural Literacy.* Boston: Houghton Mifflin, 1988.

Hoffman, Mark S. (ed.): *The World Almanac and Book of Facts.* Pharos Books, 1991.

Horn, Lawrence: *The World Encyclopedia of Cartoons.* 6 volumes. New York: Chelsea House Publications, 1983.

Inman, David: *The Tv Encyclopedia.* New York: Perigee Books, 1991.

Javna, John: *The Best of Science Fiction Tv. The Critics' Choice From Captain Video to Star Trek, From The Jetson to Robotech.* New York: Harmony Books, 1987.

Javna, John: *Cult TV. The Shows America Can't Live Without*. New York: St. Martin's Press, 1985. 256

Johnson, Otto (ed.): *The 1993 Information Please Almanac*. 46th ed. Boston: Houghton Mifflin, 1993.

Just, Lothar R (Hrsg.): *Filmjahrbuch 1990*. München: Heyne, 1990.

Karrer, Wolfgang / Kreutzer, Eberhard Kreutzer: *Werke der englischen und amerikanischen Literatur von 1890 bis zur Gegenwart*. München: Deutscher Taschenbuch Verlag, 1989.

Katz, Ephraim: *The Film Encyclopedia*. New York: Harper and Row, 1990.

Kindlers Literatur Lexikon. 14 Bände. München: Deutscher Taschenbuch Verlag, 1986. 11504 S.

Knigge, Andreas C. (Hrsg.): *Comic-Jahrbuch 1991*. Hamburg: Carlsen, 1991. 188 S.

Knigge, Andreas C.: *Comic-Lexikon*. Berlin: Ullstein, 1988.

Knigge, Andreas C.: *Fortsetzung folgt. Comic Kultur in Deutschland*. Frankfurt (u.a.): Ullstein, 1986. 399 S.

Kurtzman, Harvey: *From Aargh! to Zap. Harvey Kurtzman's Visual History of the Comics*. New York: Preiss, 1991.

Lexikon des internationalen Films. Das komplette Angebot in Kino und Fernsehen seit 1945; 21000 Kurzkritiken und Filmographien. In 10 Bänden. Reinbek: Rowohlt, 1987

Lexikon des internationalen Films. Das komplette Angebot in Kino, Fernsehen und auf Video 1987–88. Reinbek: Rowohlt, 1989

Lexikon des internationalen Films. Das komplette Angebot in Kino, Fernsehen und auf Video 1989–90. Reinbek: Rowohlt, 1989

Maltin, Leonard (ed.): *Movie and Video Guide 1993 edition*. New York: Signet Book, 1992.

Marschall, Richard: *America's Great Comic-Strip Artists*. New York: Abbeville Press, 1989.

McNeil, Alex: *Total television. A Comprehensive Guide to Programming From 1948 to the Present*. 3rd ed. New York: Penguin Books, 1991.

Mereole, Mike (ed.): *The 1993 Sports Almanac*. Boston: Houghton Mifflin, 1993.

Munro, Pamela: *Slang U*. New York: Harmony Books, 1991. 242 S.

Nicholls, Peter (ed.): *The Science Fiction Encyclopedia*. Garden City: Dolphin Books, 1979.

Park, James: *Icons. An A-Z Guide to the People Who Shaped Our Time*. New York: Collier, 1991.

Partington, Angela (ed.): *The Oxford Dictionary of Quotations*. 4th ed. Oxford: Oxford University Press, 1992.

Partridge, Eric: *A Dictionary of Catch Phrases. American and British From the Sixteenth Century to the Present Day*. Revised and updated ed. Chelsea: Scarborough House, 1985.

Pine, L.G.: *A Dictionary of Mottoes*. Boston: Routledge & Kegan Paul, 1983.

Pringle, David: *Imaginary People. A Who's Who of Modern Fictional Characters*. London: Paladin Grafton, 1987.

Quinlan, David: *Quinlan's Illustrated Directory of Film Stars*. London: Batsford, 1989.

Rees, Nigel: *Dictionary of Popular Phrases*. London: Bloomsbury, 1990.

Rees, Nigel: *Sayings of the Century*. London: Unwin, 1987.

Reitberger, Reinhold C.; Fuchs, Wolfgang J.: *Comics. Anatomie eines Massenmediums*. München: Moos, 1971.

Reisner, Robert / Wechsler, Lorraine: *Encyclopedia of Graffiti*. New York: Macmillan. 1974.

Rovin, Jeff: *In Search of Trivia*. New York: Signet Book, 1984.

Schemering, Christopher: *The Soap Opera Encyclopedia*. New York: Ballantine, 1985.

Schlemmermeier, Mark / Kalweit, Dirc / Gricksch, Gernot: *Die besten TV-Serien*. Hamburg: Verlagsgruppe Milchstraße, 1992.

Schneider, Irmela (Hg.): *Lexikon der britischen und amerikanischen Serien, Fernsehfilme und Mehrteiler in den Fernsehprogrammen der Bundesrepublik Deutschland 1953–1985*. 3 Bände. Berlin: Spiess, 1991.

Schwartz, David / Ryan, Steve / Wostbrock, Fred: *The Encyclopedia of Tv Game Shows*. New York: Zoetrope, 1987.

Skodzik, Peter: *Deutsche Comic-Bibliographie*. Frankfurt (u.a.): Ullstein, 1985.

Stern, Jane / Stern, Michael: *Encyclopedia of Pop Culture. An A to Z guide of who's who and what's what, from aerobics and bubble gum to Valley of the Dolls and Moon Unit Zappa*. New York: Harper Perennial, 1992.

Stetler, Susan: *Actors, Artists, Authors & Attempted Assassins. The Almanac of Famous and Infamous People*. Detroit: Visible Ink, 1991.

Suskin, Steven: *Show Tunes 1905–1991. The Songs, Shows and Careers of Broadway's Major Composers*. New York: Limelight Editions, 1992.

Terrace, Vincent: *The Ultimate Tv Trivia Book*. Boston: Faber and Faber, 1991. 207 S.

The 1992 Almanac, Atlas and Yearbook. 45th ed. Boston: Houghton Mifflin, 1992.

Urdang, Laurence / Braunstein, Janet: *Every Bite a Delight and Other Slogans*. Detroit: Visible Ink Press, 1992.

Wallace, Irving / Wallechinsky, David / Wallace, Amy: *Significa*. New York, Dutton, 1983.

Wallechinsky, David / Wallace, Irving / Wallace, Amy: *The Book of Lists*. New York: Morrow, 1977.

Wallace, Irving / Wallechinsky, David / Wallace, Amy: *The Book of Lists #2*. New York: Morrow, 1980.

Wheeler, William A.: *An Explanatory and Pronouncing Dictionary of the Noted Names of Fiction*. Reprint der Ausgabe Boston: Houghton Mifflin, 1891.

Worth, Fred L.: *The Complete Unabridged Super Trivia Encyclopedia*. Los Angeles: Brooke House, 1977.

Worth, Fred L.: *Complete Unabridged Super Trivia Encyclopedia Volume 2*. New York: Warner Books, 1981.

Worth, Fred L.: *Incredible Super Trivia*. New York: Greenwich House, 1984.

Register

Titel erscheinen kursiv, wörtliche Zitate in doppelten Anführungszeichen, Slogans und Spitznamen in einfachen Anführungszeichen.
Abkürzungspunkte und Bindestriche werden bei der alphabetischen Sortierung ignoriert; Ziffern und das Zeichen ›&‹ werden wie ausgeschriebene Wörter behandelt.
Fettgedruckte Seitennummern verweisen auf den Haupteintrag.

Bagel **32**
Bailey, George **32**
Bailey, Jack 182
Bailey, Stuart 198
Baileys of Balboa, The 252
Bain, Barbara 150
Baker, George 192
Baker, Graham 20
Baker, J. Frank ›Home Run‹ 265
Bakker, Jim **32**
Bakshi, Ralph 87
Balboa, Rocky **33**
Balestrere, Jim 114
Ball, Lucille **33**
Ballad of Casey Jones, The 118
Baltic Avenue 152
Baltimore Colts 270
Baltimore oriole 248
Baltimore Orioles 24
Bamboo Harvester 151
Bamm Bamm 84
Ban 165
Banana Republic **33**
›Bananas, Joe‹ **33**
Bancroft, David 265
Band-Aid **33**
Bandello, Rico **33**
Banks, Ernest 265
Banner, Dr. Bruce 113
Banyon 252
bar code 229
Baracus, Sergeant Bosco 29
Barbary Coast 252
Barbera, Joe 84, 116, 221, 240
Barbie **33**
Bare Essence 252
Barefaced Flatfood 140
Barefoot in the Park 252
Baretta 252
Barfuß im Park 252
Barger, Sonny 104
Barker, Lex 218
Barkley, Alben W. 246

Barks, Carl 36, 71, 74, 93, 96, 99, 109, 139, 196
Barlick, Albert 265
Barnard 198
Barnes, Bucky 50
Barnes, Cliff 65
Barnes, Digger 65
Barney Miller 252
Barney, Lem 268
Barnum, P.T. 176, 221
Barraud, Francis 105
Barrett, Majel 207
Barrow, Clyde 42
Barrow, Edward 265
Barrows 54
Barrymore, John 17
Bart 200
Bartleby **34**
Bartleby the Scrivener 34
Baseball 24
Baseball Hall of Fame 12, 31, **34**, 38, 187
Baseball Writers' Association of America 34
Bashful 197
Basin Street **34**
Basin Street Blues 34
Basketball Association of America 160
Baskin-Robbins Ice Creme 83
Bass, Sam **34**
Batarang 35
Batboat 35
Batcave 35
Bateman, Patrick 35
Bates, Gilbert 131
Bates, Katharine Lee 22
Bates, Norman **35**
Batgirl 36
Bat-Höhle 35
Batman **35**, 95, 97, 215
Batson, Billy 51
Battle-born State 249

THAT'S IT!

Das einzig Wahre ist die Phantasie

Robert Plunket
Love Junkie
Roman

(60215)

HANIF KUREISHI
Der Buddha aus der Vorstadt

(60019)

MONTE MERRICK
BITTE NICHT LESEN!
ODER DER AUFREGENDSTE SOMMER IM LEBEN DES NELSON JAQUA · ROMAN

(60056)

Anthony Godby Johnson
ICH WÜNSCHTE MIR FLÜGEL
DAS LEBEN EINES AIDSKRANKEN JUNGEN

(75058)

RUPERT THOMSON
DAS SCHWARZE HERZ DER STADT
ROMAN

(60283)

RUPERT THOMSON
DIE WELT IST EIN TRAUM
ROMAN

(60151)

TAAT'S IT!

Das einzig Wahre ist die Phantasie

(60335)

(60234)

(60315)

(60173)

(60230)

(2930)